Ludwig (Hrsg.) · Summerhill

Summerhill: Antiautoritäre Pädagogik heute

Ist die freie Erziehung tatsächlich gescheitert?

Herausgegeben von Peter H. Ludwig

Beltz Verlag · Weinheim und Basel

Lektorat: Peter E. Kalb

Herstellung: Klaus Kaltenberg
Satz: Satz- und Reprotechnik GmbH, Hemsbach
Druck: Druckhaus »Thomas Müntzer«, Bad Langensalza
Umschlaggestaltung: Federico Luci, Köln
Printed in Germany

ISBN 3-407-25173-4

Inhaltsverzeichnis

Peter H. Ludwig

Einführung

Bis heute geistert das 68er Schlagwort des *Antiautoritären* im Zusammenhang mit Lebenseinstellungen sowie Sozialbeziehungen in beruflichen, politischen und pädagogischen Lebensbereichen durch Diskussionen und Auseinandersetzungen. In der Erziehung sorgt es seit gut 25 Jahren für Aufregung. Die einen verbinden damit ein paradiesisches Ideal; andere malen damit ein Schreckgespenst, dem zufolge die angeprangerte illusorische Haltung letztlich zum Verderben von Kindern führen müsse.

Der Begriff der sogenannten »antiautoritären Erziehung« wurde noch nie interindividuell mit übereinstimmender Bedeutung versehen. Je weiter aber die Konturen der antiautoritären Bewegung Ende der 60er Jahre und die der pädagogischen Lehren ihrer Wortführer im Nebel der Zeitgeschichte verschwinden, um so mehr verschwimmen die ursprünglichen dahinter liegenden pädagogischen Aussagen im allgemeinen Bewußtsein zum undifferenzierten Einheitsbrei eines positiv oder negativ aufgeladenen Mythos: »Antiautoritäre Erziehung« droht zu einer frei verfügbaren Worthülse zu geraten, die sich von konkreten pädagogischen Konzepten weitgehend losgelöst zu haben scheint.

Wenn ein ohnehin schon immer vager Modebegriff allmählich nahezu inhaltsleer und damit unbenützbar wird, ist das aus pragmatischer Sicht allein noch nicht bedauernswert. Bedenklicher ist, daß mit dem Begriff auch das Wissen um konkrete Inhalte und allgemeine Erfahrungen mit der antiautoritären

Erziehung immer bruchstückhafter wird und deshalb gegenwärtige Auseinandersetzungen um Liberalität in der Erziehung in der Öffentlichkeit zunehmend polemischer geführt werden. Jenseits von jeglicher (komplexer) Realität führt Polemik zu verzerrten, kurzschlüssigen Schwarzweißeinschätzungen, welche die Tendenz besitzen, sich subjektiv selbst zu bestätigen: Affirmative Zufallserlebnisse werden als Nachweis für das eigene Vorurteil herangezogen.

Dieser Band will nicht das grundsätzliche Abwägen des *Für und Wider die antiautoritäre Erziehung* der 70er Jahre erneut aufgreifen. Es geht vielmehr darum, den Wahrheitsanspruch des Bildes, das inzwischen von liberaler Erziehung entstanden ist, aus der Perspektive neuerer Befunde zu überprüfen und einzelne ungerechtfertigte Vorwürfe gegen liberale Erziehung, aber auch falschverstandene Auffassungen vermeintlicher Befürworter zu korrigieren. 25 Jahre (beschriebene) Erfahrung mit der antiautoritären Erziehung eröffnen heute einen sachlichen und realistischen Blick auf die Folgen dieser Pädagogik – jenseits ideologischer Voreingenommenheit.

Die Beiträge des vorliegenden Sammelbandes beleuchten die gegenwärtige liberale Pädagogik aus jeweils unterschiedlichen Blickwinkeln. Die Auffassungen der einzelnen Autoren sind deshalb nicht völlig homogen. Sie unterscheiden sich auch in ihren metatheoretisch-philosophischen Paradigmen und im Verständnis von Termini.

Der Beitrag von *Ulrich Klemm* bietet einen einführenden Überblick über die Grundzüge des pädagogischen Konzepts der weltweit bekanntesten Einrichtung »antiautoritärer« Erziehung: des englischen Landerziehungsheims »Summerhill«. *David Stephens* berichtet von seinen eigenen Erfahrungen als Lehrer in Summerhill, die er aus der Sichtweise der »anarchistischen Pädagogik« in der (gewaltfreien) Tradition Leo Tolstois reflektiert. *Matthew Appletons* Beitrag zur aktuellen Situation in Summerhill verdeutlicht, daß sehr wahrscheinlich nicht nur die aufsehenerregenden Erziehungsprinzipien und -praktiken, sondern die meist kaum beachtete gesamte Mikrokultur, die Rituale des Gemeinschaftslebens, die von den Kindern selbst entwickelt und getragen werden, entscheidend zum Gelingen der Sozialisation an dieser Schule beitragen. Die Normalität des Zusammenlebens mit ihren Einflußmechanismen und ihrer demokratischen Machtstruktur erklärt das Phänomen »Summerhill« möglicherweise zutreffender als die dort eingeführten spektakulären Innovationen. *Zoe Readhead* berichtet in einem Interview über ihre Erfahrungen als Leiterin von Summerhill. Sie äußert sich zur eigenen Biographie, zu aktuellen Entwicklungen an der Schule und zur gegenwärtigen restaurativen Gegenströmung in der Erziehungslandschaft. *Helena Singer* entwickelt den Gedanken einer Bewegung von freien bzw. demokratischen Schulen und zeigt die weltweiten Ausmaße dieser Bewegung auf. *Yoshiyuki Nagata* zieht einen kritischen Vergleich zwischen einem thailändischen »Summerhill« und dem »Original« in England auf der Basis eigener Erlebnisse an beiden Schulen. Er diskutiert die Frage des pädagogischen Individualismus bzw. Kollektivismus aus der Perspektive der ostasiatischen Kultur. Möglicherweise steht seine Kritik des Neillschen Individualismus zu den Aussagen Readheads über japanische Schüler in Summerhill in keinem bloß zufälligen Zusammenhang.

Paul und *Jean Ritter* haben 1949 – aus damaliger Perspektive als »radikale« Pioniere – begonnen, die liberalen Erziehungsprinzipien Neills und die Überlegungen der psychoanalytischen Schule Wilhelm Reichs auf die Familienerziehung zu übertragen und bei ihren eigenen sieben Kindern zu realisieren. In einem bereits 1972 in deutscher Sprache erschienenen Bericht schildern und bewerten nicht nur die Eltern, sondern auch die Kinder ihr »Erziehungsexperiment« und seine Resultate. Dieser Bericht wird im vorliegenden Band aus einem Abstand von einem Vierteljahrhundert von den Eltern und ihrer ältesten Tochter, *Leonora Ritter*, um die weitere Entwicklung des Familienlebens und der Einzelbiographien der Familienangehörigen aktualisiert und fortgeschrieben, wobei bereits die Enkelgeneration mit berücksichtigt wird. Zur sprachlich einfacheren Darstellung der personalen Bezüge ist der Artikel in der dritten Person verfaßt.

Die antiautoritäre Erziehung wird heute häufig als gescheitert betrachtet. *Peter H. Ludwig* geht in seinem Beitrag der Frage nach, ob diese Bilanzierung zutrifft oder nicht. Dazu werden sechs Möglichkeiten, den Begriff »Scheitern« auszulegen, im Zusammenhang mit Erziehungsstilen unterschieden und in bezug auf die liberale, antiautoritäre Erziehung im Sinne Neills abgeklopft. Ein Erziehungsstil kann bei seiner Institutionalisierung und Etablierung in der Erziehungspraxis scheitern. Er kann als gescheitert angesehen werden, wenn er seine Adressaten eher benachteiligt als fördert, wenn seine theoretische Basis nicht mehr weiterentwickelt wird, wenn seine elementaren Ideen aufgrund einer falschen Artikulation mißverstanden werden oder wenn er sich als unbrauchbar für die pädagogischen Erfordernisse einer Zeitepoche erweist.

Das Interview mit Readhead und die Beiträge von Appleton, Nagata sowie der Ritters wurden vom Herausgeber ins Deutsche übertragen (der letztgenannte Beitrag zusammen mit Paul Ritter). Die Übersetzungen der Beiträge von Stephens und Singer wurden vom Herausgeber leicht überarbeitet. Andrea Steinbach (Diplomlehrerin für Erwachsenenbildung), Susanne Janotta (stud. phil. cand.) und Heidrun Ludwig (Dipl.-Päd.) unterstützten die Übersetzungen und redaktionellen Endarbeiten mit großem Engagement. Ein herzliches Dankeschön ergeht an Prof. em. Dr. Erich Weber für seine wertvollen Anregungen beim Abfassen des eigenen Beitrags.

Pólis (Zypern), April 1996

Ulrich Klemm

Alexander S. Neills »Summerhill«

Von der unbekannten Reformschule zur alternativen Musterschule

»In einer neuen Gesellschaft, in der der Mensch und seine Entfaltung im Mittelpunkt aller Anstrengungen stehen, werden Neills Gedanken allgemeine Anerkennung finden.«

Mit dieser Perspektive endet Erich Fromms Vorwort zu *A.S. Neills* alternativ-pädagogischem Klassiker »Theorie und Praxis der antiautoritären Erziehung« (1960) und bringt damit gleichzeitig die Hoffnung einer Generation in bezug auf Bildung und Erziehung auf den Punkt, wie sie sich im Zuge der Studentenbewegung Ende der 60er Jahre entwickelte. Und in der Tat: Neills Schulbericht wurde zur »Bibel« der neuen Alternativschulbewegung nach dem Zweiten Weltkrieg, sein Internat in Südengland zum »Mekka« dieser pädagogischen Protestbewegung.

Die Schule »Summerhill« wurde von Neill bereits 1921 mehr oder weniger unbemerkt gegründet. Seit Mitte der 60er Jahre – mit dem Bekanntwerden von Neills Buch – gilt sie als Prototyp einer antiautoritären Schule moderner Prägung. Erst in Zusammenhang mit den weltweiten Studentenunruhen und dem damit verbundenen neuen Interesse an alternativen und antiautoritären Formen von Bildung und Erziehung erlangten Neill und »Summerhill« weltweit Anerkennung und gingen in die Geschichte der Gegenwartspädagogik ein. Maßgeblich für diese Popularität wurde sein zum Bestseller gewordener Schulbericht, der, in mehrere Sprachen übersetzt, insgesamt eine Millionenauflage in nur wenigen Jahren erreichte.

Stichpunkte einer pädagogischen Karriere

Alexander Sutherland Neill (1883–1973) wurde in Schottland als Sohn eines Lehrers geboren, besuchte die Dorfschule seines Vaters und erlebte den Ersten Weltkrieg als Offizier an der »Heimatfront« England, bevor er aus gesundheitlichen Gründen den Dienst quittieren mußte. Zu diesem Zeitpunkt lernte er auch Homer Lane kennen, der die Alternativschule »Little Commonwealth«[1] leitete und ihn stark in seinem pädagogischen Denken beeinflußte. 1971 schrieb er rückblickend in diesem Zusammenhang:

»Für mich beginnt kindorientierte Erziehung mit Homer Lane. Progressive Schulen hatte es zwar schon früher gegeben – das Adjektiv kann alles mögliche bedeuten –, aber ihre Gründer waren Leute, die zu wissen glaubten, was für eine Art Schule für Kinder gut ist. Badley, der Schulleiter von Bedales, John Russel von der King-Alfred-Schule und die übrigen gehörten jener Zeit an, da man noch nichts über Kinderpsychologie wußte. Das Kind wurde geformt, aber man tat es mit Güte; der Jugendliche bekam erhebende Bilder der Klassiker; man hielt ihm Vorträge über moralisches Verhalten. Ein Junge konnte seinen Lehrer Bill nennen, aber er konnte ihn nicht verdammter Narr nennen. Als ich in der King-Alfred-Schule unterrichtete, wurden wir mit Sir angeredet; in den zwei Jahren dort habe ich nie ein unanständiges Wort gehört; alles war so ›nett‹, so manierlich, so brav. Das System zeigte sich von seiner besten oder schlechtesten Seite in Deutschland. An unserer Internationalen Schule in Dresden, zwischen 1921 und 1923, pflegten die deutschen Lehrer vor den Schülern nicht zu rauchen, einige von ihnen sah man nie ein Kino betreten. Der Lehrer hatte Vorbild zu sein, eine Art Charakterbildner. Und

1 Homer Lane ist Amerikaner, er gründete und leitete diese Erziehungsgemeinschaft für straffällig gewordene Kinder und Jugendliche in der Grafschaft Dorset von 1913 bis 1918. Nach der behördlichen Schließung seines Heimes arbeitete er als Analytiker bis zu seinem Tod 1925 in London, wo auch Neill bei ihm Patient war.

die englische Abart der progressiven Schule war sicherlich eine indoktrinierende Schule.

Unter all diesen ziemlich beschränkten Leuten, die wußten oder zu wissen glaubten, wie ein Kind sein soll, erschien dann Lane und verkündete, daß wir nichts über Kinder wissen und daß es falsch sei, ihnen unsere Persönlichkeit aufzuzwingen. Vor seinem Kleinen Commonwealth gab es meines Wissens keine Schule, die tatsächlich sagte: ›Wir wissen nicht, wie ein Kind sein sollte; wir müssen die Natur des Kindes studieren und unser System dieser Natur anpassen!‹« (dt. 1973a, S. 9).

Vor seiner Lehrtätigkeit an Staatsschulen in London und Schottland vor und nach dem Ersten Weltkrieg war er als Bürodiener und in einem Textilgeschäft tätig. Während seines Aufenthalts in Deutschland lernte er in den 20er Jahren führende Vertreter der Psychoanalyse kennen, mit der er sich intensiv auseinandersetzte. Später verband ihn auch eine enge Freundschaft mit Wilhelm Reich; mit ihm traf er erstmals 1937 in Oslo zusammen.[2] 1921 wurde Neill Mitbegründer der »Internationalen Schule Hellerau«, eines Schulexperiments in Dresden. Damit gründete er auch seine berühmt gewordene Schule »Summerhill«, die von nun an sein Lebensinhalt werden sollte und die er bis zu seinem Tod 1973 leitete. Von 1924 bis 1927 war sie in Lyme Regis (Grafschaft Dorset) untergebracht und befindet sich seitdem in Leiston in der südenglischen Grafschaft Suffolk, etwa 150 Kilometer von London entfernt (ausführliche biographische Angaben siehe auch

2 In seiner Autobiographie (Neill 1973b, S. 176) schreibt er über seine Beziehung zu W. Reich: »Wir mochten uns sehr, Reich und ich. Als ich 1948 das letzte Mal in Maine von ihm Abschied nahm, warf er die Arme um mich. ›Neill, ich wünschte, du könntest hierbleiben. Du bist der einzige, mit dem ich reden kann. Die anderen sind entweder Patienten oder Jünger.‹ Da wurde mir klar, wie einsam er war… Reich übte keinen Einfluß auf meine Schule aus. Ich hatte sie bereits 26 Jahre geleitet, als ich ihn kennenlernte. Aber auf mich persönlich übte er eine starke Wirkung aus. Er erweiterte meinen Gesichtskreis und vertiefte meine Selbsterkenntnis; er merzte die Überbleibsel schottisch-calvinistischer Anschauungen über Sex bei mir aus, indem er zeigte, daß meine Bejahung sexueller Spiele unter Kindern eine nur vom Verstand und nicht vom Gefühl bestimmte Bejahung gewesen war.«

Neill 1973b). Ab 1973 wurde »Summerhill« zwölf Jahre lang von Neills Frau Ena bis zu ihrem Rücktritt im September 1985 weitergeführt. Seitdem ist Neills Tochter Zoe Readhead Schulleiterin.

Das pädagogische Konzept und Modell von »Summerhill«

Neills »Summerhill« hat den Status einer privaten Internatsschule, in der ca. 40 bis 60 Mädchen und Jungen verschiedener Nationalität im Alter von fünf bis 17 Jahren bis zur Reifeprüfung unterrichtet werden können. Der Unterricht selbst ist freiwillig, auf Noten, Prüfungen und Zeugnisse wird vollständig verzichtet.

Einen typischen Tagesablauf in »Summerhill« beschrieb Neill 1960 folgendermaßen:

»Das Frühstück findet zwischen 8.15 Uhr und 9 Uhr statt. Lehrer und Schüler holen sich ihr Frühstück aus der Küche und bringen es in den Speisesaal. Die Betten sollen vor dem Unterricht gemacht sein, das heißt also vor 9.30 Uhr.

Zu Beginn jedes Tertials wird ein Stundenplan aufgestellt. Der Chemielehrer Derek unterrichtet also etwa am Montag Klasse I, am Dienstag Klasse II usw. Ich unterrichte nach einem ähnlichen Plan Englisch und Mathematik, Maurice Erdkunde und Geschichte. Die jüngeren Schüler (von sieben bis neun) werden in der Regel den größten Teil des Vormittags von einem einzigen Lehrer unterrichtet, sie gehen aber auch in den Raum für Naturwissenschaften oder für Kunst.

Die Schüler brauchen nicht zum Unterricht erscheinen. Wenn Jimmy aber montags in die Englischstunde kommt und sich dann erst wieder am Freitag der folgenden Woche dort sehen läßt, halten ihm die anderen Schüler mit Recht entgegen, daß er die Arbeit aufhält, und setzen ihn unter Umständen vor die Tür.

Der Unterricht dauert bis ein Uhr. Die Kleineren essen aber schon um 12.30 Uhr zu Mittag, während die Lehrer und die älteren Schüler erst um 13.30 Uhr zu Tisch gehen. Das Mittagessen muß aus Raumgründen in zwei Abteilungen stattfinden. Der Nachmittag ist für alle frei. Was die Kinder am Nachmittag alle tun, weiß ich auch nicht. Ich arbeite meistens im Garten, und dabei sehe ich kaum einen der Schüler. Die Kleineren spielen Räuber und Gendarmen. Einige von den Größeren basteln an Motoren und Radios, andere zeichnen oder malen. Bei gutem Wetter treiben die Größeren Sport. Manche basteln in der Werkstatt herum, reparieren ihre Fahrräder, bauen Boote oder setzen Revolver zusammen.

Um 16 Uhr gibt es Tee. Ab 17 Uhr beginnen dann alle möglichen Freizeitbeschäftigungen. Die Kleineren lassen sich gern vorlesen. Die Schüler der mittleren Gruppe arbeiten im Kunstraum; sie malen, machen Linolschnitte und versuchen sich im Korbflechten oder an Lederarbeiten. Auch in der Töpferei ist gewöhnlich eine Gruppe von Schülern eifrig am Werk. Die Töpferei scheint überhaupt morgens und abends zu den beliebtesten Aufenthaltsorten zu gehören. Die ältesten Schüler arbeiten dort ab 17 Uhr. In der Holz- und Metallwerkstatt sind jeden Abend alle Arbeitsplätze besetzt.

Am Montagabend gehen die Schüler ins Kino; das Geld dafür bekommen sie von ihren Eltern. Donnerstags, wenn das Kinoprogramm wechselt, sehen sich die Schüler, die sich zwei Kinobesuche in der Woche leisten können, einen weiteren Film an. Am Dienstagabend steht für manche Mitarbeiter und die älteren Schüler mein Psychologievortrag auf dem Programm. Die Jüngeren kommen zur gleichen Zeit in verschiedenen Lesegruppen zusammen.

Mittwochabend wird getanzt. Für Musik ist gesorgt, denn wir haben einen großen Vorrat an Schallplatten. Die Kinder tanzen alle gut. Einige Besucher haben mir erzählt, daß sie Minderwertigkeitsgefühle bekamen, als sie mit ihnen tanzten.

Am Donnerstag ist nichts Besonderes los. Die Größeren gehen dann in Leiston oder Aldeburgh ins Kino. Der Freitagabend ist besonderen Ereignissen wie Theaterproben vorbehalten. Samstagabend ist der wichtigste Abend der

Woche, denn dann findet die Schulversammlung statt. Im Anschluß daran wird meistens getanzt. In den Wintermonaten werden am Sonntagabend Theaterstücke aufgeführt« (dt. 1969, S. 30–32).

Die Frage stellt sich nun: Welche pädagogischen Absichten und Ziele verfolgte er mit diesem Tagesablauf bzw. mit seiner Schule? Neills Schul- und Erziehungskritik entstand vor dem Hintergrund seiner Erfahrungen an englischen Staatsschulen. Sie ließen ihn zu dem Schluß kommen, daß das bestehende Schul- und Bildungssystem von grundfalschen Annahmen ausgeht und mit seiner Methodik bleibende »Schäden« beim Kind hinterläßt. Sein Vorhaben war es deshalb, die »Schule kindergeeignet zu machen – nicht die Kinder schulgeeignet«:

»Wir machten uns also daran, eine Schule zu schaffen, in der die Kinder die Freiheit haben sollten, sie selbst zu sein. Um das zu ermöglichen, mußten wir auf alle Disziplinierungsmaßnahmen, auf Lenkung, suggestive Beeinflussung, auf jede ethische und religiöse Unterweisung verzichten« (dt. 1969, S. 22).

Für ihn stand das Glück des Kindes, seine individuelle Zufriedenheit und sein Wohlbefinden im Vordergrund. Als Ausgangspunkt und pädagogisches Paradigma ging Neill deshalb von der vollständigen Anerkennung des Kindes als gleichberechtigten Menschen im Bildungs- und Erziehungsprozeß aus. Die Ansprüche von Erwachsenen und Kindern haben dieselbe Wichtigkeit und müssen gemeinsam besprochen und ein Konsens gefunden werden, d. h., daß die Erwachsenen u. U. auf die Erfüllung ihrer pädagogischen Ansprüche verzichten müssen. In diesem pädagogischen und kommunikativen Prozeß sind alle Beteiligten gleichberechtigt.

Dieses Vorgehen schlägt sich in »Summerhill« vor allem im Postulat der Selbstregulation und Selbstbestimmung nieder. Einmal wöchentlich findet eine Schulversammlung statt, die über alles, was die Schule betrifft, beschließt – jedoch nicht über Fragen der Finanzierung und Ökonomie oder der Lehrereinstellung und -entlassung (!). Auch Strafen werden von der Schulversammlung gemeinsam diskutiert und ausgesprochen. Der Vorsitz der Versammlung wechselt wöchentlich. Die Verhaltensregeln, die in »Summerhill« Gültigkeit haben, werden ebenso von der Versammlung beschlossen als auch kontrolliert und bei Bedarf sanktioniert.

Ein wichtiges schulpädagogisches Prinzip, das von Neill entworfen und von der Schulversammlung beschlossen wurde, ist die freiwillige Teilnahme am Unterricht. So kann es vorkommen, daß ein Kind jahrelang nicht zum Unterricht erscheint. Auch ein Stundenplan existiert nicht bzw. nur für die Lehrer. Dieser wird zu Beginn des Tertials aufgestellt und hat ausschließlich für sie Gültigkeit.

Über den eigentlichen Prozeß des Lernens äußerte sich Neill nur selten; für ihn war der Glaube an das Kind die Basis seiner Arbeit:

»Nach meiner Überzeugung ist das Kind von Natur aus verständig und realistisch. Sich selbst überlassen und unbeeinflußt von Erwachsenen entwickelt es sich entsprechend seinen Möglichkeiten ... Gewöhnlich richtet sich der Unterricht nach dem Alter der Kinder, manchmal aber auch nach ihren besonderen Interessen. Wir haben keine neuartigen Lehrmethoden; wir sind der Ansicht, daß der Unterricht an sich keine große Rolle spielt« (dt. 1969, S. 2f.).

Zusammenfassend ergeben sich folgende Elemente seines antiautoritären Ansatzes. Sie beruhen auf den Prämissen, daß das »Kind von Natur aus gut« sei und sich von selbst frei entfalten und entwickeln könne:

- die Teilnahme am Unterricht ist freiwillig;
- Verzicht auf Disziplinierungsmaßnahmen;
- im Vordergrund steht die emotionale und kreative Entwicklung – die intellektuelle Förderung ist sekundär;
- Lernen bedeutet: Entdecken, Experimentieren, Spielen; nicht aber Reglementierung, Anleitung, Drill;
- Ziel der Erziehung muß das an individuellen Bedürfnissen orientierte Glücksstreben sein;
- das erzieherische Verhältnis selbst wird als ein partnerschaftliches begriffen, nicht als ein autoritäres;

- Selbstbestimmung und Selbstverwaltung sind grundlegende Kategorien der pädagogischen Struktur;
- Vermeidung und Abbau von suggestiver Beeinflussung und Motivation, d.h. keine religiöse Indoktrination sowie die Möglichkeit zum Ausleben kindlicher Sexualität.

Diese Elemente begründen sich in Neills negativen Schulerfahrungen sowie seiner Bekanntschaft mit Homer Lane und seinem Interesse an psychoanalytischen Erkenntnissen.

Summerhill in der Diskussion

Dieser kompromißlos liberale Ansatz einer Freiheitspädagogik rief notwendigerweise – als Gegenbewegung zum bestehenden Verhältnis von Bildung und Erziehung – eine deutliche und vehemente Kritik hervor, die bis heute anhält und sowohl von »linker Seite«, aus dem konservativen Lager als auch von der Erziehungswissenschaft vorliegt. International wurde erstmals mit dem Band »Summerhill: Pro und Contra« (Hart 1970) eine öffentliche Diskussion animiert, in dem sich Autoren wie Erich Fromm, John Holt, Paul Goodman und Bruno Bettelheim mit Neill und »Summerhill« auseinandersetzen.

Zusammenfassend lassen sich folgende kritische Einwände gegen Neills Pädagogik formulieren, die in der Literatur und Diskussion ständig wiederkehren:

- Neills antiautoritärer Erziehungsansatz spielt sich auf einer »pädagogischen Insel« ab, wo eine »Freiheit im Paradies« (van Dick 1979, S. 116) herrscht, wo ein Wachsenlassen sowie pädagogische und gesellschaftliche Freiheit in einer konstruierten Umwelt gesichert werden: »Neills antiautoritäre Erziehung in Summerhill berücksichtigt die Realität unserer Welt zu wenig« (Weber 1974, S. 64). Dieser Inselcharakter, der zum Zentrum ein individuelles Glück macht, wird aus marxistischer Sicht zu einem »Grundzug der gesamten bürgerlichen Pädagogik« (Autorenkollektiv

1973, S. 63), dessen Ziel lediglich die »Befreiung« der bürgerlichen Klasse ist. Letztlich ist »Summerhill« eine Schule für eine privilegierte Minderheit.

- Ein weiterer Punkt betrifft seinen pädagogischen Ansatz selbst. Paffrath spricht in diesem Zusammenhang von der »Illusion einer ›natürlichen‹ Erziehung« (1972, S. 24ff.) und problematisiert den Ansatz einer radikal am Kind orientierten Pädagogik, die Selbstregulation, Selbstbestimmung und das Vertrauen in die Eigendynamik menschlicher Entwicklung überschätzt. Die Freiheit des Kindes, die sich beispielsweise im Prinzip der Freiwilligkeit der Unterrichtsteilnahme zeigt, wird als Ausdruck von Neills Verständnis einer kindgemäßen Bildung und Erziehung relativiert.
  »Erfolgt die freie Wahl der Unterrichtsfächer durch die Kinder ohne vorausgegangene Erfahrungen mit ihnen, so geschieht dies aufgrund von Vorurteilen. Außerdem besteht die Gefahr, daß Schüler, die lediglich vom Lustprinzip bestimmt sind, vor jenen Fächern ausweichen, die unbequeme Ansprüche stellen« (Weber 1974, S. 62).

Die marxistische Kritik geht bei diesem Punkt davon aus, daß diese Freiheit des Kindes »jede zielgerichtete Arbeit des Erziehers ablehnt und die Entwicklung wissenschaftlicher Grundlagen für die Erziehungsarbeit hemmt« (Autorenkollektiv 1973, S. 68).

- Schließlich wurde Neills Auffassung von der kindlichen Sexualität sowie seine Sexualpädagogik ständig zum Anlaß heftiger Kritik.

Von Brezinka wurde Neills Ansicht, daß »Heterosexuelles Spiel« in der Kindheit wohl der beste Weg zu einem gesunden, ausgeglichenen Geschlechtsleben im späteren Leben ist, mit »Kampf für die Freiheit zur ungehemmten sexuellen Triebbefriedigung« (1981, S. 174) bezeichnet und dahinter eine Strategie zur Erreichung politischer Ziele vermutet. Brezinka versucht außerdem mit dem Hinweis auf empirische Befunde aus der Psychoanalyse die These zu widerlegen, daß die Förderung der ungehemmten sexuellen Triebbefriedigung zur Realisierung bestimmter Persönlichkeitsmerkmale wie »Mündigkeit« oder »Fähigkeit zum individuellen Glück« führt.

Rafferty, ehemals State Superintendent of Public Instruction von Kalifornien und wichtiger Meinungsmacher im amerikanischen Erziehungswesen, schreibt in seinem Beitrag in »Summerhill: Pro und Contra« in Zusammenhang mit Neills Sexualpädagogik:

»Summerhill mag ein wonnevolles und tabufreies Stück Heidentum mit Phalluskult sein, Herr Neill. Aber Sie dürfen nicht sagen, daß es eine Schule ist. Nein, wirklich nicht« (in Hart 1971, S. 20).

Trotz dieser Kritik behält die eingangs formulierte Zuschreibung von Neills Schule und Konzept ihre Gültigkeit. Ihm kommt die Bedeutung zu, weltweit zur Hoffnung und Perspektive für zahllose Menschen geworden zu sein und wie kein anderer Nachkriegspädagoge als Kultfigur – auch für Nichtprofipädagogen – einer Erneuerungsbewegung in Sachen Bildung und Erziehung vermarktet worden zu sein.

Das Spannende an Neill ist, daß er mit einem Modell in den 60er Jahren Aufsehen erregte, das vierzig Jahre zuvor im Rahmen reformpädagogischer Überlegungen entwickelt wurde, dort seine Wurzeln hat und dabei nur eines von vielen Projekten war, die damals entstanden (Überblick vgl. Scheibe 1984). Was Neill von solchen Parallelgründungen jedoch unterscheidet, ist die Kontinuität von Konzept und Leitung sowie die späte Popularität seiner Pädagogik.

So bleibt das Fazit festzuhalten, daß Neill mit »Summerhill« ein faszinierender Entwurf alternativer Bildung und Erziehung gelungen ist, der provokativ die traditionelle und etablierte Staatsschulpädagogik herausfordert, sie an vielen Stellen in ihrem autoritären Charakter entlarvt und eine Alternative – freiheitlich, antiautoritär, undogmatisch – jahrzehntelang vorleben konnte und auf eine empirische Basis stellt.

Literatur

Autorenkollektiv: Revolutionäre Erziehung im Kapitalismus und Sozialismus. Kritik der antiautoritären Erziehung. Köln 1973

Brezinka, W.: Die Pädagogik der Neuen Linken. Stuttgart 1972, München/Basel 1981

Claßen, J.: Bibliographie zur antiautoritären Erziehung. Heidelberg 1971

Claßen, J. (Hrsg.): Antiautoritäre Erziehung in der wissenschaftlichen Diskussion. Heidelberg 1973

Dick, L. van: Alternativschulen. Reinbek 1979

Hart, H. H. (Hrsg.): Summerhill: Pro und Contra. 15 Ansichten zu A.S. Neills Theorie und Praxis. Reinbek 1971 (erstmals New York 1970)

Kron, F. W. (Hrsg.): Antiautoritäre Erziehung. Bad Heilbrunn 1973

Neill, A. S.: Theorie und Praxis der antiautoritären Erziehung. Das Beispiel Summerhill. Reinbek 1969 (erstmals New York 1960; dt. Erstausgabe München 1965)

Neill, A. S.: Das Prinzip Summerhill. Fragen und Antworten. Reinbek 1971

Neill, A. S. u. a.: Die Befreiung des Kindes. Zürich/Köln 1973a (erstmals London 1971)

Neill, A. S.: Neill, Neill, Birnenstiel! Erinnerungen von A.S. Neill. Reinbek 1973b (erstmals New York 1972)

Paffrath, F. H.: Das Ende der antiautoritären Erziehung? Eine Konfrontation mit der Schulwirklichkeit. Bad Heilbrunn 1972

Scheibe, W.: Die Reformpädagogische Bewegung. Eine einführende Darstellung. Weinheim [9]1984 (erstmals 1969)

Stephens, D.: Summerhill – Schule der Freiheit. In: Trafik. Internationales Journal zur libertären Kultur & Politik, Jg. 7 (1987), H. 25, S. 4–6

Weber, E.: Autorität im Wandel. Autoritäre, antiautoritäre und emanzipatorische Erziehung. Donauwörth 1974

Winkel, R.: Das Ende der Schule – oder: Alternativprogramme im Spätkapitalismus. München 1974

David Stephens

Summerhill: Eine libertäre Schule in England

Die Erfahrungen eines Lehrers

A.S. Neill unternahm den entschiedensten und beständigsten Versuch einer freiheitlichen Erziehung: Seine Summerhill-Schule – mittlerweile 75 Jahre alt – beweist immer noch, daß die Beziehung zwischen Erwachsenen und Kindern nicht autoritär sein muß. Obwohl Neill schon 1973 starb, richtet sich Summerhill immer noch nach den in seinem Buch »Theorie und Praxis der antiautoritären Erziehung. Das Beispiel Summerhill« (1969) beschriebenen Prinzipien. Nach seinem Tod wurde die Schule zwölf Jahre lang von Neills Frau Ena bis zu ihrem Rücktritt im September 1985 geleitet. Seitdem wird Summerhill von Zoe Readhead, Neills Tochter und Frau eines am Ort ansässigen Farmers, geführt. Die Grundsätze, nach denen sich die Pädagogik dieser Schule ausrichtet, sind das Prinzip der Selbstverwaltung, des selbstbestimmten Lernens und der Freiheit von den Moralvorstellungen der Erwachsenen.

Die Selbstverwaltung – also die grundlegende Idee, daß alle Aspekte des täglichen Schullebens durch direkt-demokratische Versammlungen der ganzen Gemeinschaft bestimmt werden können – wurde zuerst von dem amerikanischen Erzieher Homer Lane in seiner Landgemeinschaft für straffällig gewordene Kinder in Südengland eingeführt. Dieses sogenannte »Little Commonwealth« bestand von 1913 bis zu seiner Schließung durch die Behörden im Jahre 1918. Neill bezeichnete seinen Besuch bei Homer Lane, dessen Vortrag über »Autorität: Das grundlegende Problem der Gesellschaft« er gehört hatte, als den Wendepunkt seines Lebens. Er übernahm Lanes Selbstverwaltungskonzept, als er Summerhill 1921 gründete. Die sozialen Aktivitäten werden durch eine Vielzahl von Komitees koordiniert, die gewöhnlich jeweils fünf Mitglieder umfassen. Diese werden durch »das Herumgehenlassen des Buches« gewählt: Dadurch werden die Kandidaten aufgestellt und die Stimmabgabe jedes einzelnen Mitglieds der Gemeinschaft ermöglicht. Die Selbstverwaltung manifestiert sich in Summerhill in vier Einrichtungen: den »Komitees«, den »Ombudspersonen«, dem »Tribunal« und dem »Meeting«.

Die Ombudspersonen sind freiwillige männliche oder weibliche Schiedsrichter aus den Reihen der Kinder im Alter von 6 bis 16 Jahren, die sich alle vierzehn Tage abwechseln und versuchen, die kleineren Probleme zu lösen. Sollte jedoch ein Problem nicht zu bewältigen oder eine der Parteien mit der von der Ombudsperson vorgeschlagenen Lösung nicht einverstanden sein, steht es jedem frei, es vor das Tribunal zu bringen, das wie das Meeting wöchentlich unter Teilnahme aller Kinder und Erzieher tagt. Sowohl das Tribunal als auch das Meeting werden vom einem Freiwilligen geleitet, der sich strikt neutral verhalten muß. Entscheidungen werden auf der Basis von Mehrheitsbeschlüssen getroffen, wobei jede Person über eine Stimme verfügt. Bei dem freitäglichen Tribunal handelt es sich um ein juristisches Gremium, während das samstägliche Meeting als eine legislative Versammlung gilt. Dem Meeting obliegt die Rechtsprechung in allen Bereichen des Schullebens, mit Ausnahme der Bereiche »Gesundheit«, »Sicherheit« und »Verwaltung«, für die allein die Direktorin zuständig ist. Verhängt das Meeting eine Strafe, so kann jeder von jedem bestraft werden, ohne daß eine bestimmte Gruppe das Monopol auf Aufrechterhaltung der Ordnung beanspruchen kann. Alle Strafen müssen jedoch von der ganzen Gemeinschaft im Tribunal bestätigt werden, mit der pragmatisch begründeten Ausnahme der Strafen aufgrund von Verstößen gegen die Schlafenszeiten. Da es oft zur Schlafenszeit zu laut ist, sorgt die freiwillige »Schlafaufsicht« dafür, daß die anderen Kinder ruhig zu Bett gehen. Die Aufsichtspersonen sind berechtigt, Verstöße gegen die Schlafzeiten zu bestrafen, ohne auf das wöchentliche Tribunal warten zu müssen; jeder kann aber im Meeting gegen jede Strafe Berufung einlegen. Im Meeting können auch alle Schul-»Offiziellen« – Vorsitzende, Ombudspersonen, die Schlafaufsicht und Komiteemitglieder – aus ihren Ämtern entlassen werden. Alle diese Posten sind weder mit Vergütungen noch mit Privilegien oder Amtsautorität verbunden. Diese Regelung des gemeinschaftlichen Lebens gewährleistet, daß die Erwachsenen niemals eine disziplinierende Rolle spielen müssen: Die ganze Gemeinschaft selbst hält die Ordnung aufrecht.

Antisoziales Verhalten eines einzelnen Schülers wird von der Gemeinschaft häufig lediglich durch den Ausdruck ihrer Mißbilligung sanktioniert, welche traditionell »ernste Warnung« genannt wird. Andere Strafen bestehen aus der Verpflichtung zum Geschirrspülen oder der Aufführung kleiner Theaterstücke am Trimesterende. In vielen Fällen wird individuelles antisoziales Verhalten aber auch als Ausdruck des unterbewußten Bedürfnisses nach Aufmerksamkeit gedeutet und weder verurteilt noch bestraft. Statt dessen wird für den antisozial Auffälligen ein »Tag der Aufmerksamkeit« ausgerufen, an dem die Mitglieder der Gemeinschaft aufgefordert sind, ihr Bestes zu geben, um mit ihm zu spielen und ihm die verlangte Aufmerksamkeit zuteil werden zu lassen. Den Kindern bleibt die Freiheit, alle Gesetze außer Kraft zu setzen. Dies geschieht ungefähr alle zwei Jahre, weil die Strafen zu repressiv geworden sind. Nach kurzer Zeit werden dann wieder neue und weniger strenge Gesetze erlassen. Dieses Wechselspiel ist typisch für Summerhill: Einige Trimester lang kann es ganz autoritär zugehen, bevor die Kinder die Gesetze wieder in das rechte Gleichgewicht bringen.

Während die Selbstverwaltung von anderen Schulen bereits übernommen wurde (einige jedoch mit eingeschränktem Geltungsbereich oder mit dem Vorbehalt eines Vetos für den Direktor gegen Entscheidungen des Meetings), unterscheidet sich Summerhill doch vor allem noch durch sein Prinzip der Freiwilligkeit der Unterrichtsteilnahme, eine Idee, die bereits von Tolstoi in seiner Schule in Jasnaja Poljana 1861 eingeführt wurde. Tolstois Schulmotto war »Komm frei und geh frei!« »Die Schule hat sich aus den Prinzipien, die von Lehrern und Schülern eingeführt worden sind, frei entwickelt. Trotz des weitreichenderen Einflusses des Lehrers hat der Schüler schon immer das Recht gehabt, überhaupt nicht zum Unterricht zu kommen bzw. einmal angekommen, dem Unterrichtsgeschehen nicht zu folgen. Der Lehrer hingegen hat das Recht, einen Schüler nicht zum Unterricht zuzulassen ... Jetzt haben wir Schüler in der ersten Klasse, die selbst fordern, daß am Kurs festgehalten wird, die unzufrieden reagieren, wenn ihr Unterricht gestört wird und die die jüngeren Kinder regelmäßig hinausschmeißen, wenn sie in die Stunde gerannt kommen. In meinen Augen sind diese Störungen von außen nützlich und wertvoll; den Lehrern mögen sie allerdings als befremdlich und unbequem erscheinen... Da die Kinder nur den Naturgesetzen gehorchen und von Natur aus überschäumend sind, revoltieren und nörgeln sie, wenn sie unpassenden Eingriffen zu gehorchen haben. Sie glauben nicht an die Rechtsverbindlichkeit der Schulglocke, der Stundenpläne und Regeln ... Ich habe ein elementares Empfinden für Gerechtigkeit in ihnen entdeckt. Wie oft werden Streitereien von ihnen vernünftig geregelt, ohne daß sie Gesetze dafür kennen; und doch beigelegt zur Zufriedenheit beider Parteien! ... Das beste Verfahren und Führungssystem für eine Schule besteht daraus, den Schülern völlige Lernfreiheit und Selbstbestimmung zu gewähren« (Tolstoi 1862).

Sobald von freiwilligem Unterricht gesprochen wird, wenden die Anhänger einer autoritären Gesinnung ein, daß die Kinder dann nicht zum Unterricht kommen und sie deshalb nichts lernen würden. Die Autoritären können nicht verstehen, daß Schule ohne Zwang ein Vergnügen ist, welches zum Besuch motiviert. Kann es denn falsch sein, dadurch seine Neugier zu befriedigen und sein Wissen zu erweitern, daß man selbst entscheidet, was und wann man lernt? Für Summerhill war die Freiwilligkeit des Unterrichts die entscheidende Veränderung, die zu vollziehen war; weder spezifizierte Studienpläne noch glitzernde Videospiele vermögen die Tatsache zu verschleiern, daß man in »normalen« Schulen gezwungen ist zu lernen: oft mit verheerenden Konsequenzen: mangelnde Leistungsergebnisse, psychische Beeinträchtigungen, Desinteresse an geistiger Auseinandersetzung.

Die Kinder mit Wissen bis zum Überdruß vollzustopfen führt doch nur zu einer Bildungsallergie: Lernen wird heute mit der allgemeinen Schulpflicht gleichgesetzt und führt deshalb häufig zu einer Lern- und Bildungsunlust, die mit fortwährenden Haßgefühlen gegenüber allem, was nach Schule riecht, einhergeht. Freiwillige Teilnahme hingegen gewährleistet, daß Menschen auch im späteren Leben auf Selbstbildung nicht verzichten, da sie in der Kindheit Interesse am Lernen gefunden haben. In Summerhill wird es den Kindern freigestellt, sich in derjenigen Phase ihres Lebens bestimmtes Wissen anzueignen, in der sie dies auch wollen – manche früher, manche später. Im allgemeinen besuchen die Kinder den Unterricht und lernen; nur sehr wenige ziehen es vor, überhaupt nicht am Unterricht teilzunehmen. Ferner hat die freiwillige Teilnahme den bestechenden Vorteil, daß die Lehrer nicht die Hälfte ihrer Zeit dafür aufwenden müssen zu versuchen, auch die Unzufriedenen in den letzten drei Reihen zu interessieren (oder zu kontrollieren). In freien Klassen muß der Lehrer nicht für Ordnung sorgen. Jeder, der stört, wird kurzerhand von seinen Mitschülern zurechtgewiesen, die ja anwesend sind, um zu lernen. Kurz gesagt: Freiwillige Teilnahme bedeutet Befreiung des Lehrers ebenso wie die des Schülers.

Aber zur Befreiung der Kinder bedarf es mehr als nur der Abschaffung des Unterrichtszwangs. Zu oft werden Kinder gezwungen, die Wertvorstellungen der Erwachsenen zu übernehmen. Zu oft drängen Erwachsene den Kindern lediglich ihre eigenen Urteile (und Vorurteile) auf, anstatt das für Kinder Wichtigste zu bieten: nämlich Informationen, mittels deren sie zu einer eigenen Meinung finden können. Solange die Wertvorstellungen der Erwachsenen den Kindern nur aufgezwungen werden, können diese niemals dazu fähig werden, sich eine eigene Meinung zu bilden. Summerhill verzichtet darauf, die Kinder in der einen oder anderen Art zu indoktrinieren. Denn Summerhill maßt sich nicht an, den Kindern detailliert vorzuschreiben, was aus ihnen einmal werden soll und was sie zu denken und meinen haben. Summerhill erlaubt ihnen, sich frei zu entwickeln, so daß sich ihre natürlichen Talente unbeeinflußt von Indoktrination entfalten können.

Es wird den Kindern überlassen, Religion und Politik selbst zu entdecken. Aber das bedeutet nicht, daß sie darüber in Unkenntnis gehalten werden: Ihnen wird sehr wohl vermittelt, was sich in der Welt ereignet und natürlich auch, daß die Erwachsenen dazu eine Meinung haben und bereit sind, die ihnen gestellten Fragen zu beantworten. Aber die Schule maßt sich nicht an, bestimmte Überzeugungen für die Schüler vorauszuwählen und zu vermitteln. Leider gab es auch unter den anarchistischen Pädagogen einige, die die Kinder nach ihren Vorstellungen formen wollten; ein bekanntes Beispiel war Francisco Ferrer, der darauf bestand, daß die Bücherei in seiner Escuela Moderna nur für eine anarchistische Schule geeignete Literatur umfassen sollte: Deshalb mußte er seine Schule mit leeren Regalen eröffnen. In der Summerhill-Bücherei hingegen steht unselektiert und unzensiert alles, was ihr geschenkt wurde: Gandhi, Garibaldi und der rassistische Komiker Alf Garnett finden sich im gleichen Regal.

Die Freiheit von den Moralvorstellungen der Erwachsenen umfaßt auch die freie Entwicklung der Sexualität. Die anhaltende Debatte über Pornographie weist immer wieder auf die Bedeutung sexueller Repression für die Aufrechterhaltung des Status quo hin: Sexuelle Furcht und Angst ist die letzte und stärkste Bastion des Autoritarismus: Sie schafft sexuelle Abhängigkeit. Pornographie ist nur als Wirkung, nicht als Ursache anzusehen. Für Anarchisten besteht das Problem, ein Umfeld aufzubauen, in dem sich Sexualität frei entwickeln kann, so daß dann Pornographie keine Chance mehr hat auf ungesundes langfristiges Interesse zu stoßen. Aufgrund seiner mehr als dreißigjährigen Beschäftigung mit der libertären Psychoanalyse seines Freundes Wilhelm Reich war Neill überzeugt, daß Pornographie, Vergewaltigung, Sadismus, der Wille zur Macht und schließlich der Krieg von unterdrückter Sexualität herrühren; frei aufwachsende Kinder würden sich dazu nicht hingezogen fühlen. Seiner Meinung nach sollten Kinder ihre eigene Sexualität und die anderer frei entdecken können und Sexualerziehung erhalten, wenn sie danach verlangen, und sich frei zusammenfinden können, wenn sie es wollen. An diesen Moralvorstellungen mag es Kritik geben, aber niemand kann das Resultat dieser freien Erziehungseinstellung leugnen: In 75 Jahren gab es keine einzige Schwangerschaft in Summerhill, und ich bezweifle, daß es je eine geben wird. Es wird nicht viele »normale« Schulen geben, die ein ähnliches Ergebnis trotz ihrer Politik der sexuellen Repression vorweisen können.

Es ist nur zu natürlich, daß sich eine so bekannte Alternativschule wie Summerhill stets heftiger Kritik ausgesetzt sieht. Die schärfste Kritik – gewöhnlich von den die Staatsschulen befürwortenden Linken hervorgebracht – richtet sich gegen den Entschluß Neills, Summerhill als gebührenpflichtige Privatschule einzurichten, und dies, obwohl er in seinen Büchern den Kapitalismus verdammte. Dieser Kritikpunkt läßt die praktischen Schwierigkeiten bei der Finanzierung einer Schule völlig außer acht. Angesichts des herrschenden industriekapitalistischen Wirtschaftssystems besteht heute eben nicht mehr die Möglichkeit – wie bei Homer Lanes »Little Commonwealth« –, eine Schule aus dem Verkauf von Obst und Gemüse zu finanzieren. Die gängigen Quellen für Geld sind staatliche Subventionen. Aber genau dies bedeutet auch staatliche Kontrolle hinsichtlich der Schulpflicht und der »moralischen Standards«. Diesen Kompromiß wollte Summerhill niemals eingehen, und deshalb beantragte es keinerlei staatliche Subventionen und untersteht demzufolge auch nicht dem Kultusministerium. Wie in jeder Schule werden aber die Eignung der

Lehrkräfte und der Zustand der Einrichtungen von Staatsinspektoren regelmäßig überprüft. Abgesehen von großzügigen und zweckungebundenen Spenden, die es leider nicht gibt, bleibt also nur der Ausweg, (nicht unerhebliche, aber vergleichsweise niedrige) Gebühren zu erheben. Das ist bedauerlich, stellt aber die einzige Möglichkeit dar, die Unabhängigkeit der Schule von externer Kontrolle zu sichern.

Ein weiterer Kritikpunkt wirft Summerhill vor, daß es deshalb nicht als wirklich »revolutionär« bezeichnet werden könne, weil es dort noch Gesetze gäbe. Doch Summerhill nur unter diesem Aspekt zu betrachten bedeutet, seine enormen Fortschritte hinsichtlich der Abschaffung elterlicher Autorität zu übersehen. Schließlich beherbergt es eine basisdemokratische Gemeinschaft, welche durch die Mitwirkung aller geleitet wird (ohne gewählte Vertreter oder andere Machthaber), wobei die Erwachsenen durchaus von den Kindern überstimmt werden können. Es trifft zu, daß Autorität in Summerhill nicht völlig abgeschafft ist. Aber sie ruht auf allen Schultern gleichermaßen, ohne Rücksicht auf Alter oder Position. Nach meinen Erfahrungen in Summerhill ist es für eine Schule mit so kleinen Kindern nicht möglich, Autorität weiter als bis zur in Summerhill praktizierten direkten Demokratie hin zu reduzieren.

Homer Lane teilte die Entwicklung des Kindes zum Erwachsenen in drei Phasen ein: das Alter der Entdeckung, das Alter der Selbstbehauptung und das Alter der Anpassung. Vor der letzten Phase, die im allgemeinen im Alter von 13 bis 14 Jahren einsetzt, sind Kinder nach Lane nicht reif genug, ihr Verhalten selbständig völlig ohne Gebote allein aufgrund ihres Verständnisses für andere zu steuern. Die Tatsache läßt sich nun einmal nicht leugnen, daß soziale Verantwortlichkeit nicht von selbst entsteht, sondern etwas ist, in das man hineinwächst: Es gibt viele Menschen, die sie – in ihrer Kindheit massiv unterdrückt – überhaupt nicht entwickeln. So gern ich glauben möchte, daß Gemeinschaften mit kleinen Kindern ohne Gesetze möglich sind, muß ich doch zugeben, daß beim Außerkraftsetzen aller Gesetze in Summerhill (nämlich durchschnittlich alle zwei Jahre, wenn die Gebote zu undurchsichtig werden) immer wieder einmal das Chaos – und nicht »Ordnung ohne Gesetze« – ausbricht. Dennoch bleibt mein Glaube unerschüttert, daß geistig gereifte Menschen ohne jegliche Führung in Harmonie zusammenleben können; ich werde darin bestärkt, wenn ich sehe, wie sich die älteren Kinder in Summerhill auch ohne Gesetze rücksichtsvoll zueinander verhalten. Aber kleine Kinder ohne soziale Verantwortlichkeit sind einfach noch nicht dazu in der Lage. Ältere Kinder dagegen können mit Anarchie schon umgehen und sie in die Tat umsetzen; die Jüngeren können es nicht, weil sie sich völlig ohne Gebote unsicher fühlen.

Neill selbst war sich des offensichtlichen Konflikts zwischen Anarchismus und Summerhills Gesetzen bewußt. So schrieb er in seiner Autobiographie (1973): »Oft wurde ich ein Anarchist genannt, der eine anarchistische Schule betreibt. Dies verwirrt mich, weil eine selbstverwaltete Schule, die sich ihre eigenen Gesetze gibt, doch nicht der Definition des Anarchismus entspricht. Was bin ich also?« Eine umfassendere Auffassung von Anarchismus hätte wohl Neills Frage für ihn beantwortet. Trotz dieser Unsicherheit konnte sich Neill der Unterstützung seines Projekts durch zahlreiche Anarchisten sicher sein. Er war Abonnent von »Freedom« (»weil sie auf meiner Seite und der Reichs stehen«) und veröffentlichte sogar mehrere Artikel in deren Publikationsorganen wie »Anarchy«. Dieser Kontakt scheint ihm dabei geholfen zu haben, die Verbindungen zwischen Anarchismus und Summerhill besser zu verstehen. So erklärte er in einem acht Monate vor seinem Tod verfaßten Brief (nach Croall 1983b): »Anarchie. Du weißt, daß ich mir nie über die Bedeutung dieses verdammten Wortes im klaren war. Wenn es einfach nur ›ohne Gesetz‹ bedeutet, so ist Summerhill mit seiner Selbstverwaltung meilenweit davon entfernt. Wichtig vielleicht, daß Paul Goodmann ein heftiger Kritiker meines Systems war. Wenn aber Anarchie bedeutet, dagegen zu sein, Gesetze durch Autorität zu erlassen, dann bin ich ein Anarchist.«

Neben der Kritik an Summerhills Gesetzgebung, welche die praktischen Probleme unterschätzt, die der Betrieb einer Schule mit Kindern im Alter ab sechs Jahren aufwirft, besteht jedoch ein Kritikpunkt aus anarchistischer Sicht zu Recht. Seltsamerweise betrifft er nicht die Position der Kinder, sondern die der Lehrer. Der Anarchismus bestand immer darauf, daß diejenigen, die am stärksten an einem Projekt beteiligt sind, auch die Entscheidungen treffen sollten. Aber in Summerhill unterliegen grundsätzliche Entscheidungen der Schulleitung, nicht der Selbstverwaltung der Kinder oder der Mitarbeiter. Die Schule befindet sich im privaten Eigentum der Neill-Familie, und alle wichtigen Angelegenheiten der Schulleitung obliegen der Direktorin: Entscheidungen über die Finanzen (Erhöhung des Schulgeldes etc.), über die Einstellung neuer Lehrer und grundsätzliche Erwägungen im allgemeinen werden ausschließlich von ihr gefällt. Die klassische Trennung zwischen Arbeitnehmer und Arbeitgeber besteht also auch an dieser Schule. In der Praxis ist eine Aussprache der Lehrer und auch der Eltern mit der Direktorin zwar möglich (die Eltern machen jedoch seltener davon Gebrauch); ein ausgebautes Mitbestimmungssystem für die Angestellten der Schule und für die Eltern, das im Einklang mit den demokratischen Rechten der Kinder steht, gibt es aber nicht.

Sollte deshalb aus dem Beispiel Summerhill der Schluß gezogen werden, daß die libertäre Pädagogik versagt hat? Nein, ganz im Gegenteil: Summerhill bewies in all den vielen Jahren seines Bestehens, daß eine freiheitliche Erziehung nicht nur erstrebenswert, sondern auch vollkommen zu verwirklichen ist: Libertäre Pädagogik funktioniert. Aber Summerhill sollte uns von der Notwendigkeit einer Organisation überzeugen, die auf die Perspektiven der Schule abgestimmt ist. Das ist die Schwierigkeit jedes von einem »führenden Geist« begründeten Unternehmens: Wie läßt sich sicherstellen, daß, wenn erst einmal der Gründer gegangen ist, ein Projekt so weitergeführt wird, wie es einst beabsichtigt war?

Summerhill hat seinen Zweck erfüllt: die Prinzipien der libertären Pädagogik zu demonstrieren und zu popularisieren. Andere Schulen auf der ganzen Welt haben Neills Prinzipien aufgegriffen und mitgeholfen, sie zu verarbeiten und zu entwickeln. Diese Schulen und nicht nur Summerhill allein stellen sich jetzt der Herausforderung und bieten die libertären Prinzipien dort an, wo sie gebraucht werden: Von den Feldern und Wiesen Flanderns bis zum Dschungel am River Kwai in Thailand, vom Hinterland Japans bis zu den Großstädten Neuseelands richten Menschen Schulen ein, um die Botschaft weiterzutragen. Laßt sie von Summerhill das Beste übernehmen und anwenden, aus seinen Irrtümern lernen und sie vermeiden. Um mit einem japanischen Sprichwort zu schließen: »Die Kinder entwachsen ihrer Mutter sehr schnell ...«

Internationale Beispiele für von Summerhill inspirierte Schulen

Kilquhanity, Castle Douglas, Kirkcudbrightshire, Schottland
Den frie Laererskole, Ollerup, 5762 Vester-Skerninge, Dänemark
De Weide, Sevekootstraat 67, 9410 Erpe-Mere, Belgien
Children's Village School, Ladya Srisawas Rd, Tambol Wangdong, Amphoe Muang, Kanchanaburi 71190, Thailand
Familial Day Nursery, PO Box 2009, Kathmandu, Nepal
Auckland Metropolitan College, Ngaurohue Street, Mount Eden, Auckland, Neuseeland
Kinokuni Children's Village, Hikotani, Hashimoto, Wakayama Prefecture, Süd-Japan

Literatur

Archer, W./Poole, D./Ramus, P.: Francisco Ferrer. Anzhausen 1982
Bazeley, E.T.: Homer Lane and the Little Commonwealth. London 1928 (Neuabdruck: London 1965)
Croall, J.: Neill of Summerhill. The Permanent Rebel. London 1983a

Croall, J. (Hrsg.): All the best, Neill. Letters from Summerhill. London 1983b
Godwin, W.: Über die politische Gerechtigkeit. Berlin 1977
Lane, H.: Talks to Parents and Teachers. London 1928/1948
Neill, A.S.: Summerhill versus Standard Education. In: Anarchy, 11/1962
Neill, A.S.: Recollecting Homer Lane. In: Anarchy, 39/1964
Neill, A.S.: Savagery starts at home. In: Anarchy, 59/1966
Neill, A.S.: Theorie und Praxis der antiautoritären Erziehung. Das Beispiel Summerhill. Reinbek 1969
Neill, A.S.: Neill, Neill, Birnenstiel! Reinbek 1973
Reich, W.: Rede an den kleinen Mann. Frankfurt a.M. 1986
Reich, W.: Massenpsychologie des Faschismus. Frankfurt a.M. 1972
Rocker, R.: Aus den Memoiren eines deutschen Anarchisten. Frankfurt a.M. 1974
Rödler, K.: Kinderbefreiung und Kinderbewußtsein. Zur Theorie und Praxis der freien Schulen. Frankfurt a.M. 1983
Spring, J.: Erziehung als Befreiung. Anzhausen 1982
The Legacy of Homer Lane. In: Anarchy, 39/1964
The Work of David Wills. In: Anarchy, 15/1962
Tolstoi, L.: The school at Yasnaya Polyana. 1862. Extracts reprinted in: D. Stephens (Hrsg.): Government is Violence. Essays on Anarchism and Pacifism by Leo Tolstoj. London 1990. Deutsche Erstausgabe in: Pädagogische Schriften. Bd. 8 der 1. Serie der Ausgabe: L.N. Tolstoi. Sämtliche Werke. Jena 1907
Tolstoi, L.: Die Schule von Jasnaja Poljana. Wetzlar 1980
Wills, W.D.: Homer Lane – A Biography. London 1964

Matthew Appleton

Das Summerhill-Phänomen: Eine Kultur der Kinder

Wenn jemand Summerhill in einem Abstand von fünf Jahren besuchen würde, würde er beim zweitenmal auf viele neue Gesichter treffen, aber auf nur wenige, die ihm bereits bekannt sind. Das liegt am hohen Personal- und Schülerwechsel, der vielerlei Ursachen hat.

Ein Grund für den hohen Schülerwechsel ist darin zu sehen, daß die Eltern mit der Einschulung in Summerhill bestimmte Zwecke verfolgen: Summerhill wird von einigen lediglich als Durchgangslager zur »Resozialisierung« betrachtet. Ihre Kinder waren zu Hause oder an ihrer früheren Schule als Störenfried aufgefallen. Wenn sie sich dann in Summerhill zu »bessern« beginnen, werden sie wieder herausgenommen, um eine »ordentliche Erziehung« zu erhalten. Für diese Eltern ist Summerhill weniger die erste Wahl, als vielmehr die letzte Zuflucht. Andere Eltern nehmen ihre Kinder besorgt heraus, da sie den Unterricht nicht besuchen. Diese Eltern sind oft nur auf einer Verstandesebene von Summerhill angezogen, während sie gefühlsmäßig das Vertrauen in ihre Kinder nicht in dem Maß aufbringen, wie die Schule dies tut. In wieder anderen Fällen sind es finanzielle Erwägungen. Die Eltern glauben das Schulgeld nicht länger aufbringen zu können.

Auch der hohe Personalwechsel hat verschiedene Ursachen. Summerhill bedeutet für Erwachsene kein bequemes Wohnen und Arbeiten. Das Leben dort ist laut, anstrengend und bietet wenig Rückzugsmöglichkeiten in die Privatsphäre.

Ein großes Maß an Selbstmotivation ist erforderlich, da es dort keine Karrierestruktur gibt, die Gratifikationen oder Beförderungen in Aussicht stellen würde. Die Gehälter sind niedrig, und manchen Erwachsenen fällt es schwer, ihre Vorurteile abzulegen und den Kindern als gleichwertige Mitglieder der Gemeinschaft zu begegnen, ohne das Gefühl für ihre Erwachsenen-Identität zu verlieren. Es existiert jedoch auch der harte Kern eines »alten« Personalstamms, der den neuen Kollegen hilft, sich zu integrieren.

Dem zurückkehrenden Besucher werden die Gesichter der älteren Kinder noch am vertrautesten sein, obwohl sie sich in den fünf Jahren ziemlich verändert haben dürften: von den gammligen, schmutzverschmierten »House Kids«, die herumtoben und tun, was sie wollen, zu den gepflegten, umgänglichen Jugendlichen. Er würde auch noch auf einzelne vertraute Gesichter im Personal stoßen, die allerdings durch die Anzahl der noch unbekannten weit übertroffen werden würde; einige der Angestellten wären begeistert und begierig darauf, über ihre frischen Eindrücke in Summerhill zu sprechen, andere eher reserviert, da sie noch mit ihren eigenen emotionalen Reaktionen auf die Schule zu kämpfen haben.

Summerhill wurde einmal beschrieben als das »blanke Minimum einer Schule«. Diese Charakterisierung ist insofern zutreffend, als die Schule tatsächlich geschaffen wurde, um eher die Bedürfnisse der Kinder zum Tragen kommen zu lassen, als ihnen unnötige Beschränkungen und eine Erwachsenen-Ideologie aufzuerlegen. Lehrer sind verfügbar, um ihre verschiedenen Fächer zu lehren, soweit die Kinder interessiert daran sind. Die Hauserzieher (houseparents) sind für erste Hilfe und für das Waschen der schmutzigen Kleidung zuständig. Alle Angestellten sind als erwachsene Mitglieder der Gemeinschaft präsent, damit sich die Kinder an sie wenden können, wenn sie Umgang mit Erwachsenen wollen oder Rat suchen. Kochen und Saubermachen wird vom Tagespersonal erledigt. Zoe, die Schulleiterin, und ihr Mann Tony sind mit Sarah, der Schulsekretärin, mit den Verwaltungsaufgaben des

Schullebens beschäftigt, wie z.B. mit den Finanzangelegenheiten und externen Stellen.

Das Personal ist für die Entscheidung verantwortlich, in welchen Zimmern die Kinder schlafen, mit Ausnahme der älteren Schüler, den »Carriage Kids«, die darüber selbst befinden. Es ist Sache des Personals, zu bestimmen, wann die einzelnen Kinder von einem Wohnbereich in den nächsten ziehen; z.B. vom »San« zum »House« oder vom »Shack« in die »Carriages«; dies sind die summerhillianischen »Fachbegriffe« für die Gruppen, denen die Kinder hauptsächlich nach Alter, aber auch nach der Länge ihres Aufenthalts zugewiesen werden. Innerhalb dieser äußeren Grundstrukturierung durch die Erwachsenen, die den Kindern einen festen Rahmen für ihre Lebensgestaltung vorgeben soll, gibt es keine Verbindlichkeiten, nur verschiedene Meinungen der Erwachsenen, die nicht mehr Gewicht haben als jede andere Stimme in der Gemeinschaft.

Die wöchentlichen Versammlungen sind ein etablierter Teil des gemeinschaftlichen Lebens. Mit der Ausnahme von einigen wenigen Gesundheits- und Sicherheitsvorschriften entscheidet die Versammlung, mit welchen Regeln die Gemeinschaft leben soll. Diese Entscheidungen kommen durch Abstimmungen zustande, bei denen die Erwachsenen nur eine Stimme haben, genauso wie die Kinder. Aber diese Absenz der Erwachsenenmacht oder -führung bedeutet nicht, daß die Kinder in einem Vakuum leben. Obwohl auch einige Erwachsene aktive und mächtige Mitglieder der Gemeinschaft sind, halten die älteren Kinder das Zepter des Zusammenlebens im großen und ganzen in der Hand. Sie bilden sozusagen den »Rat der Alten« der Gemeinschaft. Viele von ihnen sind länger in Summerhill als die Mehrheit der Angestellten und haben ein weit tiefgreifenderes Verständnis der Vorgänge dort.

Während meines ersten Trimesters gab es die ungewöhnliche Situation, daß sowohl viele Kinder als auch fast die Hälfte des Personals neu in Summerhill waren. Selbst viele des »alten« Stamms der Angestellten waren erst seit einigen Trimestern da. Deshalb gab es viele Kontroversen darüber, wie man am besten verfahren solle. Zoe, die nicht auf dem Schulgelände wohnt, sondern auf einer nahe gelegenen Farm, kam täglich. Ich habe oft meine Probleme mit ihr diskutiert, ihren Ratschlag immer als hilfreich und ihren Durchblick als tief empfunden. Aber neben Zoe waren die Gespräche mit den älteren Kindern und das Erfahren ihrer Eindrücke und Empfindungen die Hauptquellen meines Erkenntnisgewinns. Viele neue Angestellte der Schule haben damit zu kämpfen, sich von der Ansicht zu verabschieden, daß die Erwachsenen »es am besten wissen sollten« oder zumindest »dafür gehalten werden«. Es stellt ihre Vorstellung von hart verdientem Professionalismus auf den Kopf und erscheint ihnen als wirres Durcheinander, was schade ist, weil es auf diesen Gebieten eine Menge zu lernen gibt.

Die größeren Kinder sind meist sehr engagiert in bezug auf die Angelegenheiten der Gemeinschaft. Es ist gewöhnlich einer von den Älteren, der den Versammlungen vorsitzt, während ein anderer als Sekretär fungiert und das Protokoll führt. Die älteren Kinder haben auch eine besonders gewichtige Stellung in der Versammlung, die sich auf ihre langjährige Erfahrung mit dem Gemeinschaftsleben und auf ihr Einfühlungsvermögen in bezug auf die Jüngeren stützt. Sie übernehmen auch häufig die formelleren Positionen, in die sie von der ganzen Gemeinschaft hineingewählt werden. Diese umfassen den »Bußgeld-Verantwortlichen« (Fine's officers), der eine Aufstellung der Personen führt, die von der Versammlung bestraft wurden, um sicherzustellen, daß diese auch bezahlen. Die Schlafaufsicht (Beddies officers) wacht jeden Abend über die Einhaltung der Nachtruhe. Die Ombudspersonen (Ombudsmen) schlichten die Streits von Schülern untereinander, die zu trivial sind, um einen Fall in der Versammlung darzustellen oder deren Verhandlung nicht bis zur nächsten Versammlung aufschiebbar ist.

Auch die verschiedenen Komitees, die von der Gemeinschaft per Wahl eingesetzt werden, sind weitgehend von den älteren Kindern besetzt. Es gibt z.B. ein »Disco-Komitee« (Gram Committee), das über die schulische Disco-Ausstattung wacht und die Disc-Jockeys auf den »Disco-Nächten« und den Parties stellt. Hin und wieder gibt es ein »Freizeitkomitee« (Social Committee), das gesellschaftliche Ereignisse wie Spiele und Unterhaltung organisiert. Ein »Tischtennis-Komitee« stellt sicher, daß die Tischtennis-Ausrüstung in Ordnung ist; ein Rad-Komitee hilft den jüngeren Kindern ihre Fahrräder in Schuß zu halten; ein »Essenskomitee« hält die gute Beziehung zur Küche aufrecht; ein »Betrugskomitee« schützt die kleinen Kinder davor, beim Tauschen oder Kaufen von den eher verschlagenen Personen in der Gemeinschaft übers Ohr gehauen zu werden; ein »Besucher-Komitee« führt die Besucher umher. Die Komitees werden gegründet und aufgelöst, je nach der aktuellen Bedürfnislage. Die genannten sind diejenigen, die mir spontan einfallen, wenn ich auf meine sieben Jahre an der Schule zurückblicke. Es gab sicher noch weitere.

Es werden auch Komitees ins Leben gerufen, um Geld zu erheben für das Ausrichten besonderer Ereignisse wie Parties an Halloween, Guy Fawkes, am Valentinstag und am Trimesterende. In den Komitees arbeiten auch gelegentlich Mitglieder des Personals und flankierend auch jüngere Kinder mit. Aber es sind die Jugendlichen, die bei der Organisationsarbeit am aktivsten sind und die in der Schule entwickelten Traditionen an die neuen und jüngeren Mitglieder weitergeben.

Es haben sich auch bestimmte Spiele herausgebildet, die traditionell bei bestimmten Gelegenheiten gespielt werden, und Formen des Feierns. Beispielsweise saust exakt um Mitternacht vor dem Valentinstag eine große Anzahl von Kindern in der Schule umher und küßt jeden, den sie entdeckt. Die Schlafaufsicht ignoriert auch die Übertretung der Regeln für das Zubettgehen als ungeschriebene Ausnahme in dieser Nacht. Wenn das Sommertrimester halb vorüber ist, wird regelmäßig eine Mitternachtswanderung zum nahe gelegenen Strand durchgeführt, die von dem Trimester-Halbzeit-Komitee ausgerichtet wird, das auch Holz für das Feuer, Suppe und Süßigkeiten zum Rösten und den Rücktransport für müde jüngere Kinder organisiert.

Das wichtigste Ereignis aber ist die Trimesterabschluß-Party, bei der der Gesellschaftsraum von dem entsprechenden Komitee geschlossen und dekoriert wird. Dieses Komitee entscheidet über das Thema, das durch Malereien auf dem Papier zum Ausdruck kommt, mit dem die Wände überklebt werden. In den letzten Jahren wurden die Mottos »Verrücktheit«, »Schwarz und Weiß«, »Im Abfall-Gefäß« (gemeint war das Gefäß, in das die Essensreste nach den Mahlzeiten entleert werden), »Batman«, »Geschichte der Musik«, »Dschungelbuch«, »Schul-Versammlung«, »Städte«, »Karneval« und »Das Spukhaus« ausgerufen. Niemand darf den Gesellschaftsraum betreten oder das Motto erfahren, bis die Party beginnt und der Raum wieder geöffnet wird.

Die Trimesterabschluß-Party ist eine sehr emotionale Angelegenheit, nicht nur weil sich jeder anschickt, nach Hause zu gehen und man sich für einige Wochen nicht sehen wird, sondern auch, weil man sich von denen verabschiedet, welche von der Schule abgehen. Um Mitternacht gibt man sich die Hände und versammelt sich in einem Kreis um die Schulabgänger. Der Plattenspieler läßt »Auld Lang Syne« (ein englisches Abschiedslied; der Hrsg.) erklingen, und alle stimmen mit ein. Wenn das Stück zu Ende ist, bricht der Kreis auf, und man umschließt diejenigen, die in der Mitte stehen. Freunde umarmen sich, oftmals unter Tränen und Schluchzen; vielleicht zum letzten Mal, da einige in ihre Heimat am anderen Ende der Welt zurückkehren. Sicher verabschieden sie sich damit auch von einem Leben, deren Teil sie gewesen sind und das sie manchmal jahrelang miteinander geteilt haben.

Es ist schwer, die emotionale Intensität dieses Abschiednehmens auszudrücken, und sogar in diesem Augenblick, in dem ich diese Zeilen schreibe, fühle ich meine Augen feucht werden. Leben in Summerhill bedeutet, ein Teil einer großen Familie zu sein. Ein Mädchen drückte es einmal so aus: »Die

Jungen sind alle meine Brüder und die Mädchen alle meine Schwestern; ich liebe sie sehr.« Ein anderes Mädchen offenbarte mir: »Ich fühle mich den Leuten, die ich hier am wenigsten kenne, näher als meiner besten Freundin an meiner alten Schule.«

Viele jüngere Kinder fühlen den Verlust der scheidenden älteren sehr intensiv. Wenn Jugendliche die Schule verlassen, löst das mehr Emotionen aus, als wenn das Mitglieder des Personals tun, obwohl die Kinder auch eine starke Bindung zu einzelnen Angestellten aufbauen und es an ihnen keineswegs spurlos vorübergeht, wenn diese gehen. Aber das Personal bleibt im Durchschnitt in der Regel weder so lange wie die Kinder, die die Schule durchlaufen, bis sie groß sind, noch sind sie notwendigerweise so stark in das Gemeinschaftsleben eingebunden, obwohl es da auch Ausnahmen gibt. Nach meinem Eindruck ist aber die andauernde Präsenz eines harten Kerns von Erwachsenen, welche die Seele der Schulgemeinschaft wirklich verstanden haben und sich emotional mit ihr und ihren Prozessen verbunden fühlen, sehr wohl von Bedeutung, obwohl die Jugendlichen die Rolle der »Älteren« mit übernehmen. Erwachsene sind wichtig, sofern sie ein Gespür dafür ausgebildet haben, wann sie sich zurückzuhalten haben und wann sie sich als ein fürsorglicher Teil der Gemeinschaft einbringen. Durch den hohen Personalwechsel entstehen möglicherweise Probleme, da diese Präsenz bisweilen eher schwach ist. Nach meiner Erfahrung in Summerhill ist dieses Problem nie akut geworden. Aber man sollte es ernst nehmen und seine Möglichkeit im Auge behalten, wenn man dort arbeitet.

Manchmal entstehen augenfällig Freundschaften unter den Kindern, wobei die Älteren die Jüngeren unter ihre Fittiche nehmen. Diese Freundschaften können ihren Anfang mit einem Kompliment, emotionaler Anteilnahme, mit der Unterstützung beim Umgang mit einem Problem oder der Erfüllung einer Aufgabe durch den Älteren nehmen. Solche scheinbaren Nebensächlichkeiten werden oft von Erwachsenen gar nicht registriert. Für die Jüngeren haben sie jedoch eine große Bedeutung. Denn die Jugendlichen sind in den Augen der jüngeren Kinder mächtige Personen und näher an ihrem eigenen Alter und ihrer unmittelbaren Zukunft als das Personal. Ich erinnere mich an Augenblicke meiner eigenen Kindheit, in denen ich mich stolz fühlte, weil ein älterer Junge mir etwas Aufmerksamkeit schenkte und ich dadurch das Gefühl hatte, »jemand zu sein«. Einmal erzählte mir ein älteres Mädchen: »Als kleines Kind mag man zwar das Personal gut leiden, aber man schaut nicht auf zu ihm. Es sind die älteren Kinder, zu denen man aufblickt und dabei denkt: ›Vielleicht kann ich eines Tages auch mal so sein wie sie.‹«

Die Spiele, welche die Kleineren spielen, wie »Kick the Can« oder »Touch Prisoners«, haben sie oft von den Größeren abgeschaut. Manchmal organisiert auch einer der Älteren »Das Mörderspiel«. Es wurde vor einigen Jahren von einem Jugendlichen erfunden. Gewöhnlich melden sich die meisten zum Mitspielen an. Es besteht aus mehreren verschiedenen Rollen wie Mördern, Privatdetektiven und verdeckten Ermittlern. Niemand weiß, wer die Mörder und die verdeckten Ermittler sind. Die Mörder »töten« andere, indem sie sie an den Fußsohlen berühren. Dabei müssen sie sich davor hüten, nicht selbst gefangengenommen oder getötet zu werden. Sie müssen schriftliche »Mordaufträge« immer bei sich führen und können enttarnt werden, wenn sie sich verdächtig benehmen oder beim Morden gesehen werden. Dieses spannende Spiel mit seinen gegenseitigen Verdächtigungen dauert oft Tage. Kürzlich erfand einer der Jugendlichen eine Variation: »Das Kalte-Krieg-Spiel«, bei dem die Spieler in zwei Parteien aufgeteilt werden. Es gibt darin Generäle, Offiziere, Spione und Militärpolizei. Es gilt herauszufinden, wer der General der anderen Seite ist, und ihn auszuschalten. Diese Spiele werden von Kindern gespielt, die die Erfinder niemals kennenlernen werden, da diese Summerhill längst verlassen haben.

Alle Alterswohngruppen, die die Kinder durchlaufen, haben ihre eigenen Zeremonien und Gepflogenheiten. Die jüngste Altersgruppe, die der 6- bis 8jährigen »San Kids«, muß am frühesten schlafen gehen. Die Gemeinschaft hat ihnen gegenüber ein ausgeprägtes Schutzverständnis, da sie die Kleinsten und Verletzlichsten sind. Besondere Gesetze sorgen sich um ihre Bedürfnisse. Die nächste Altersgruppe ist die der »House Kids«, die ca. 10- bis 13jährigen. Neill hat dieses Alter das »Gangster-Alter« genannt. Sie sind von den Erwachsenen schon unabhängiger als die San Kids und verbringen eine Menge Zeit damit, für sich zu spielen. Sie neigen auch dazu, mehr zu wagen und die Schulgesetze durch periphere Vergehen zu übertreten. Die »Shack Kids« im Alter von ca. 12 bis 15 beginnen ein Gefühl dafür zu entwickeln, daß sie nicht mehr zu den »Kleinen« gehören und sich bald zu den »Größeren« rechnen dürfen. Die »Carriage Kids« schließlich, die 14- bis 17jährigen, beginnen ein Gefühl ihrer Macht und der damit verbundenen Verantwortlichkeiten für die Gemeinschaft zu entwickeln.

Zu Zeiten, wenn eine Gruppe Älterer die Schule verlassen hat und die Schulgemeinschaft dadurch im Durchschnitt ziemlich jung ist, kann die Selbstverwaltung (self government) schwach sein. Das Personal muß dann eine aktivere Rolle im Gemeinschaftsleben übernehmen. Es kann auch geschehen, daß einige Angestellte die älteren Kinder dazu auffordern, »sich am Riemen zu reißen«, weil sie von ihnen nachts wach gehalten werden oder die Meetings lasch verlaufen. Aber der Großteil der sozialen Traditionen und Verantwortlichkeiten innerhalb der Gemeinschaft werden nicht von den Erwachsenen diktiert. Sie werden durch das Beispiel und die Interaktion von einer Generation von Jugendlichen an die nächste weitergereicht. Obwohl Summerhill das »blanke Minimum einer Schule« ist, bildet es kein Vakuum, sondern eine sich selbst erhaltende, selbst bestimmende Kultur der Kinder, in der diese sich zugehörig fühlen und gleichzeitig sie selbst sein können.

Peter H. Ludwig

»... possibly the happiest school in the world«

Ein Interview mit Zoe Readhead

Nachstehend wird ein eineinhalbstündiges Interview mit Zoe Readhead, der Leiterin der Summerhill School (Leiston, Suffolk, England) übersetzt und gekürzt wiedergegeben. Das Gespräch hat am 28. Januar 1995 im »Kaminzimmer« der Evangelischen Akademie Bad Boll (bei Göppingen) im Rahmen einer dreitägigen Tagung mit dem Thema »Summerhill – und danach« stattgefunden. Interviewer waren Heidrun Ludwig, Peter H. Ludwig und Axel D. Kühn (Universität Tübingen) (im folgenden: »I«). Es wurden auch Statements ergänzend mit einbezogen, die Zoe Readhead (»ZR«) und ihr Mann Tony Readhead am Abend des gleichen Tages innerhalb eines Gesprächskreises von 25 Tagungsteilnehmern abgaben.

1. Eigene Biographie und Familie

I: Mrs. Readhead, wie verlief Ihr persönliches Leben zwischen Ihrer Kindheit als Schülerin in Summerhill und der Übernahme der Schulleitung?

ZR: Ich bin vielen Tätigkeiten nachgegangen (lacht). Am intensivsten war ich im Erteilen von Reitunterricht engagiert. Darin bin ich ausgebildet. Ich habe ca. sechs Monate an der »Lewis Wadham Free School« in New York State gearbeitet. Danach habe ich Tony geheiratet, der eine Farm in der Nähe von Summerhill betreibt, und sehr bald vier Kinder zur Welt gebracht. Die habe ich aufgezogen.

I: Dies war zur Zeit, als Ena, Ihre Mutter, Summerhill geleitet hat. Nimmt sie am Leben der Schule noch teil?

ZR: Ja. Ena ist jetzt Mitte 80. Ihr geht es gut. Sie ist zwar 1985 in den Ruhestand getreten; aber das »Ruhigsein« gelingt ihr nicht so recht. Sie ist kein Mensch, der passiv ist.

I: Wie gehen Sie mit Ihren eigenen Kindern um? Leben sie auch auf dem Schulgelände?

ZR: Drei meiner Kinder haben ihre Schulzeit in Summerhill schon beendet, da sie bereits erwachsen sind. Sie sind jetzt 18, 21 und 22 Jahre alt. Neill, mein jüngster Sohn, ist acht Jahre. Er ist Tagesschüler in Summerhill. Er kommt abends nach Hause. Aber die älteren drei lebten die meiste Zeit als Internatsschüler in Summerhill. Henry wollte manchmal lieber zu Hause sein. Deshalb fuhren wir ihn jeden Tag zur Schule. Manchmal haben sie spätabends noch Schallplatten gehört, und er rief öfters an: »Hol mich um 10 Uhr ab!« Das wurde mir mit der Zeit zuviel, und ich sagte: »Jetzt ist Schluß: Schlaf in der Schule!«

I: Was machen Ihre Kinder heute?

ZR: Amy, die Älteste, studierte an einem College Landwirtschaft. Sie hat ihr »National Diploma« abgelegt. Das ist der Abschluß des ersten Studienabschnitts. Sie hätte gleich weitermachen und ihren Bachelor of Science erwerben können. Aber dann entschloß sie sich, vorläufig nach Hause zu kommen und auf unserer Farm zu helfen. Tatsächlich managt sie vollverantwortlich die ganze Farm, solange wir in Deutschland sind (lacht). Jeden Morgen sagt sie: »Ich muß meine Mitarbeiter treffen!« Und weg ist sie. Sie macht das gut und fühlt sich wohl.
William ist 21 und hat noch kein definitives Interesse an einer bestimmten beruflichen Richtung gezeigt. Er ist wenig akademisch interessiert. Er weiß noch nicht so recht, was er will; vielleicht deshalb, weil er noch nicht von zu Hause weg war. Leiston, unser Wohnort, ist eine kleine, konservative, ländliche Stadt mit begrenzten Möglichkeiten. Zu Beginn des laufenden Schul-Trimesters hatte ich

sehr viel um die Ohren. So sagte ich zu ihm: »Du hast zur Zeit nichts zu tun. Komm doch mit und hilf mir.« Er arbeitet nun handwerklich an der Schule: Holz- und alle möglichen Reparaturarbeiten. Ich möchte aber nicht, daß er sich jetzt schon auf Dauer beruflich an die Schule bindet.

Henry ist 18 Jahre und arbeitet zur Zeit in einem Altenheim. Er hat seine schulischen Abschlußprüfungen für die GCSEs (»General Certificate of Secondary Education«; eine Art mittlere Reife, die pro Fach erworben wird; der Hrsg.) diesen Sommer hinter sich gebracht. Er möchte im Moment nicht aufs College gehen; vielleicht später. Er arbeitet zur Zeit, um etwas Geld zu sparen und zu reisen. Er plant, mit Freunden nach Norwich zu ziehen, eine Stadt, die ca. eine Stunde von uns entfernt ist.

I: Wie ist das Verhältnis zu Ihren Kindern?

ZR: Ich bin sehr glücklich darüber, daß unser Verhältnis sehr gut ist. Wir haben eine warme, emotionale Beziehung zu ihnen, und es gab noch keine wirklich ernsthaften Konflikte. Alle meine vier leben noch zu Hause, was für mich wundervoll ist.

I: Sind Sie als Mutter Ihrer Kinder nie der Versuchung erlegen, den Prinzipien der Schule untreu zu werden und ihnen doch vorzuschreiben, Vokabeln oder ähnliches zu lernen?

ZR: Nein, ich habe niemals Druck auf sie ausgeübt. Natürlich habe ich sie informiert, daß es wichtig für ein Leben in unserem Land ist, die Grundfertigkeiten in Lesen, Schreiben und Rechnen zu erwerben, daß da eine rauhe Welt auf sie wartet, die von ihnen einiges verlangt. Aber Druck habe ich niemals ausgeübt. Es war immer allein ihre Entscheidung, zu lernen.

I: (an den Ehemann von ZR) Mr. Readhead, haben Sie das vielleicht getan?

Tony Readhead: Nein. Niemals.

2. Gegenwärtiges Erziehungskonzept in Summerhill

I: Wie bezeichnen Sie das Erziehungskonzept in Summerhill? Der Ausdruck »antiautoritäre Erziehung«, unter dem die Bücher ihres Vaters in Deutschland bekannt wurden, scheint in Großbritannien nicht üblich zu sein.

ZR: In England zählt man es zur »progressive education«. Summerhill gilt dort als eine »progressive school«. Unter dem Einfluß des Amerikanischen ist auch der Begriff »free school« bekannt, aber weniger geläufig.

I: Haben Sie mit der Übernahme von Summerhill Veränderungen vorgenommen?

ZR: Soweit ich es überblicke, nein. Wenn ein Besucher heute käme, der Summerhill bereits, sagen wir, vor 10 oder 20 Jahren besucht hätte, könnte es ihm so vorkommen, als ob sich etwas verändert hätte. Wäre er hingegen vielleicht vor 40 Jahren das erstemal an der Schule gewesen, könnte er den Eindruck gewinnen, als ob sich kaum etwas verändert hätte. Ich glaube, daß Vorgänge in Summerhill zyklisch verlaufen. Es gibt nichts wirklich Neues unter der Sonne. Die Schule feiert nächstes Jahr ihr 75jähriges Bestehen. Manchmal, wenn etwas Schlimmes passiert und alle erschreckt die Hände über den Kopf zusammenschlagen, dann hilft mir die Erinnerung an ähnliche Vorkommnisse und ihre Bewältigung, Gelassenheit zu bewahren. Manchmal verabschieden die Kinder neuartige Gesetze. Sie hören heute andere Musik und kleiden sich etwas anders als früher. Aber es ist eigentlich so wie mit dem Zucker auf der Nachspeise. Die Oberfläche mag sich etwas verändern, aber der Pudding, also die Basis, bleibt gleich.

I: Sie waren selbst eine Summerhill-Schülerin. Können Sie sich heute mit allem einverstanden erklären, was Ihr Vater getan und geschrieben hat?

ZR: Soweit es die Schule betrifft, schon. Aber natürlich wäre ich heute in der Lage, eine kritische Diskussion mit meinem Vater über unser persönliches Verhältnis zu führen, wie jedes andere Kind mit seinen Eltern auch. Ich sehe wahrscheinlich manches anders als er. Schließlich habe ich vier eigene Kinder aufgezogen und er nur eines (lacht).

I: Der Unterricht in Summerhill ist für die Lehrer Pflicht, für die Schüler aber freiwillig. Wie ist es um den Unterrichtsbesuch bestellt? Viele befürchten ja, daß Kinder unter diesen Umständen kein Klassenzimmer von innen kennen würden.

ZR: Die meisten Kinder besuchen den Unterricht, und zwar aus einem einfachen Grund: Es ist ihnen sonst sehr schnell zu langweilig.

I: Kommen wir zu einigen Details. Wie gehen Sie gegenwärtig mit dem Problem »Fernsehen«, »Tabak« und »Alkohol« um? Inwieweit haben die Kinder Freiheiten in diesen Bereichen?

ZR: Der Umgang mit dem Fernsehen wurde über die Jahre unterschiedlich gehandhabt. Als ich die Schule übernahm, gab es überhaupt keinen Fernseher. Die Kinder schienen auch kein Bedürfnis danach gehabt zu haben. Später gab es ein Fernsehgerät, dessen Gebrauch von dem »Freizeitkomitee« überwacht wurde (siehe Beitrag von Appleton in diesem Band; der Hrsg.). Es gab zwei Geräte, im Gemeinschaftsraum der älteren Kinder und im Raum der jüngeren. Letztes Trimester wollten die älteren es nicht mehr. Zur Zeit schauen sich ziemlich viele die populäre australische Seifenoper »Neighbours« (ähnlich der deutschen Serie »Lindenstraße«; der Hrsg.) an. Im allgemeinen wird nicht viel ferngesehen. Das ist aber völlig die Sache der Schulgemeinschaft. Meine persönliche Meinung dazu ist es, daß fernzusehen bedeutet, nichts zu tun. Es ist für Kinder kein natürliches Verhalten, nichts zu tun. Wenn sie aber nichts tun wollen, dann haben sie genau dies auch nötig.

Zum Rauchen: Ich persönlich hasse das Rauchen. Ich hätte es am liebsten, wenn an der Schule überhaupt nicht

geraucht wird. Jedoch habe ich auf den Schulversammlungen nur eine Stimme – wie jeder andere auch: In Summerhill ist die Raucherlaubnis eine Gemeinschaftsentscheidung. Im Moment ist es allen Kindern erlaubt, außer den jüngsten. Natürlich stellen wir sicher, daß die Kinder über die Gefährlichkeit des Rauchens informiert sind. Jedesmal, wenn ich persönlich mit einzelnen Schülern, die rauchen, spreche, dann bin ich ihnen absichtlich lästig, indem ich sage: »Mensch, gib doch das Rauchen auf!« Wir haben einen ehemaligen Schüler, der jetzt Krebs-Spezialist ist. Ihn möchte ich bitten, uns aktuelles Informationsmaterial zur Verfügung zu stellen, das die Kinder zum Nachdenken anregt. Es liegt leider nicht in der Natur des Kindes, viel über das Morgen nachzudenken. Natürlich könnte ich den Kindern diesbezüglich Vorschriften machen. Ich glaube, daß dies aber keine Lösung des Problems wäre. Das Rauchen ist glücklicherweise international im Abnehmen begriffen.
Zum Alkohol: Der Alkohol gehört aufgrund seiner Natur nicht zu den Bereichen, worüber Kinder eigene Entscheidungen treffen können. Er ist gefährlich. Teenager können nicht sensibel gegenüber Alkohol sein, weil Alkohol ihnen beim Entspannen hilft. Sie würden immerzu trinken, wenn es erlaubt wäre. Teenager finden es sehr lustig, wenn sie nicht mehr gerade stehen können. Wenn man eine Schule betreibt, kann man es sich nicht leisten, Kinder zu haben, die überall herumtorkeln. Das funktioniert nicht. Allerdings haben wir vor zwei Jahren ein Experiment gewagt: Alkohol war erlaubt, obwohl das für uns Erwachsene eine sehr stressige Zeit bedeutet hat. Die Kinder von damals, die jetzt noch an der Schule sind, haben ein äußerst sensibel-verantwortungsbewußtes Verhältnis zum Alkohol.

3. Summerhill und Gesellschaft

I: Glauben Sie, daß sich an konventionellen Schulen und in der Familienerziehung im allgemeinen etwas geändert hat seit der Zeit, in der Summerhill als bewußte Alternative zur damalig üblichen Erziehung gegründet wurde?

ZR: Ich denke, daß es viele Bereiche im Familienleben und in Schulen gibt, in denen sich teilweise etwas gebessert hat. Aber die große Gefahr besteht, daß die Menschen den kleinen Lichtschimmer am Horizont überschätzen und meinen, daß Kinder in den Schulen nicht unglücklich seien und schon alles in Ordnung ist. Und genau das ist es nicht! Ich glaube, daß sich Kinder in konventionellen Schulen nicht viel weniger unglücklich fühlen als vor 40 Jahren. Wenn man sich mit einer Handvoll zufällig ausgewählter Kinder aus konventionellen englischen Schulen unterhalten würde, könnte man feststellen, daß sie immens große Demütigungen und Kränkungen erleiden. Sie sind voller Unwillen, weil sie gezwungen werden, Dinge zu tun, die sie nicht tun wollen. Ich vermute, daß das in Deutschland auch nicht anders ist. Das gleiche gilt auch für die Erziehung in der Familie. Das Familienleben ist im allgemeinen – wobei es natürlich auch etliche Ausnahmen gibt – in unserem Land keine sehr glückliche Angelegenheit. Kinder werden immer noch erniedrigt. Dies ist in der Öffentlichkeit laufend zu beobachten. Mit Kindern, sogar schon mit Babys, wird auf eine unglaubliche Art und Weise umgesprungen. (Laut:) »Setz dich! Halt den Mund! Laß das! Faß das nicht an!« Es ist unverständlich, daß eine Person eine andere so behandelt. Man will gern daran glauben, daß die Erziehung viel besser geworden ist. Aber die Wirklichkeit sieht anders aus.

I: Ihrer Meinung nach hat sich wahrscheinlich weniger in der allgemeinen Erziehung geändert, als es den Anschein hat. Wenn wir zumindest von einem gewissen Minimum an Liberalisierung ausgehen, glauben Sie, daß diese durch

Schulen wie Summerhill und ähnliche andere Schulen mit verursacht worden ist?

ZR: Das glaube ich schon. David Byatt von der schottischen Gordonstoun School behauptete heute vormittag in seinem Vortrag, daß der Schulgründer Kurt Hahn möglicherweise einer der einflußreichsten Erzieher dieses Jahrhunderts war. Ich bezweifle das. Ich denke, daß Neill sehr einflußreich war. Er trug vor allem zur Humanisierung der Grundschulen bei. Er hatte eine große Wirkung, aber bei weitem keine ausreichend große.

I: Wird Summerhill in der Bevölkerung akzeptiert?

ZR: Leiston, die Ortschaft, an die das Schulgelände anschließt, ist ein sehr kleiner, ländlicher Ort. Erst vor ein paar Tagen hat mir eine unserer Angestellten erzählt, wie überrascht sie war, daß die Gäste im örtlichen Pub von der Schule sehr angetan sind, auch wie sie wohlwollend von meinem Vater und meinem Halbbruder erzählten, die beide auch gerne dort einkehrten. Als der entstellende Film von »Channel 4« über Summerhill gesendet wurde, sprachen uns die Leute vom Ort sogar auf der Straße an: »Das stimmt nicht, was die berichtet haben. Eure Kinder benehmen sich ordentlich.« Natürlich kommt es auch zu Schwierigkeiten mit den Einwohnern, vor allem mit den Jüngeren aus der Stadt. Sie mögen uns nicht. Die Reaktionen sind also sehr gemischt. Wir haben ein gutes Verhältnis zur Polizei am Ort. Das ist sehr wichtig. Von den Ortsansässigen abgesehen, die einen persönlichen Eindruck von uns haben, ist die allgemeine Akzeptanz Summerhills in der britischen Bevölkerung aber noch immer sehr gering.

I: Halten Sie Kontakt zu anderen Schulen, die ähnliche Konzepte verfolgen wie sie selbst?

ZR: Nein, eigentlich nicht. Die meisten Schulen, die weltweit eröffnen und sich erklärterweise an unser Konzept anlehnen, kommen selten zu uns und fragen um Rat. Das ist schade. Viele existieren auch nicht lange, weil sie die Dinge falsch anpacken. Das Summerhill-Konzept ist nämlich nicht so leicht zu verwirklichen, wie es scheint. Selbst wir müssen z.B. darauf achten, nicht zu viele Angestellte zu einem Zeitpunkt neu einzustellen. Im Moment haben wir zwölf Mitarbeiter. Unsere Angestellten benötigen meist eine »Lehrzeit« von ca. zwei Jahren, bis sie wirklich eingearbeitet sind.

4. Konservative Wende

I: In Deutschland wird in der Öffentlichkeit zur Zeit sehr über den Verlust der Werte in der pluralistischen Gesellschaft und mögliche erzieherische Reaktionen darauf diskutiert. Seitdem traditionelle moralische und ethische Instanzen an Einfluß verlieren, scheinen viele Menschen quasi orientierungslos und unsicher zu werden. Konservative Erzieher sind der Meinung, daß die Erziehung im allgemeinen bereits zu liberal geworden ist, und wollen die alten Werte wieder einsetzen. Wie gehen Sie in Summerhill mit diesem Problem um?

ZR: Die gleiche Diskussion wird gerade in England geführt. John Major spricht davon, wieder zu den selbstverständlichen Werten zurückzukehren (»back to basics«). Kinder sollen sich demnach wieder »anständig« benehmen. Nun, wir beschäftigen uns mit diesem Problem in Summerhill überhaupt nicht. Es erledigt sich bei uns nämlich von selbst. Wie ich schon heute vormittag in meinem Vortrag sagte: Man muß Menschen nicht »lehren«, moralisch gut zu sein. Wenn man mit Kindern normal zusammenlebt, stellt sich dies von selbst ein; man muß ihnen nur etwas Zeit dazu lassen. Aber langfristig ist es viel besser, wenn Menschen Gutes tun, sich zu benehmen wissen und die Regeln beachten, weil sie selbst entdecken konnten, daß es wertvoll ist, dies zu tun, und sie es von sich aus tun wollen, als wenn Menschen sich nur aus Angst oberflächlich so verhalten. Sobald letztere Gruppe gegen die

Fremdbestimmung zu rebellieren beginnt, wird sie ein gegensätzliches unerwünschtes Verhalten entwickeln. Die Art, wie Summerhill die Persönlichkeitseigenschaften und Qualitäten seiner Schüler hervorbringt, hat diese Rückschlagwirkung nicht, weil diese Qualitäten nicht künstlich aufgesetzt, sondern echt sind. Sie können nicht verschwinden oder plötzlich in ihr Gegenteil umschlagen. Wenn hingegen ein Kind nach Eton (eine exklusive Privatschule; der Hrsg.) geht, wie es früher einmal war, geschlagen und dort »gut gemacht« wird, wird nur die Oberfläche verändert. Darunter wird sich eine zerstörerische Kraft anstauen, die nach einem Ventil drängt. Solche Menschen tun Böses, wenn diese Kraft die Chance bekommt auszubrechen. Das ist der Grund, weshalb es Kriege, Streit, soviel Mißgunst und Aggression gibt. Die Beteiligten sind unterdrückt worden, sind wütend und ängstlich. Dann braucht nur jemand zu kommen und diese Wut zu entfesseln, indem er zu solchen Menschen sagt: »Es ist in Ordnung, wenn ihr Gewehre nehmt und jene Leute erschießt.« Dann werden sie mit einer diabolischen Begeisterung gehorchen. So läuft das heute überall. Meiner Meinung nach ist das, was man mit dem Ruf nach den alten Werten beschwört, schlicht Angst. Alles, was mit einer solchen konservativen Erziehung ausgelöst wird, ist, diese Impulse zu unterdrücken. Wir wissen, daß ein Vulkan lange Zeit ruhig bleiben kann und plötzlich dann doch ausbricht.

5. Schließungsgerücht

I: Sie haben bereits in Ihrem Vortrag heute vormittag erwähnt, daß die englische und deutsche Presse 1994 das Gerücht verbreitet hat, Summerhill sei von der Schließung bedroht. Dies war offensichtlich falsch. Wie kam dieses Gerücht zustande?

ZR: Wir werden jedes Jahr von den Regierungsinspektoren begutachtet. Früher hießen sie »Her Majesty's Inspectors« (HMI); heute »OFSTED« (Office for Standards in Education). Sie mögen uns nicht besonders. Nicht jedesmal wird danach ein Bericht veröffentlicht. Wenn sie dies aber tun, geht dieser sofort an die Presse. Die Zeitungen lieben es, über Summerhill Negatives zu berichten. OFSTED hat nach einer Inspektion grundsätzlich zwei Reaktionsmöglichkeiten. Sie können uns eine offizielle Mitteilung (»Official Letter«) schicken und darin ihre Veränderungswünsche ohne Fristen kundtun. Die zweite und härtere Reaktionsmöglichkeit besteht aus einem Beschwerdebrief (»Notice of Complaint«), der Fristen setzt, innerhalb deren die Beanstandungsquellen beseitigt werden müssen. 1990 z.B. bekamen wir so eine Beanstandungsmitteilung über periphere Dinge wie sanitäre Anlagen. Der aufsehenerregende Bericht von 1994 über die Inspektion 1993 war nur mit einer harmlosen offiziellen Mitteilung verbunden, die keinesfalls eine behördliche Erzwingung einer Schulschließung zur Folge hätte, wenn wir uns nicht danach richten. Die »Times« hat dann begonnen, dies aufzubauschen und das Gerücht des Bedrohtseins von Schließung in die Welt zu setzen, und die anderen Zeitungen in Frankreich und Deutschland haben nachgezogen. Viele Menschen aus Deutschland schrieben an den britischen Kultusminister: »Wagen Sie es nicht, diese Schule zu schließen!«

I: Viele Menschen in Deutschland erfuhren über diese Pressemeldung erstaunt, daß Summerhill überhaupt noch existiert.

ZR: Ich will mich auch nicht zu sehr beklagen. Denn eigentlich freue ich mich über die Presse. Im Grunde ist jede Publicity gute Publicity. Sogar der schrecklich entstellende Film des britischen Senders »Channel 4« über uns hat die Schule wieder ins Bewußtsein der Menschen gebracht.

I: Gab es einen Unterschied zwischen der letztjährigen Beurteilung durch die Inspektoren und den früheren, wodurch die Reaktion der Presse vielleicht erklärt wäre?

ZR: Die letztjährige, die zu dem Aufsehen geführt hat, war weder positiv noch sehr negativ. Sie war vielleicht ein kleines bißchen rauher. Die Inspektoren waren – ich würde nicht sagen aggressiver, aber – unfreundlicher als die anderen. Sie wollten sehen, wie weit sie uns unter Druck setzen können. Frühere Inspektionen würdigten unsere Geschichte und Bedeutung nachdrücklicher. Erst vor zwei Monaten bekam ich wieder eine neue Mitteilung von der Inspektion des Sommers 1994, in der uns mitgeteilt wurde, wir sollten die Fächervielfalt vergrößern und das Fach Religion aufnehmen. Auch wollten sie sichergestellt haben, daß der Unterricht häufiger besucht wird. Ich antwortete ihnen: »Mir ist es völlig unmöglich, dies sicherzustellen, da eine Zwangsverpflichtung zum Unterrichtsbesuch sich gegen den Geist der Schule in einem zentralen Punkt richten würde. Drohen Sie mir etwa damit, mir das vorschreiben zu wollen? Das käme einer Schließung gleich!« Sie wiegelten das zwar verneinend ab; mir ist aber unklar, was die Behörde eigentlich will, außer Schwierigkeiten und Störungen verursachen, vielleicht im Auftrag von höheren Stellen. Bei einem der früheren Besuche der Behörde legte ich den Inspektoren eine Liste der Berufe und akademischen Abschlüsse der letzten sechs Abgängerjahrgänge vor, soweit ich das recherchieren konnte. Darunter waren ein Biochemiker, ein Astronom, ein Doktor der Medizin. Diese Liste hat die Inspektoren sichtlich irritiert. Ihre Reaktion darauf war die ausweichende Feststellung: »Aber Ihr Fächerangebot ist nicht ausgeglichen genug. Zuwenig geisteswissenschaftliche Fächer ...«

I: Halten Sie die Kinder zur Rücksichtnahme an, wenn die Inspektoren an der Schule sind?

ZR: Nein, von uns aus machen wir da gar nichts. Das würde auch keinen Sinn machen, weil der Besuch drei Tage dauert, und so lange kann man nichts verbergen. Erstaunlicherweise reagieren die Kinder aber von sich aus und halten die Schule sauber. Jedesmal, wenn sie jemand mit Krawatte und Anzug sehen, fragen sie: »Ist das ein Inspektor?«

6. Nachfrage, Aufnahme und Nationalität der Schüler

I: Wie ist die Nachfrage der Eltern, ihre Kinder zu Ihnen zu schicken?

ZR: Wir haben im Moment – im Gegensatz zu den 60er Jahren – keine Warteliste. Die meisten, die kommen möchten, können aufgenommen werden, mit Ausnahme der Kinder, die bereits zu alt sind oder die ungewöhnlich harte Problemfälle darstellen. Bei letzteren ist es fraglich, ob Summerhill über die nötigen Ressourcen für diese Kinder verfügt. Andererseits sind wir im Moment nicht in der finanziellen Lage, allzu wählerisch sein zu können, wen wir aufnehmen. Derzeit haben wir 49 Kinder, und neun werden uns voraussichtlich im Juli verlassen, weil ihre Schulzeit vorüber ist. Das Schulabgangsalter in Summerhill, das auch dem Durchschnitt in Großbritannien entspricht, liegt bei 16 bis 17 Jahren. Zudem müssen wir ohnehin damit rechnen, daß uns ein bis zwei jüngere Kinder unvorhergesehen jedes Jahr während des laufenden Schuljahres verlassen, z.B. weil die Eltern umziehen oder das Schulgeld nicht mehr aufbringen können. Hohe Abgangszahlen innerhalb eines kurzen Zeitraums sind für uns deshalb ein gewisses Problem, weil sie sehr schnell einen hohen Prozentsatz der Gesamtkapazität von ca. 65 Kindern darstellen. Es ist auch ungünstig, hohe Abgangszahlen sofort auszugleichen, weil viele neue Schüler auf einen Schlag schwerer in das für sie neue Schulleben integriert werden können. Denn die Summerhill-Sozialisation geht auch stark von den älteren Mitschülern aus.

I: Kann man von Summerhill auch »fliegen«?

ZR: Dies passiert selten, aber es passiert, daß sich Schüler so antisozial verhalten und sich nach einer Probezeit auch nicht bessern, so daß ich mich gezwungen sehe, diese im Interesse der ganzen Schulgemeinschaft wieder nach Hause zu schicken. Ich mache das keinesfalls leichtfertig. Wir geben Problemschülern wirklich viele Chancen. Aber irgendwann ist bei einigen der Zeitpunkt gekommen, wo diese ihre Mitschüler und das Personal nur noch nerven. Es gibt allerdings eine Ausnahme: Wenn ein Schüler so aggressiv ist, daß er andere gefährdet, dann muß man sehr schnell eingreifen.

I: Sie haben in Summerhill eine international zusammengesetzte Schülergemeinschaft. Können Sie feststellen, daß es nationale Unterschiede in den Erziehungsstilen gibt?

ZR: Das können wir nur schwer beurteilen, da viele unserer Kinder aus fortschrittlichen Elternhäusern stammen, die nicht unbedingt typisch für ihre jeweiligen Länder sind. Zur Zeit haben wir in etwa zu einem Drittel japanische Kinder, einen Schüler aus Taiwan, und der Rest kommt aus England und Deutschland. Die Eltern sympathisieren mit uns und sind an unserer Philosophie und unseren Auffassungen interessiert. Deshalb erleben wir wahrscheinlich die nationalen Unterschiede nicht so stark. Allerdings ist die Kultur der Japaner beispielsweise völlig anders als unsere. Sogar Japaner, die in Erziehungsfragen wirklich radikal-progressiv eingestellt sind, unterscheiden sich immer noch sehr von Summerhill. Deshalb lassen sich im allgemeinen auch wohl definitive Verhaltensunterschiede zwischen dem Durchschnitt unserer Schüler aus Japan und dem aus England oder Deutschland erkennen. Die japanischen Kinder sind äußerst zurückhaltend und introvertiert. Die ganze Summerhill-Idee manifestiert sich in der Schulvollversammlung, und dort muß man sich zu sagen trauen, was man denkt. Die japanischen Kinder entwickeln diese Fähigkeit sehr, sehr langsam. Vor allem einigen Mädchen fällt es schwer, aus sich herauszugehen. Der Mehrheit gelingt es aber schließlich doch. Im Moment haben wir vier ältere Mädchen, die einfach nicht am Schulleben teilnehmen. Statt dessen tendieren sie dazu, sich zu ghettoisieren und sich in ihrer eigenen Gruppe aufzuhalten. Sie sind kein integrierter Teil von uns. Sie sind aber trotzdem umgänglich und unternehmen viel außerhalb der Schule. Sie sind mit der Zeit auch viel entspannter und selbstsicherer geworden. Viele Japaner bleiben sehr »japanisch«, bis sie ca. 13 oder 14 Jahre alt sind. Dann plötzlich entwickeln sie fast gegenläufige Verhaltensweisen. Sie sprechen dann nur noch englisch und suchen sich ihre Freunde unter den Kindern anderer Herkunft.

I: Wie ergeht es den japanischen Schülern, wenn sie wieder zu Hause in ihrem eigenen Kulturkreis sind?

ZR: Dazu haben wir kaum Erfahrungen, da die meisten in Großbritannien bleiben, nachdem sie die Schule verlassen haben. Ich weiß es nur von einem Schüler, der uns letztes Jahr verließ. Er war seit seinem achten Lebensjahr bei uns gewesen. Er ging bewußt und aus freien Stücken zurück nach Japan, um Photo-Journalismus zu studieren. Er ist sehr politisch ambitioniert und wird versuchen wollen, Japan zu verändern (lacht).

7. Einstellung der Eltern

I: Wie sind die Eltern Ihrer Schüler eingestellt?

ZR: Nicht alle stehen solide hinter unserem Konzept und akzeptieren unsere Philosophie. Solange alles gut läuft, ist das für uns auch nicht schlimm. Aber sobald etwas passiert, was diesen Eltern nicht paßt, greifen sie uns an.

I: Gibt es so etwas wie »typische Summerhill-Eltern«? Ich vermute, daß die Eltern Ihrer Schüler alles andere als eine repräsentative Auswahl der Bevölkerung darstellen.

ZR: Sicher nicht. Die Eltern verfügen über einen bestimmten finanziellen Rückhalt, da wir als private Schule Schulgeld erheben müssen, z.Z. ca. 6.000 Pfund im Jahr, was, verglichen mit anderen Privatschulen, wenig ist.

Wir lernen manche Eltern gar nicht näher kennen. Es scheint aber drei typische Kategorien unserer Eltern zu geben. Am liebsten sind uns natürlich diejenigen, die ihre Kinder zu uns schicken, weil sie von der Richtigkeit unserer Erziehung überzeugt sind und unsere Philosophie verstanden haben. Sie unterstützen unsere Arbeit mit Lob und Informationen. Um ehrlich zu sein: Diese Art von Eltern sind nicht in der Mehrzahl.

Wahrscheinlich bringt die Mehrheit der Eltern – dies ist die zweite Kategorie – ihre Kinder zu uns, weil sie in anderen Schulen Schwierigkeiten hatten. Diese Eltern sind oft wenig mit den Details unserer Erziehungsprinzipien vertraut. Sie entscheiden sich für unsere Schule, weil sie von einem Schulpsychologen oder einem Bekannten auf Summerhill aufmerksam gemacht wurden und dann denken: »Gut, probieren wir es dort einmal!« Einige dieses Elterntyps sind für uns insofern problematisch, als sie sich teilweise konträr zu unserer Erziehung verhalten. Sie üben z.B. Druck auf ihre Kinder aus, den Unterricht zu besuchen. Dies verhindert, daß ihre Kinder einen natürlichen Zugang zum Unterricht von sich aus finden. Solche Kinder entwickeln genau deshalb eine Abneigung gegen den Unterricht.

Die Eltern der dritten Kategorie sind wirklich verzweifelt, da ihre Kinder tiefgehende Probleme haben. Ich spreche von schwer emotional und psychisch gestörten Kindern. Diese Eltern greifen nach Summerhill wie nach einem letzten Strohhalm. Wir versuchen in der Regel solche Kinder nicht aufzunehmen. Aber manchmal schätzen wir die Kinder doch so ein, daß wir Möglichkeiten sehen, etwas für sie tun zu können. Dies ist aber eine heikle Sache. Denn wenn es nicht so läuft, wie es sich die Eltern vorstellen, nehmen sie ihre Kinder sofort wieder heraus und beschuldigen die Schule. Ich versuche, wirklich harte Problemfälle nicht zu nehmen. Wir haben das schon getan. Aber es war sehr belastend für uns, mit solchen Kindern umzugehen.

I: Erwarten Sie von den Eltern in gewissem Umfang Mitarbeit?

ZR: Nein, eigentlich nicht, außer daß sie nicht gegen unsere Prinzipien arbeiten, was schon passieren kann, wenn die Kinder in den Schulferien zu Hause sind. Die Mehrheit behandelt ihre Kinder zumindest etwas anders, als es die Schule tut. Eigentlich wäre es schön, wenn die Kinder schon von ihren Eltern Selbstbestimmung gewährt bekommen hätten, bevor sie die Schule besuchen. Aber das geschieht selten. Viele Leute vestehen den Begriff Selbstbestimmung (»self-regulation«) falsch.

8. Folgen der Summerhill-Erziehung

I: Sind die Leistungen Ihrer Schüler im Vergleich zu anderen Schulen wirklich schlechter, wie behauptet?

ZR: Ja, bei den jüngeren Schülern im Durchschnitt schon. Aber man vergißt bei diesem Vergleich mit anderen Schulen, daß unsere Schüler relative Defizite bis zum Ende ihres Schullebens wieder aufholen. Die typische Summerhill-Leistungskurve verläuft zunächst langsamer ansteigend und wird dann im Vergleich zu anderen Schulen steiler. Zudem ist zu berücksichtigen, daß die meisten unserer Schüler Ausländer sind, die die Prüfungen nicht in ihrer Muttersprache ablegen.

I: Welche Laufbahnen schlagen Ihre ehemaligen Schüler ein?

ZR: Wir verfolgen das nicht systematisch. Aber natürlich halten einige den Kontakt zur Schule aufrecht. Die meisten besuchen weiterführende Schulen oder Colleges (»further education«). Diejenigen unserer Ex-Schüler, die eine akademische Laufbahn anstreben, schaffen das auch. Ich wüßte von keinem, der eine Hochschule besuchen wollte und dies am Ende nicht auch geschafft hätte. Einige haben aber von vornherein keine Interesse an einem Studium.

I: Wir bedanken uns für das Gespräch.

Der englische Titel dieses Interviews stammt aus einem Zitat von A.S. Neill, das auf Werbe-T-Shirts der Summerhill School abgedruckt ist.

Helena Singer

Freie Schulen: Eine weltweite Bewegung

Die im folgenden thematisierte Entwicklung eines Zweigs der alternativen Schulpädagogik wurde im Laufe der letzten Jahrzehnte verschiedentlich bezeichnet: als »Romantische Schulen« (mit Bezug auf die Rousseausche Theorie) oder als eine »schülerzentrierte Pädagogik« (mit Bezug auf die klientenzentrierte Psychotherapie, die dem Klienten weitgehend die Steuerung des Heilungsprozesses selbst überläßt). Diejenigen, welche die dazugehörigen Schulversuche leiteten, bevorzugen es meist, ihre pädagogischen Einrichtungen »Freie« oder »Demokratische Schulen« zu nennen.

Der Ausdruck »Freie Schule« wird mit sehr unterschiedlichen Bedeutungen verknüpft. Die Definition für den Begriff »Freie (bzw. Demokratische) Schule«, die hier vorgeschlagen wird, versucht ähnliche alternative Schulentwicklungen in verschiedenen Ländern unter einem Terminus zu vereinen. Zwei Bedingungen müssen erfüllt sein, um von einer Freien bzw. Demokratischen Schule zu sprechen:

1) Schulversammlungen, in denen alle Gemeinschaftsmitglieder das gleiche Stimmrecht haben und in denen alle Entscheidungen im Zusammenhang mit dem alltäglichen Zusammenleben getroffen werden; von peripheren Angelegenheiten bis zu solchen von erheblicher Tragweite,
2) die Anerkennung des Rechts des einzelnen Schülers, selbst zu entscheiden, ob er und welchen Unterricht er besuchen möchte.

Diese beiden Bestimmungsmerkmale bringen den Kerngedanken einer tatsächlich *freien* Schule zur Geltung. Das bedeutet allerdings weder, daß sich dieser Definition entsprechende Schulen notwendigerweise selbst als »frei« betiteln, noch, daß sie sich in der Tradition einer bestimmten Gruppe von alternativen Bildungsinstitutionen eingebunden sehen und sich deren pädagogischen Modellen und Theorien gegenüber verpflichtet fühlen.

Die Freien Schulen werden im allgemeinen einer umfassenden Bewegung der pädagogischen Erneuerung zugeordnet, die »Neue Schule« (»New School Movement«) genannt wird und in der zweiten Hälfte des 19. Jahrhunderts in Europa entstanden ist (Skidelsky 1969, S. 16, 156). Einer der Pioniere dieser Bewegung war der Gründer der ersten bekanntgewordenen Freien Schule, Leo Tolstoi, der am Ende der 50er Jahre des 19. Jahrhunderts eine Schule in Rußland auf seinem Landsitz »Jasnaja Poljana« leitete.

Der Kern dieser Bewegung läßt sich durch die Entdeckung der Psyche des Kindes und die Kritik an der traditionellen Schule charakterisieren, die sich allmählich dem Einflußbereich der Kirche entzog. Man wehrte sich unter Bezugnahme auf die neuen Erkenntnisse zur kindlichen Psyche gegen den »Adultismus«, der bewirkt hatte, daß Kinder wie »kleine Erwachsene« behandelt wurden und daß der Eigenwert des ersten Lebensabschnittes nicht erkannt worden war.

Trotz einer gewissen gemeinsamen Basis ging die Bewegung der »Neuen Schule« einen Weg, der sich von dem der Freien Schulen unterschied. Die Theoretiker der »Neuen Schule« begannen sich der Verbindung von Spiel und Arbeit als erzieherischem Element zu widmen, mit dem Ziel, einen aktiven Menschen hervorzubringen. Die Theoretiker der Freien Schule hingegen haben ihre Kritik an der traditionellen Schule radikalisiert, indem sie auch die »Neue Schule« angriffen, die ihrer Meinung nach auf weitgreifende Überlegungen in bezug auf die Ideale einer wirklich demokratischen Gesellschaft verzichtet habe. In den Vereinigten Staaten inspirierte die Bewegung der Neuen Schule die pädagogische Diskussion während der ersten drei Jahrzehnte des 20. Jahrhunderts, in der die Wichtigkeit der Beziehung zwischen Erziehung und Arbeit durch das bekannte Prinzip »learning by doing« betont wurde. Diese theoretische Diskussion war mit dem Aufstieg liberaldemokratischer Ideen verbunden (Manacorda 1989).

Das durch die Freien Schulen geprägte Demokratie-Ideal basiert ohne Zweifel auf den Prinzipien der Französischen Revolution: »Freiheit«, »Gleichheit« und »Brüderlichkeit«. Es ist jedoch auch teilweise von sozialistischen Vorstellungen beeinflußt: sowohl durch diejenige Facette, die man in Verbindung mit Rousseau den »romantischen Sozialismus« nennt, als auch durch diejenige, die als der »wissenschaftliche Sozialismus« von Marx bezeichnet werden kann. Der Grundgedanke dieses Ideals geht von einer Gesellschaft aus, in der alle Bürger an den politischen Entscheidungen teilnehmen können, in der jede Form der hierarchischen Macht- und Privilegienverteilung beseitigt ist und dem Individuum alle Entwicklungsmöglichkeiten offenstehen.

So eine Gesellschaft ist natürlich nur möglich, wenn ihre Mitglieder selbst Initiative ergreifen, verantwortlich und kritisch sind, also autonom, d.h. selbständig handeln. Die Forderungen der Vertreter der Freien Schulen richten sich auf eine Bildung, die anstrebt, solche Kompetenzen hervorzubringen.

Die Freien (bzw. Demokratischen) Schulen könnten sich nach ihrer neueren Entwicklung und dem Problemkreis, mit dem sie sich auseinandersetzen, der anarchistischen Pädagogik annähern. Der italienische Pädagoge Salvo Vaccaro (1987) lieferte wichtige Beiträge in diesem Zusammenhang, hauptsächlich durch das Projekt »Pedagogia libertaria e progetto scuola« (»Libertäre Pädagogik und das Projekt Schule«) der »Gruppo di ricera della Cattedra di storia della filosofia II« der Università degli Studi di Palermo.

Die Kernüberlegung der Freien Schulen geht davon aus, daß Lernen im Grunde nur dort stattfinden kann, wo die Menschen auf freiwilliger Basis dazu motiviert sind. Der große

Vorläufer dieser Bewegung, der Philosoph Jean-Jacques Rousseau, meinte, daß der Mensch schon bei Geburt mit den Anlagen zur Ausformung einer bestimmten Intelligenz und Persönlichkeit sowie mit bestimmten geistigen und emotionalen Anlagen versehen ist – also von Anfang an eine eigene Individualität besitzt. Es sei deshalb geboten, die vollkommene Ausformung der natürlichen Veranlagung zu fördern. Rousseau setzte auf die Neugier der Kinder und wollte deshalb, daß es ihnen selbst überlassen bleibt, über ihr Lernen zu bestimmen. Seine Anhänger betonten weiterhin die kindliche Neugier und das Anliegen, verantwortliche Individuen hervorzubringen, die eigenständige Entscheidungen treffen können.

Neben dem Respekt vor der Individualität des Kindes heben die Konzepte der Freien Schulen hervor, daß ihre Schüler an allen Entscheidungsprozessen über das Leben in der Gemeinschaft partizipieren sollen, aber auch, daß sie die daraus entstehenden Regeln notwendigerweise selbst zu respektieren haben, um ihren Verantwortungssinn zu entwickeln. In diesem Kontext ist darauf hinzuweisen, daß auch die Sanktionen gemeinsam ausgearbeitet werden, die bei Regelverstößen erfolgen. Es geht also nicht darum, einfach die traditionelle Pädagogik auf den Kopf zu stellen und damit zu beginnen, alles, was bisher verboten war, zu erlauben und alle Methoden der Befürworter der konventionellen Erziehung grundsätzlich abzulehnen. Es geht vielmehr darum, alternative Ideen für die Erziehung und Bildung von Menschen zu formulieren, die als Bürger fähig sein sollen, in einer demokratischen Gesellschaft zu leben.

Pädagogische Versuche dieser Art sind weder neu noch nur auf wenige Länder beschränkt. Sie werden derzeit in völlig unterschiedlichen Gesellschaften erprobt, seien es mehr oder weniger entwickelte, moderne und traditionelle, reiche oder arme Gesellschaften. Diese Ausbreitung über Zeit und Ort beweist, daß die Freien Schulen in der Tat eine sehr aktive und facettenreiche Bewegung ins Leben gerufen haben, obwohl sie von Wissenschaft, Öffentlichkeit und Massenmedien fast völlig ignoriert werden. Von dieser Bewegung wird größtenteils nur ihre publicityträchtigste Institution zur Kenntnis genommen, die Summerhill School in England; und selbst von dieser Schule glauben die meisten Menschen irrtümlicherweise, daß es sich um ein schon beendetes und gescheitertes Experiment handelt. Summerhill ist jedoch ununterbrochen seit über 70 Jahren tätig. Die Begründer dieser Bewegung sind sich dessen bewußt, daß sie es weder vermochten, ihre eigenen Erziehungsvorschläge weit zu verbreiten noch die Tatsache, daß es heute eine ganze Reihe von Freien Schulen weltweit gibt.

In ihrer Geschichte nahmen die Freien Schulen immer schon uneinheitliche Haltungen gegenüber dem traditionellen Schulwesen ein: eine offensive und gleichzeitig eine defensive. Die Existenz dieser Schulen scheint auch wegen ihrer *offensiven* Haltung weitgehend offiziell ignoriert zu werden. Diese Haltung äußert sich in einer großen Verachtung und tiefgründigen Kritik an den üblichen Methoden der konventionellen Schulen. Diese Methoden werden als technische Mittel angesehen, die lediglich dazu dienen würden, den Schülern eine künstliche Lernmotivation einzuflößen. Die kritische Beurteilung der Freien Schulen durch das pädagogische »Establishment« hingegen veranlaßt diese, sich oft auf eine *defensive* Position zurückzuziehen. Denn bisweilen beschränken sich die Freien Schulen in ihrer »Öffentlichkeitsarbeit« auf ein lediglich reaktives Verhalten, in dem sie nämlich über bloße Rechtfertigungen gegenüber Angriffen kaum hinauskommen. Die freien Schulversuche werden aus der Perspektive der Werte der bürgerlichen Gesellschaft begutachtet, das heißt, ihr »Mißerfolg« oder »Erfolg« wird danach beurteilt, wie viele von ihren Schülern den Sprung in die Universitäten schaffen, wie viele eine prominente Position in der Berufshierarchie erringen usw. Die defensive Reaktion der Vertreter der Freien Schulen besteht dann daraus, Statistiken aufzustellen und Abhandlungen zu verfassen, mit denen sie zu beweisen versuchen, daß ihre Einrichtungen auch unter den traditionellen Kriterien der bürgerlichen Gesellschaft nicht als gescheitert einzustufen sind. Statt dessen könnten sie grundsätzlicher argumentieren und die Berechtigung dieser Werte in Frage stellen.

Auch wenn es die Freien Schulen nicht bewerkstelligen konnten, eine stärkere Präsenz ihrer Ideen in akademischen Debatten und den bildungspolitischen Diskussionen zu erreichen, so konnten sie sich zumindest in vielen Ländern der Welt seit Jahrzehnten als eine internationale Bewegung etablieren. Es ist schwer möglich, ihre aktuell gültige Zahl weltweit zu bestimmen, da es kein flächendeckendes Netz von Dachorganisationen gibt. Schätzwerte beruhen deshalb auf den Informationen von Institutionen, die sich mit »Alternativschulen« im allgemeinen, nicht nur mit Freien Schulen im speziellen auseinandersetzen. Als »Alternativschulen« werden hier alle diejenigen Schulen verstanden, welche die konventionelle Schulpraxis reformieren wollen. Unter ihnen gibt es außer den Freien Schulen die Hausschulen, progressive Versuche in privaten und öffentlichen Schulen, Experimentalschulen, Lernzentren, Reise-, Umwelt- und Friedensschulen und andere mehr, die größtenteils nicht den hier angelegten Kriterien der »Freien« entsprechen.

Gegenwärtig ist die Mehrheit der Freien Schulen in Europa und Nordamerika anzutreffen. Zwei Organisationen haben eine gemeinsame Liste Freier Schulen in Österreich aufgestellt, die die Existenz von 17 Schulen angibt, wobei vier von ihnen zwischen 1977 und 1981 gegründet worden sind und noch weitere zehn zwischen 1987 und 1992 (z.B. die »Regenbogenschule« in Wien, die »Schmetterlingschule« in Ried und die »Lindenschule Innsbruck«). Von den übrigen drei waren keine Gründungsdaten zu erhalten (Dachverband Wiener Alternativschulen 1993; ich bedanke mich sehr bei Ben Grafton und Margit Zellinger für dieses Verzeichnis).

Nach den Angaben dieser und anderer Verbände von Alternativschulen beläuft sich die Anzahl der Freien Schulen in der Bundesrepublik Deutschland auf insgesamt zwölf (z.B. die »Glocksee-Schule« in Hannover, die »Freie Alternative Schule Leipzig«, die »Odenwaldschule« in Heppenheim und die

»Freie Schule Nürnberg«) (vgl. auch National Directory of Alternative Schools; Traugot 1992). Es gibt noch eine Freie Schule in Spanien von 1969, zwei in Dänemark, drei in Frankreich, eine in der Schweiz (die 1934 gegründete »École d'Humanité«) und drei in Großbritannien (gegründet 1921, 1987 bzw. 1990).

Die meisten Freien Schulen im selben Land sind in den Vereinigten Staaten von Amerika anzutreffen. Es gibt dort gegenwärtig mindestens 39, also genauso viele wie in den europäischen Staaten insgesamt. Wir kennen die Gründungsdaten der meisten dieser Schulen in den USA: Die älteste davon besteht seit 1964. 14 entstanden zwischen 1967 und 1974, zehn weitere zwischen 1978 und 1984 und schließlich neun zwischen 1989 und 1994. Drei Freie Schulen werden in Kanada betrieben. Vom Rest des amerikanischen Kontinents kennen wir nur zwei weitere: eine in Kolumbien und die andere in Ecuador, gegründet 1977.

Schließlich gibt es noch fünf Schulen dieser Art in Japan, wobei nur eine von ihnen, gegründet 1992, von der Regierung anerkannt wurde; eine in Israel; zwei in Indien (seit 1956 bzw. 1984), eine in Neuseeland (von 1967), eine in Thailand (von 1979) und eine in Zaire.

Diese Angaben beruhen auf den Zusammenstellungen des »Dachverbands Wiener Alternativschulen« (1993), des »National Directory of Alternative Schools« (1992–1993) und des »Handbook of Alternative Education« (Mintz 1994). Ihre Verzeichnisse beinhalten allerdings eine undifferenzierte Auflistung verschiedener Typen von Alternativschulen der jeweiligen Staaten, so daß es im Einzelfall oft schwer zu bestimmen ist, welche dieser Schulen tatsächlich »freie« Erziehung im hier definierten Sinn praktizieren. Da den numerischen Angaben in den Verzeichnissen meist eine kurze Erläuterung zu den Erziehungsprinzipien folgt, können diejenigen ausgesondert werden, die auf jeden Fall den Bestimmungskriterien nicht entsprechen. Die zitierten Verzeichnisse können allerdings keinen Anspruch auf vollständige Erfassung aller Alternativschulen weltweit erheben. Auch konnten nicht alle Gründungsdaten der Schulen eruiert werden. Zeitungen und Zeitschriften wurden als zusätzliche, aber unsystematisch ausgewertete Informationsquellen herangezogen (z.B. Aero-Gramme – The Alternative Education Resource Organization Newsletter von Frühjahr 1993 bis Frühjahr 1995; Friends of Summerhill Trust Journal von April 1988 bis Sommer 1994; American Journal of Education). Zumindest aber ermöglicht diese Übersicht, die Verteilungsverhältnisse der Verbreitung Freier Schulen zwischen den einzelnen Staaten grob abzuschätzen.

Aufgrund der mir vorliegenden Angaben summiert sich die Gesamtzahl auf 94 gegenwärtig betriebene Freie Schulen weltweit. Auch wenn weder die Angaben über die geographische Verteilung noch diejenigen über die Gründungen als gesichert angesehen werden können, so zeigen sie zumindest auf, daß Freie Schulen heute in allen Kontinenten zu finden sind und daß es sich um eine internationale Bewegung handelt.

Mit dieser Erhebung lassen sich auch die fruchtbarsten Zeitabschnitte der Entstehung von Freien Schulen erfassen: Die zur Zeit existierenden Schulen stammen vorwiegend und in ctwa zu gleichen Teilen aus den 60er, 70er und 80er Jahren. Es ist jedoch zu bemerken, daß viele Freie Schulen nicht lange überleben. Eine Untersuchung der Publikationen, die von Verbänden der Freien Schulen herausgegeben wurden, demonstriert, daß der Übergang von den 60er zu den 70er Jahren die Zeit des großen Umbruchs markiert: Die Mehrzahl der heute weltweit betriebenen Freien Schulen sind damals entstanden. Viele sind aber auch geschlossen worden.

Die Ausbreitung von Freien Schulen gegen Ende der 60er Jahre muß in Zusammenhang mit den weltweit aufgetretenen kulturellen und politischen Ereignissen dieser Jahre betrachtet werden. Damals wurde vieles im öffentlichen und politischen Leben durch Jugendgruppen und -bewegungen in Frage gestellt, wie zum Beispiel durch die Hippiebewegung in den Vereinigten Staaten oder durch die ersten Alternativgemeinschaften (»Kommunen«) und politischen Studentengruppen in Westdeutschland. Damals sind viele Alternativkindergärten, z.B. die »Kinderläden«, entstanden.

Die geführten Debatten, die vor allem die Mittelschicht-Jugend immer mehr mitrissen und in vielen Fällen einen ausdrücklich politischen Akzent besaßen, veranlaßten 1968 Millionen von Jugendlichen, die Universitäten zu besetzen, auf die Straße zu gehen, den Ordnungskräften entgegenzutreten und die Ansichten der politischen Parteien in Frage zu stellen. Die dieser breiten und umfassenden Bewegung entstammenden Ideen fanden direkte Umsetzung in den Konzepten der Freien Schulen, hauptsächlich getragen durch den neuentstandenen freiheitlichen Zeitgeist, der sich in diesem Jahr in sehr vielen Ländern verbreitete und sich z.B. in der amerikanischen und deutschen Studentenbewegung, im »Prager Frühling« oder im »Pariser Mai« manifestierte.

Diese Bewegungen, die ein großes Fragezeichen hinter das damalige bürgerliche Leben setzten, alle Formen der Machtäußerung problematisierten und Leidenschaft, Ideale, Freiheit und Kunst in den Vordergrund stellten, sahen in den Freien Schulen die Möglichkeit, aus der Kindheit eine Phase des Glücks, der Verantwortung, der Authentizität, der Selbstbestimmung und des Respekts zu machen. Die Kernaussagen der im Laufe der dreißig vorausgegangenen Jahre geschriebenen Bücher von Alexander Sutherland Neill, dem Gründer der Freien Schule »Summerhill«, wurden in einem einzigen Band komprimiert, welcher sich in der ganzen Welt als ein Bestseller erwies (Neill 1968). Ex-Schüler und Lehrer dieser Schule wurden eingeladen, um bei der Gründung von Freien Schulen in verschiedenen Ländern mitzuhelfen und um über ihre Erfahrungen zu sprechen.

Das Ende der 70er und 80er Jahre zeichnete sich durch die Schwächung dieses revolutionären Geistes aus, was sich im Rückgang der Schul-Neugründungen widerspiegelt. Dazu kam, daß viele Initiativen für Freie Schulen zwar über den erforderlichen Idealismus verfügten, aber nicht die administrativen und finanziellen Erfordernisse eines Wirtschaftsunternehmens erfüllen konnten. Dennoch scheint die Jahrzehntwende von den 80er zu den 90er Jahren einen zweiten großen Impuls zur Ausbreitung von Freien Schulen gegeben zu haben, wenn auch eher unauffällig und ohne die emotionale Erregung der 60er Jahre. Eine zurückhaltendere und punktuellere Bewegung führt derzeit zur Entstehung von Freien Schulen weltweit. Vielleicht hat das Ende des »real existierenden Sozialismus« in vielen Ländern auf diese Entwicklung einen Einfluß, da es vorgeführt hat, daß Autoritarismus letztlich nicht zu rechtfertigen ist und daß die Freiheit im Denken und Handeln einen hohen Wert darstellt. Das Konzept der Freien Schulen für Erziehung und Bildung scheint sehr angemessen zu sein, wenn es darum gehen soll, demokratisch denkende Individuen hervorzubringen.

Literatur

Dachverband Wiener Alternativschulen – Freie Schulen in Wien/Netzwerk – Bundes-DV für selbstbestimmtes Lernen: Verzeichnis vom 1. Oktober 1993. Wien 1993

Manacorda, M.A.: Storia dell'educazione dall'antuità a oggi. Torino 1989

Mintz, J. (Hrsg.): The Handbook of Alternative Education. New York 1994

Neill, A.S.: Summerhill. New York 1968 (dt. Ausgabe: Theorie und Praxis der antiautoritären Erziehung. Das Beispiel Summerhill. Reinbek 1985)

Singer, S.: Republica de Criancas: uma Investigacao sobre Experiencias Escolares de Resistencia. (Republik der Kinder: eine Studie zum schulischen Erleben von Widerstand.) Unveröffentlichte Diplomarbeit, Soziologische Fakultät der Universität von São Paulo 1995

Skidelsky, R.: English Progressive Schools. Middlesex 1969

Traugot, M. (Hrsg.): National Directory of Alternative Schools (1992–1993). September 1992. Summertown: National Coalition of Alternative Community Schools (NCACS) Publications 1992

Vaccaro, S.: Construiamo adesso la scuola di domani. In: Illich, I. u.a. (Hrsg.): Educazione e libertà. Sezione Edizione Volontà 1987

Yoshiyuki Nagata

Die Herausforderung von »Moo-Ban-Dek«

Eine Alternativschule in Thailand

Während meines Aufenthalts als Lehrer an der Summerhill School von 1986 bis 1987 war ich ein Mitglied des dortigen Besucher-Komitees. In dieser Funktion führte ich auch eines Tages einige Gäste aus Thailand auf dem Schulgelände herum und erfuhr bei dieser Gelegenheit von einer Alternativschule in einem Entwicklungsland, von »Moo-Ban-Dek«. Dieser Beitrag handelt von der Welt in Moo-Ban-Dek. Dabei wird besonders auf die Folgen einer freiheitlichen Erziehung in entwikkelten *und* sich entwickelnden Ländern eingegangen. Moo-Ban-Dek ist eine Freie Schule, die einen alternativen Weg der freiheitsorientierten Erziehung in einem Entwicklungsland aufzeigt. Charakteristisch für eine sich entwickelnde Region ist ihr »Zwischen«-Status: *zwischen* dem traditionellen und modernen Lebensstil, *zwischen* einer gemeinschaftsorientierten und einer am Individuum ausgerichteten Lebensphilosophie und *zwischen* den östlichen und westlichen Werten.

1. Die Welt von Moo-Ban-Dek

1.1 Zeitgeschichtliche Wurzeln

1977 wurde A.S. Neills Bestseller »Theorie und Praxis der antiautoritären Erziehung. Das Beispiel Summerhill« in Thailand veröffentlicht. Das Buch erschien auf thai übersetzt als Reihe in drei Bänden unter den Titeln »Lerne, wie es Dir gefällt in Summerhill«, »Das kleine Königreich in Summerhill« und »Die Ethik der Kinder in Summerhill«. Diese Reihe erlebte vier Auflagen in den ersten fünf Jahren, was einen außergewöhnlichen Erfolg für Bücher über Erziehung darstellt.

Der hohe Absatz hing mit den politischen und sozialen Veränderungen jener Tage in Thailand zusammen. Am Morgen des 6. Oktober 1976 brach eine Polizeieinheit und eine Gruppe Rechtsgerichteter vor Sonnenaufgang in den Campus der Thammasat Universität in Bangkok ein. Sie eröffneten das Feuer auf Studenten, um die Lager der Oppositionellen zu »säubern«, die öfters auf den Studentenversammlungen gegen den Regierungs- und Militär-Despotismus protestiert hatten. Seit diesem berüchtigten »Blutigen Mittwoch« hatten sich die politischen Aktivisten einschließlich der Studenten im Dschungel versteckt. Obwohl eine nicht geringe Anzahl von ihnen in die kommunistische Partei eintrat, gab es andere, die auch gegen die Regierung protestierten, sich aber nicht dem politischen Kampf der Kommunisten anschließen wollten. Einige der letzteren trugen eine Bildungsbewegung mit.

Neills Buch rührte die Mitglieder dieser Bildungsbewegung sehr an, besonders diejenigen, die vehement gegen die konventionelle autoritäre Erziehung und Bildung im staatlichen Schulwesen opponierten. Die Eheleute *Pibhop* und *Rajani Dhongchai* waren zwei dieser Revolutionäre im Bildungswesen, obwohl sie beide am konventionellen *Ban-Somdej-Chao-Phya-College*, einem Lehrerseminar in Bangkok, studierten. Nach ihrem Abschluß betätigte sich Pibhop als Journalist, und Rajani wurde Lehrerin an staatlichen Schulen.

Beide kritisierten das reglementäre staatliche Schulsystem. Sie waren stark beeinflußt von Erziehern wie Paulo Freire, Paul Goodman, John Holt, Ivan Illich, J. Krishnamurati, Julius Nyerere, Everette Reimer und besonders von A.S. Neill. Deshalb begannen Pibhop, Rajani und einige andere progressive Pädagogen, Ideen für die Errichtung einer Freien Schule zu entwickeln. Sie suchten nach einer Alternative, Kinder großzuziehen. Bald wurde ihnen dafür ein Stück Land in einem historisch belasteten Gebiet im Norden von Kanchanaburi als Schenkung zur Verfügung gestellt. Diese Region in Thailand ist bekannt für das dort einst untergebrachte Kriegsgefangenenlager der japanischen Armee während des Zweiten Weltkrieges. Die Gefangenen wurden gezwungen, die »Todes-Eisenbahnlinie« zu erbauen, die durch den Spielfilm »Die Brükke am Kwai« traurige Berühmtheit erlangte. Im Jahr 1979 wurde dort schließlich ein Internat errichtet, das Moo-Ban-Dek (»Dorfschule der Kinder«) genannt wurde. Diese Schule verwandelte dieses Land der Tragödie in eines des Friedens und der Heiterkeit.

1.2 Biographischer Hintergrund der Kinder

Moo-Ban-Dek umfaßt 145 Kinder im Alter von 4 bis 18 und ungefähr 20 Erwachsene. Sie leben in einem dichten, grünen Wald mit Katzen, Hunden, Hühnern, Enten und Wasserbüffeln, die zu einer idyllischen Atmosphäre beitragen. Dieses friedvolle, grüne Land ist durchsetzt von Häusern, Versammlungsorten, Klassenräumen, Werkstätten und ökologisch orientierten Obst- und Gemüsegärten. Überall spielen Kinder. Sie teilen alles in ihrer Gemeinschaft und leben zusammen in landestypischen Häusern aus Bambus und Holz. Jedem Haus sind ein oder zwei Erwachsene zugeteilt, die sich um ca. zehn Kinder kümmern. In diesen Wohngruppen herrscht ein familiärer Geist. Die Kinder nennen die Erwachsenen des jeweiligen Hauses »mee« (Mutter) und »poo« (Vater). Dieses familienähnliche Beziehungsgefüge dient dazu, einen Ersatz für elterliche Zuneigung zu stellen, ein Gut, das die Kinder in ihrem vorangegangenen Leben vermissen mußten.

Das allgegenwärtige anmutige Lächeln der Kinder, das wahrscheinlich jedem Besucher auffällt, ist angesichts ihrer traurigen Vergangenheit ein Wunder. Tatsächlich sind über die Hälfte der Kinder entweder Vollwaisen ohne ein Zuhause, oder es ist zumindest unbekannt, wer ihre Eltern sind. Bevor sie nach Moo-Ban-Dek kamen, litten viele an Unterernährung und lebten unter miserablen hygienischen Bedingungen. Viele stammen aus den Slums von Bangkok, wo mittlerweile die Probleme dieser Stadt, wie Arbeitslosigkeit, fehlende sanitäre Anlagen, Gewalt, Drogen und Kidnapping, überhandnehmen.

Diese Kinder waren oft körperlich, emotional und sogar sexuell mißbraucht worden. Hier ein Beispiel für die von den Schulgründern festgehaltene Biographie eines der ersten Kinder: »*Ek* ist ein Junge, der unter Mißhandlungen aufgewachsen ist. Während seiner ersten sechs Lebensjahre gab seine Mutter ihren Haß auf ihr Leben an Ek weiter. Er wurde ständig übel verprügelt. Als seine Mutter seine Lebensgeschichte erzählte, gestand sie: ›Ich war sogar mit einem Messer hinter ihm her. Ich weiß nicht, warum, aber wenn ich durchdrehe, dann verliere ich völlig die Kontrolle über mich. Manchmal habe ich ihn so lange gehauen, bis er unter den Schlägen mit dem Besen ruhig geworden ist. Er hörte dann zu schreien auf und hat mich nur angestarrt. Ich habe ihn dann für diesen Trotz noch härter geschlagen.‹ Sie hat ihn verprügelt, bis sich die Widerspenstigkeit und der Haß deutlich in seinen Augen und seinem Verhalten widerspiegelte« (Dhongchai/Dhongchai 1989, S. 10).

In Moo-Ban-Dek gibt es einen weiteren kleinen Jungen, der von seiner Mutter schrecklich behandelt worden war: »Die Eltern von *Jed* tranken unentwegt. Seine Mutter war Tag und Nacht in einem Zustand der Trunkenheit. Sie wurde dann gewalttätig und schlug Jed haßerfüllt. Manchmal tat sie das unbarmherzig, bis er sich krümmte. Es ist aufgedeckt geworden, daß sie sogar ein Messer nach ihm geworfen hat. Manchmal hat auch Jeds kleinerer Bruder der Mutter geholfen, ihn zu schlagen« (Techawongtham 1987). Nach Auskunft von Rajani, der Schulleiterin, ist Jed von der Wärme und Fürsorge der Gemeinschaft in Moo-Ban-Dek beschützend umgeben worden. Als er Schüler der Dorfschule geworden war, wurde seine seelische Gesundheit bald wieder hergestellt. Er hat heute kaum noch Ähnlichkeit mit dem Jungen, der er war, als er kam.

1.3 Ein Tag in der Dorfschule

Früh am Morgen, noch vor 7 Uhr, arbeiten die älteren Kinder schon im »biologischen« Garten. Man kann sie beobachten, wie sie in der frischen Morgenluft Gemüse bewässern oder Bananen und Papayas von den Stauden für das Frühstück pflücken. Bemerkenswerterweise sind die meisten gleich nach Sonnenaufgang bei der Arbeit; und dies aus freien Stücken als Mitglied der »Familie«, nicht etwa auf Anweisung. Sogar die kleinen Kinder fegen den Boden um ihre Häuser, tragen die Früchte vom Garten heran und kochen den Reis für das Frühstück.

Nach dem Frühstück um 8.30 Uhr treffen sich alle Gemeinschaftsmitglieder zur Morgenversammlung. Moo-Ban-Dek hält sich auch an die in Thailand üblichen Schulformalitäten, wie das Singen der Nationalhymne und das Hissen der Nationalflagge. Das sind meines Erachtens die einzigen Zugeständnisse an die staatliche Amtsgewalt. In Moo-Ban-Dek werden, wie in allen anderen von der Regierung anerkannten Schulen auch, bei der Morgenversammlung die buddhistischen Schriften rezitiert. Im Unterschied zu anderen Schulen erfreuen sich die Kinder hier jedoch auch an Tanzübungen und gemeinsamen Meditationen.

Der Unterricht beginnt um 9.30 Uhr. Als die Schule eröffnete, wurde die Freiwilligkeit des Unterrichtsbesuchs eingeführt. Jedoch nach zehn Jahren Praxiserfahrungen lernte man, daß die Bedeutung der Unterrichtsstunden gegenüber denjenigen Kindern betont werden sollten, die drei oder mehr Jahre an der Schule verbrachten. Ansonsten wäre zu befürchten, daß einige wenige Kinder Analphabeten bleiben und sich nach dem Verlassen der Schule ernsthaften Problemen in der modernen Gesellschaft gegenübersehen würden. Infolge dieser Befürchtung wurde die ursprüngliche radikale Konzeption der völligen Freiwilligkeit des Unterrichtsbesuchs etwas eingeschränkt: Diejenigen Schüler, die mehr als drei Jahre bleiben, sollen wenigstens den Unterricht in den

Basisfächern wie Siamesisch oder Mathematik regelmäßig besuchen. Die meisten erfüllen dies oder mehr ohnehin aus eigenem Antrieb. Die anderen ermutigt und berät man in einem persönlichen Gespräch oder im Meeting zu diesem Minimum, auch indem man sie über die Folgen von Analphabetismus für sie aufklärt. Das genügt, um auch diese zu motivieren. Obwohl das Klassenzimmer nicht als das eigentliche Zentrum der Lernens angesehen wird, bietet die Schule eine Vielzahl von Fächern, wie z.B. Siamesisch, Mathematik, Englisch, Malen und Töpferei, an.

Zu Mittag wird um 12.30 Uhr gegessen. Gewöhnlich geschieht das in den einzelnen Wohngruppen. Manchmal nehmen aber auch alle Gemeinschaftsmitglieder diese Mahlzeit zusammen ein. Dabei sitzen die Kinder, die Erwachsenen und sogar die Besucher gemischt zusammen und plaudern, lachen und scherzen.

Um 13.30 Uhr beginnt dann die berufsbezogene Bildung. Während sich der Unterricht am Vormittag auf die Vermittlung von Grundfertigkeiten konzentriert, eröffnen die berufsbezogenen Kurse sogar noch weitere Wahlmöglichkeiten: z.B. Batik, Weben, Färben, Papierherstellung aus Rinde und traditionellen Thai-Tanz. Von 15.30 Uhr an ist jeder ungefähr zwei Stunden lang mit Gartenarbeit beschäftigt: mit Pflügen, Bewässern und mit dem Ernten von bevorzugten Gemüsen oder Früchten für das Abendessen.

Vor dem Abendessen läutet die Glocke für eines der aufregendsten täglichen Ereignisse, das »Up-Nam«-Zeit genannt wird: Die Kinder gehen hinunter zum Fluß, um zu baden, zu schwimmen, sich zu waschen oder einfach um herumzubalgen. Der Kwai-Yai-Fluß scheint geradezu ein Symbol für ihr natürliches Leben weitab von der industriellen Welt zu sein. Nach 21.00 Uhr ist Zeit für die Abendunterhaltung mit Spielen, Tanzaufführungen oder Videos. Ungefähr um 22.00 Uhr klingt der geschäftige Tag aus und überläßt die Bewohner der Nachtruhe.

1.4 Selbstverwaltung in der Praxis

Wie in Summerhill, wird in Moo-Ban-Dek das Prinzip der Selbstverwaltung (self-government) verwirklicht. Alle Entscheidungen des täglichen Lebens an der Schule werden auf den wöchentlichen demokratischen Meetings getroffen. Diese Meetings werden »Schul-Rat« genannt. Dem Schul-Rat steht im allgemeinen ein Kind vor, das in der vorausgegangenen Versammlung dafür gewählt worden ist. Alles wird durch ein Wahlsystem geregelt, das jeder Person die gleiche Stimme zuspricht. Eine der Funktionen des Schul-Rates ist die Festlegung der Schulgesetze und -strafen. Bei diesen Entscheidungen wiegt sogar die Stimme eines kleinen Kindes genausoviel wie die der Schulleiterin. 1995 hatten sie ca. 185 bis 200 solcher Gesetze erlassen. Ein Charakteristikum dieser Regeln in Moo-Ban-Dek ist der grundsätzliche Verzicht auf körperliche Strafen und auf Entzug von Lebensmitteln (von Süßigkeiten abgesehen), da die meisten Kinder in ihrem früheren Leben stark an Gewalt und Unterernährung gelitten haben.

Die basalen Gesetze in Moo-Ban-Dek beziehen sich auf die Sicherheit und die Rechte der Gemeinschaftsmitglieder. Mit Steinen nach anderen werfen bringt fünf Tage Verlust von besonderen Rechten ein. Wer verbotenerweise Blumen pflückt, verliert für drei Tage pro Blume das Recht, nachmittags Süßigkeiten zu erhalten oder den Videofilm am Abend anschauen zu können. Ein kleiner Junge, der eine Papaya-Staude beschädigt hatte, mißachtete auch die Entscheidung der Gemeinschaft, dafür die Samen der Staude zu säen. Nach lärmenden Diskussionen im Meeting schlug ein Mathematik-Lehrer vor, der »Übeltäter« solle die Papaya-Stauden seiner Wohngruppe als Wiedergutmachung täglich gießen. Dieser Vorschlag wurde von der Mehrheit unter der Bedingung akzeptiert, daß der Lehrer den Jungen dabei überwachen solle.

Es gibt nicht nur »Verbote«, sondern auch »Erlaubnisse«; einige davon sind typisch für das Leben in den Tropen: »Du darfst auf alle Bäume klettern, die von der Gemeinschaft dafür freigegeben sind, und auf alle Obstbäume« oder »Du darfst die Schalen von Obst, wie Bananen, Orangen und Rambutan, auf den Boden außerhalb des Hauses werfen«. In diesem Zusammenhang ist auch der Vorzug des Klimas in den Tropen für Kinder zu erwähnen, die der seelischen Fürsorge bedürfen. Als ich in Summerhill unterrichtete, fiel mir auf, daß sich antisoziales Verhalten, wie das Einschlagen von Fenstern, vornehmlich in den Winter-Trimestern ereignete. Ich habe den Eindruck, daß die psychische Stabilität von Menschen mehr oder weniger stark auch vom Klima abhängig ist. So gesehen befindet sich Moo-Ban-Dek an einem relativ idealen Ort.

1.5 Buddhismus

Der bemerkenswerteste Unterschied zwischen Summerhill und Moo-Ban-Dek ist deren jeweilige Haltung zur Religion. Neill war für Summerhill die Freiheit von jeglicher religiöser Unterweisung, wie z.B. den christlichen Moralvorstellungen, wichtig. Deshalb gibt es dort auch keine religiösen Symbole zu sehen.

In Moo-Ban-Dek hingegen ist der buddhistische Geist auf Schritt und Tritt zu spüren. Bevor das neue Versammlungsgebäude errichtet worden war, saßen alle Teilnehmer des Meetings um eine goldene Buddha-Statue und diskutierten so miteinander. An den Wänden der Klassenräume hängen die Bilder von berühmten buddhistischen Mönchen. Einige der männlichen Lehrkräfte haben sich frommer Übungen unterzogen, indem sie als Teil ihrer buddhistischen Ausbildung sich in jüngeren Jahren an asketischen Wanderungen beteiligten.

Es mag widersprüchlich klingen, daß sich Moo-Ban-Dek einerseits ausdrücklich nach buddhistischen Prinzipien ausrichtet und andererseits liberale Erziehungsmethoden wie Summerhill praktiziert. Rajani ist jedoch fest davon überzeugt, daß sich A.S. Neills Gedanken zum Leben und zur Erziehung weitgehend in Übereinstimmung mit dem Konzept des Buddhismus befinden. Moo-Ban-Dek ist also nicht nur deshalb ein auffälliges Erziehungsexperiment, weil seine Gründer die Summerhill-Theorie der Selbstverwaltung und der Freiwilligkeit des Unterrichtsbesuches einführten, sondern auch weil sie diese Theorien auf der Basis der buddhistischen Tradition anwenden. Immer wenn Pibhop Dhongchai Neills Ansichten mit dem Buddhismus vergleicht, nimmt er mit einem Lächeln folgende Metapher des menschlichen Anatomie zur Hilfe: Die Neillschen Ideen entsprächen Haut und Fleisch, während die buddhistischen Grundsätze die Knochen darstellten.

2. Folgerungen für Freie Schulen am Beispiel der Praxis von Moo-Ban-Dek

Verlassen wir Moo-Ban-Dek für einen Moment und wenden uns einem theoretischen Aspekt der an Freiheit ausgerichteten Erziehung zu, wie er in Neills Lehre zum Ausdruck kommt.

2.1 Eine Falle der freiheitlichen Erziehungstheorie

Als eine der Fallen, in die freiheitliche Erziehung wie die Neills zu treten droht, könnte der exzessive Individualismus bezeichnet werden, den ich mehr oder weniger in Summerhill erlebt habe. Dort habe ich einige Kinder an Einsamkeit leiden gesehen. Manchmal schien es, als ob der individualistische Aspekt des Lebens in Summerhill nicht nur unselbständige, sondern auch selbständige Kinder vereinsamen läßt. Dies kann auf Neills Überbetonung des Individualismus in seiner Erziehungstheorie zurückgeführt werden. Neill mußte seine Vorstellung von Freiheit unter dem Eindruck seiner Erziehungspraxis in Summerhill modifizieren. Zunächst trat er für das Recht des einzelnen ein, das Kind gegen Macht und Amtsgewalt zu schützen. Später jedoch erkannte er, daß Freiheit im weitesten Sinn auch den negativen Aspekt der ausschweifenden Zügellosigkeit beinhaltet, und bestand deshalb energisch auf einer gewissen Beschränkung der Freiheit: »In Summerhill ist es einem Kind *nicht* erlaubt, zu tun, was es will. Seine selbsternannten Gesetze beschränken es nach allen Seiten. Es kann nur über diejenigen Angelegenheiten frei entscheiden, die es selbst betreffen« (Neill 1985, S. 303). Dieses Zitat bezeichnet den springenden Punkt in der Neillschen Theorie, nämlich die Tendenz, Kinder zu vereinsamen. Die Wörter »es selbst« stehen für den Vereinzelungsaspekt der freiheitlichen Erziehung in bezug auf menschliche Beziehungen. Die angesprochene Überlegung Neills mag dazu beitragen, zwischen den eigenen Rechten und denen der anderen unterscheiden zu können. Aber gleichzeitig fördert sie die Introversion.

Noch deutlicher tritt der Vereinzelungsaspekt durch die Testfrage hervor, die Neill vorschlug, um zwischen zu akzeptierender Freiheit und zurückzuweisender Zügellosigkeit (license) zu unterscheiden und um zu belegen, daß er nicht für Libertinismus votierte: »Ist das, was die Person X tut, wirklich schädlich für irgendeine andere Person?« (Neill 1985, S. 299). In dieser Testidee scheint sich sehr viel Subjektivität auszudrücken. In überspitzter Formulierung bedeutet sie nämlich, daß Freiheit im Grunde nur allein erlebbar ist. Wenn das Individuum allein ist, muß es sich nicht mehr mit der Freiheit der anderen auseinandersetzen.

Der Versuch, Zügellosigkeit zu verhindern, scheint zu einer Separation der Individuen zu führen. Mit anderen Worten: Der Versuch, die Rechte jedes einzelnen zu respektieren kann zur Förderung von Vereinzelung in der Gemeinschaft beitragen. Daher kann der Individualismus in den Ideen Neills das selbständige Kind unter ungünstigen Umständen zum Einzelgänger in seiner eigenen Welt werden lassen und das unselbständige Kind einsam machen.

2.2 *»Biophile« Elemente in der Erziehung*

Neills Erziehungspraxis scheint trotz der Gefahren, die in seiner Theorie liegen, nach seiner Darstellung in aller Regel zu ordentlichen Resultaten geführt zu haben. Dies wird auch von staatlichen Schulinspektionen sowie durch interne Beobachtungen laut Neills Werken bestätigt (Neill 1985, S. 77–86). Meiner Überzeugung nach hat Neill die Mängel seiner Theorie, eine gewisse anti-kommunikative Tendenz, unbewußt durch seine Persönlichkeit wieder aufgewogen. In seiner Erziehertätigkeit antwortete Neill mit seiner Liebe auf die Kinder. Er verfügte über das, was Erich Fromm die *biophile Persönlichkeit* nannte. Er brachte sein ganzes Wesen in seine Beziehung zu Kindern mit ein. Er blickte mit tiefem Verständnis und großer Anteilnahme auf das Kind. Seine Kinder nahmen seine »Zugewandtheit dem Leben gegenüber« wahr und fühlten sich deshalb kaum einsam und allein. Eine große Anzahl von Autoren schreiben den Erfolg von Summerhill Neills Persönlichkeit zu (vgl. Hart 1970, S. 36, 104, 230f.).

Wegen dieser erzieherischen Kraft, der *Biophilie*, geriet Neills Summerhill nicht so leicht in die beschriebene Falle der Freiheit und des Individualismus. Als ich jedoch in Summerhill tätig war – längst nach Neills Zeit –, schien die Gemeinschaft dort schon bisweilen in diese Falle gelaufen zu sein. Besonders die Kinder, die neu in Summerhill waren, schienen sich dort einsam zu fühlen (vgl. Nagata 1991).

Kommen wir zu Moo-Ban-Dek zurück. Obwohl in der Gemeinschaft dieser Schule die persönlichen Rechte des einzelnen Kindes höher gehalten werden als an konventionellen Schulen, scheint es, daß sich Moo-Ban-Dek – ähnlich wie Summerhill – des allgemeinen Beifalls erfreuen kann. Die überwiegende Zahl der Zeitungsartikel über die Erziehung an dieser Einrichtung sind voll der Bewunderung über ihre Leistungen. Meiner Meinung nach ist es der buddhistischen Grundhaltung der Gemeinschaft zu verdanken, daß sie nicht in die Falle des exzessiven Individualismus stürzt.

Es verdient die ausdrückliche Erwähnung, daß sich die Philosophien von Dhongchai und Neill in der Betonung der biophilen Aspekte gleichen, obwohl sich beide in ihren Ansichten über die dem Kind eigene Natur etwas unterscheiden. Neill ist fest davon überzeugt, daß Kinder von Natur aus gut sind. Dies deckt sich nicht mit der christlichen Lehre, die davon ausgeht, daß der Mensch in Sünde geboren ist. Daher schiebt Neill alle Probleme, die im Zusammenhang mit Kindern entstehen, auf eine falsche Behandlung, die ihrer Natur entgegensteht. Die buddhistische Lehre hingegen behauptet, daß Menschen mit guten und bösen Anlagen geboren werden und daß es von den Umwelteinflüssen abhängt, welche der beiden Seiten dominieren wird. In Moo-Ban-Dek glaubt man, daß die gute Seite zum Vorschein kommt, wenn den Kindern Liebe in einer freien Umgebung gegeben wird (Dhongchai/Dhongchai 1989, S. 8f.; Bangkok Post, Dec 21, 1991). Deshalb wird in Moo-Ban-Dek auf biophile Faktoren, wie Zuneigung, Liebe und Mitgefühl, beständig Wert gelegt, wie es schon Neill in seinem Experiment vorgemacht hat.

Moo-Ban-Dek hat freiheitsorientierte Erziehungsmethoden mit biophilen Faktoren aus der buddhistischen Perspektive verbunden. Deshalb scheint diese Schule erfolgreich die Schwächen der Theorie Neills überwunden zu haben. Aus diesem Grund mag Moo-Ban-Dek in der Lage sein, einige Hinweise für die Praxis freier Erziehung in der sich entwickelnden und der bereits entwickelten Welt zu geben.

Literatur

Dhongchai, P./Dhongchai, R.: Children Village: A community for natural education and self-reliance. Foundation for children, Bangkok 1989

Hart, H. (Hrsg.): Summerhill. For and Against. New York 1970 (dt. Ausgabe: Summerhill: Pro und contra. Reinbek 1971)

Nagata, Y.: Another dreadful school. In: Libertarian Education, Vol 2, No 14, 1990, S. 4f.

Nagata, Y. (übersetzter japanischer Titel): Ein kritisches Essay zur Theorie und Praxis der Freiheit in der Erziehung von A.S. Neill. Kyoiku-tetsugaku-Kenkyukai Kiyo (Campus-Zeitschrift der International Christian University, Tokyo 1991), No 2, S. 72–94
Neill, A.S.: Summerhill. A radical approach to child rearing. New York 1985 (dt. Ausgabe: Theorie und Praxis der antiautoritären Erziehung. Das Beispiel Summerhill. Reinbek 1985)
Techawongtham, W.: Lessons in freedom – how the children's village experiment is faring, 13 years on. Bangkok Post, 25. 1. 1987

Paul Ritter, Jean Ritter, Leonora Ritter

Selbstbestimmung und Educreation in der Familienerziehung

Das Werk von Paul und Jean Ritter

1. Einführung

Das Ziel der »Educreation«, wie sie von den Ritters entwickelt wurde, ist die Förderung einer nach oben offenen humanen Evolutionsdynamik. Sie stellt keine Utopie dar. Die Art, wie Paul und Jean Ritter ihre Kinder großzogen, wird als »Selbstbestimmung« (»self-regulation«) bezeichnet. Als ihr erstes Kind 1949 geboren wurde, bedeutete »Selbstbestimmung« noch einen radikalen Bruch mit der damaligen landläufigen Erziehungstheorie und -praxis. Ihr 1959 erschienenes Buch »The Free Family« beschreibt die Selbstbestimmung als »ein kreatives Experiment«; Jean sieht sie eher als eine gefühlsmäßige Reaktion auf das Gebären von Kindern und auf die Empfindung, daß die traditionelle Art, sie aufzuziehen, falsch sei. Die Familie wuchs mit der Zeit auf sieben Kinder an. Das letzte Kind wurde 1971 geboren, als das älteste bereits das Elternhaus verlassen hatte. Die ersten beiden Kinder kamen in Liverpool zur Welt, vier weitere in Nottingham und das jüngste in Perth, Westaustralien.

Selbstbestimmung bedeutet, daß die Ritters von ihren Kindern lernten, wie diese aufzuziehen seien. Die Eltern gewannen einen Einblick in das Bedürfnis und die Fähigkeit ihrer Kinder, das Befriedigen ihres »Appetits« nach Nahrung, Schlaf und die Wahl sonstiger Aktivitäten selbständig zu bestimmen. Sie hielten zum erstenmal die Zeitintervalle des Stillens auf Verlangen des Kindes tabellarisch fest. Sie wandten die Selbstbestimmung auch auf das soziale Leben der Kinder an, da sie erkannten, daß ein Kind positive Gelegenheiten fordert, mit anderen Menschen und der Umwelt in Kontakt zu treten, und daß die Art und Weise, wie die Bezugsperson die Reaktionen des Kindes deutet, ein wichtiger Einflußfaktor ist. Diese Anwendungserweiterung der Selbstbestimmung basiert auf dem Verständnis der »self-in-relation«, der Selbstbestimmungsanwendung, in sozialen Situationen. Selbstbestimmung strebt danach, die notwendige feine Balance zwischen der Unter- und Überschätzung des Vermögens des Kindes zu halten, seine Umwelt zu deuten und sich mit ihr wirksam auseinanderzusetzen.

Paul führte kürzlich diese Verständnis-Erweiterung ein, als er erkannte, daß die erste eigenständige Mobilität des Kindes, nämlich wenn es zu krabbeln beginnt, von strategischer Bedeutung ist. Denn damit gewinnt es die Wahlfreiheit, wie es mit der Umwelt in Beziehung treten möchte; damit fordert es zum erstenmal die Alleinherrschaft der Erwachsenen über die Umwelt ernsthaft heraus; damit bietet sich erstmals den Erziehern die Chance, wirksame Helfer zu sein; damit wird es aber auch notwendig, eine reichhaltige Vielfalt an Lernsituationen bereitzuhalten und dem Kind gewisse Grenzen der Handlungsmöglichkeiten bewußtzumachen. Wenn es Eigentumsrechte verletzt oder Gegenstände in gefährlicher Weise verwendet, muß der Sorgeberechtigte in ernstgemeinter Körpersprache und Worten erklären, was »nicht für dich« und was »für dich« ist. Es ergibt sich die Chance zu zeigen, daß die Welt voller Möglichkeiten steckt, etwas zu entdecken und sich daran zu erfreuen. Der sensible Sorgetragende erfährt, was jedes individuelle Kind anziehend findet. Er macht es auf Möglichkeiten aufmerksam und setzt sie als wirksame Alternativen zu potentiell antisozialem Verhalten ein. Um die nahezu unbegrenzte Entdeckungsfreude im Krabbelalter und später in der Phase des Laufenlernens zu fördern, ist Liebe zur Vermeidung von »Disziplinproblemen« und nachfolgendem kostspieligen antisozialen Verhalten notwendig. Selbstbestimmung erzeugt

Selbstdisziplin. Somit ist sie eine überzeugende Methode, mit dem von Natur aus intelligenten, sozial ausgerichteten Homo sapiens umzugehen. Dies ist dann nicht schwierig, wenn eine Vertrauensbeziehung von Geburt an aufgebaut wurde.

Der Selbstbestimmungsansatz unterscheidet sich von eher autoritären Erziehungsstilen dadurch, daß bereits das Neugeborene als sensibles und soziales Wesen anerkannt wird und daß das tiefgründige Vertrauen in die Bedürfnisse des Kindes als Basis der elterlichen Liebe und Pflege angesehen wird. Es ist entscheidend, die Kinder immer deutlich spüren zu lassen, daß sie geliebt werden, sogar dann, wenn ihre Eltern ihr augenblickliches Verhalten nicht gutheißen. Unsensibles und antisoziales Verhalten wird als Fehlfunktion des Organismus gesehen, die therapeutische Aufmerksamkeit auf unbefriedigte Bedürfnisse oder die Änderung einer ungeeigneten Umwelt verlangt. Ein wichtiges Element dieses Ansatzes ist es, Ventile für Aggressionen zu liefern, die es gestatten, Aggressivität auf eine nicht verletzende Weise auszuleben: Laut zu schreien, in einen »Anger-Banger« zu boxen (ein von Paul patentierter aufgehängter Stoffsack, der mit zusammengeknüllten Zeitungen gefüllt ist), in Kissen zu hauen, Pappschachteln kaputtzumachen oder mit den Eltern mit Zeitungspapierrollen zu fechten sind wirkungsvolle Möglichkeiten, um Haßgefühle, welche die Liebe verhindern, und damit auch unvermeidbare Frustrationen zu bewältigen. Die therapeutische Haltung, die der moralischen gegenübersteht, wird in Ritterschen Familienmottos wie »Jeder manchmal dumm« (sic!) und »Beschuldige niemanden, wir sind alle genauso« ausgedrückt. Beide Mottos können dazu dienen, Spannungen im Familienleben zu begegnen, ohne andauernden Groll zu hinterlassen.

Um ihr Werk zu unterstützen und auszuweiten, begründeten die Ritters »PEER«: das »Institut für Umweltplanung und Educreation-Forschung« in Perth (»Planned Environment and Educreational Research Institute«). Mit PEER entwikkelten sie die Idee der »Educreation«, einer Erziehung zur Schaffung, zu Wachstum und zur Veränderung. Die neueste

Weiterentwicklung der Educreation-Idee besteht aus der Hervorhebung des Bedarfs an »Educreation Generating Groups« (EGGs) in der modernen Gesellschaft, um synergetische Erziehungsunterstützung für die Kernfamilie und die Schule zu gewährleisten mit dem Ziel, einen therapeutischen Fortschritt in eine »sensitive Zukunft« zu ermöglichen, die jedes wachsende menschliche Bestreben mit einschließt. Paul sieht darin die fundamentale »feminine Erhöhung« (»feminine ascendancy«), mit der die »patriarchale Pest« bekämpft werden kann.

2. Die Eltern

Paul Ritter wurde als zweiter Sohn seiner Eltern geboren. Nach seiner Geburt in Prag schrie und kämpfte er gegen den Rabbi an, der versuchte, ihn zu beschneiden. Als Kind bewältigte er ohne Schwierigkeiten die Scheidung seiner Eltern, ja in gewisser Weise »gedieh« er sogar durch sie. Er entkam dem Holocaust im Alter von 14 Jahren als Ältester auf einem Kinderflüchtlingszug nach England. Jean Ritter, geborene Finch, kam in Liverpool als viertes Kind ihrer Eltern zur Welt, das ein Junge werden sollte und deshalb ein gewisses Maß an tiefem Unmut bereits mit ihrer Muttermilch einsaugte. Sie überlebte Hitlers Bomben und brachte auch zweimal eine Evakuierung bei fremden Leuten hinter sich. Im Jahr 1942 lernten sie sich an der Universität Liverpool – beide 17jährig – kennen. Der leuchtende, dunkelhaarig-gelockte, lebhafte, mittellose, idealistische, zionistische Flüchtling und das angelsächsisch-keltische, mittelschicht-disziplinierte, blonde, zurückhaltende, attraktive, hochintelligente, romantische, unschuldig weibliche Mädchen verliebten sich ineinander. Paul absolvierte Abschlüsse in Architektur, Stadtplanung und Soziologie. Jean schloß mit einem Bachelor in Naturwissenschaften (Biologie) und einem Diplom in Pädagogik ab. Zum Ärger und Verdruß beider Mütter brannten sie zusammen durch, sobald sie 21 Jahre alt geworden waren. Sie hatten zu diesem Zeitpunkt leidenschaftliche Petting-Erfahrungen miteinander (aber mit niemand anderem), aber keine Erfahrung im Geschlechtsverkehr. Er arbeitete damals in den Kohlengruben; sie war noch Studentin. Pauls Mutter erfand das erste Familienmotto in ihrem Telegramm als Reaktion auf die Hochzeit: »Es ist besser zu lachen als zu weinen.«

Im Jahr 1948 – auf einer romantischen, mittelalterlichen, überdachten Brücke in Luzern – kam in Jean der Wunsch auf, ein Baby zu bekommen. Als sie in der Folgezeit mit ihrem ersten Kind schwanger wurde, waren beide davon überzeugt, daß die damals übliche autoritäre Haltung in der Kindererziehung falsch sei. Sie waren von einem sensibleren und gefühlsmäßigeren Ansatz eingenommen. Aber sie benötigten einen Hinweis, wie dieser umgesetzt werden konnte. Die Inspiration kam von Pauls älterem Bruder Hans, einem Physiker. Er sandte Paul und Jean Bücher von A.S. Neill und die damals schwer erhältlichen Arbeiten von Wilhelm Reich, die von der *Bio-Technic Press* in London vertrieben wurden. Neill demonstrierte die Wirksamkeit der Selbstbestimmung in seinem Internat »Summerhill«. Die Theorie und die Methode Reichs gaben Paul wissenschaftlichen, intellektuellen und philosophischen Rückhalt für diesen Ansatz. Jean ging mehr von ihrer Intuition als von theoretischer Reflexion aus. Eine gründliche Untersuchung der Schule Neills folgte, aus der eine lebenslang freundschaftliche und vertrauensvolle Beziehung zu Neill hervorging. In einer ausgedehnten Korrespondenz würdigte Reich Pauls Auffassung der »Lebensenergie«.

3. Die Einstellung der Ritters

Die Ritters sorgten für ihre Kinder und stellten Fragen, während diese aufwuchsen. Sie nutzten die Selbstbestimmung im Familienleben, um zu verstehen, wie es funktioniert. Sie erweiterten damit das Werk Reichs und Neills. Da sie neuen Boden betraten, forderten sie damit das gängige, orthodoxe Erziehungswesen heraus und erregten bei vielen Universitätspädagogen Anstoß. Sie stießen aber auch auf Interesse und gewannen öffentliche Anerkennung. Ihr grundlegendes Interesse an menschlichen Erfordernissen wurde auf viele Bereiche ihrer Arbeit übertragen. Sie integrierten ihre Einsichten zu einem lebensbejahenden ganzheitlichen Muster mit wissenschaftlicher Substanz. Zwischen 1954 und 1964 brachten sie die zweimonatlich erscheinende Zeitschrift *Orgonomic Functionalism* heraus. Jean trat im nationalen Fernsehen auf. Paul wurde 1962 vom *Architect's Journal* zum »Mann des Jahres« gewählt. Mit der Entwicklung seines innovativen Ansatzes in der Stadtplanung und in Verbindung mit der Veröffentlichung seiner Arbeit mit Seminaren, »Planning for Man and Motor«, erhielt er Einladungen für Vorlesungen und Ausstellungen in 30 Ländern.

1953 veröffentlichten die Ritters die ersten Fotos einer natürlichen Geburt in der westlichen Welt. Sie verbreiteten ihre Haltung der Selbstbestimmung in einem Buch, »The Free Family«, das 1959 zum erstenmal erschien. Es wurde in fünf Sprachen herausgegeben und international rezensiert, sein Inhalt aber weitgehend skeptisch beurteit und mit schlimmen Prophezeiungen bedacht. Nach dem Erscheinen des Buchs wurde einigen Klassenkameraden verboten, mit diesen »gefährlichen, ungezügelten« Kindern der »freien Familie« zu spielen. (Leonora erinnert sich daran, daß Kinder, die zum Spielen herüberkamen, sehr unterschiedlich auf die ungewohnte Freiheit reagierten, die sie im Hause der Ritters vorfanden. Einige entspannten sich dabei, andere überreagierten darauf, wie z.B. ein kleines Mädchen, das eine Schneeballschlacht an einem Winternachmittag *im* Haus veranstaltete.) Inzwischen hat der weitere Verlauf der Biographien der Kinder der freien Familie die Vorahnungen und Befürchtungen der Kritiker widerlegt. Tatsächlich hat der Grad, in dem das Buch seiner Zeit voraus war, die Tendenz der nachfolgenden Erziehungstheorie und -praxis nach sich gezogen, sich von einer autoritären zu einer eher selbstbestimmten Haltung zu bewegen. Noch vor 20 Jahren hat Jean gewalttätig-ärgerliche Mütter in Supermärkten gefragt: »Was werden Sie unternehmen, wenn er groß genug ist, um zurückzuschlagen?« Solche Fragen sind heute kaum mehr nötig. Heute kann gelegentlich ein liebevoller und freudiger Umgang zwischen Eltern und Kindern sogar an anstrengenden öffentlichen Orten wie Läden, Banken und Flughäfen beobachtet werden.

Obwohl sich die akzeptierte Erziehungstheorie und -praxis inzwischen dramatisch verändert haben, unterschätzen verwässerte Versionen der Selbstbestimmung, wie sie in Bestsellern weltweit präsentiert werden, noch häufig den enormen Zeitaufwand und die Mühe, welche notwendig sind, um das psychische Wachstum eines Kindes zu unterstützen. Solche Versionen ignorieren auch weitgehend, welche Bedeutung es hat, die Emotionen der Eltern zu erkennen und mit ihnen umzugehen. Beispielsweise mag ein Elternteil, der selbst in schlimmen autoritären Verhältnissen aufgewachsen ist, sich vor der Verantwortung scheuen, einem Kind zu helfen, sein eigenes System der Verantwortlichkeit auszubilden.

4. Feedback: Erwiderung gegenüber den Skeptikern

Paul beschreibt heute seinen Nachwuchs als einen »Stamm von lebensbejahenden, normal-verrückten, sehr selbständigen Erwachsenen, die sehr leistungsfähig sind«. Objektivere Informationen enthüllen, daß sie – entgegen den Vorahnungen der Kritiker – keineswegs zu Schulversagern wurden. Die Kinder besuchten unterschiedliche Schulen. Für die Schulwahl war das Angebot ausschlaggebend, das zum jeweiligen Zeitpunkt verfügbar war, und die anscheinenden momentanen Bedürfnisse des einzelnen Kindes. Fünf verbrachten einige Zeit an privaten Schulen, welche den kognitiven Leistungserfolg besonders betonten. Zwei besuchten einige Jahre lang »alternative« Schulen (in der Primar- bzw. Sekundarstufe), in denen den Schülern die Freiheit gewährt wurde, ihre Lernaktivitäten selbst zu wählen. Alle gingen auch eine gewisse Zeit auf staatliche Schulen, die sowohl den intellektuellen Erfolg als auch den Erfolg im Sport hervorhoben. In solchen Schulen herrscht (zumindest in Australien) ein Druck der Gleichaltrigen gegen akademische Spitzenleistungen. In allen ihren Schulzeugnissen wurde ihre »Kooperation« gewürdigt. Anti-soziale Reaktionen wurden in der häuslichen Sicherheit ausgelebt, nachdem sie all »ihre Nettigkeiten in der Schule verbraucht« hatten, wie es eines der Kinder ausdrückte. Insgesamt war der Charakter der individuellen Lehrkraft entscheidender als der Schultyp. Eine sehr wichtige Feststellung für alle Eltern!

Jean kümmerte sich zunehmend um Schulangelegenheiten, besonders nach dem Umzug nach Australien. Sie saß in Schulräten (»school councils«) und Komitees. Sie entwickelte Ausbildungsprogramme für Kindergärtnerinnen und war ein Gründungsmitglied des inzwischen weitverbreiteten Wohlfahrtsverbands für Kinder und Eltern im Krankenhaus. In High-Schools initiierte sie erstmals den »Schulrat« in Westaustralien, ein Gremium aus Eltern, Lehrern und Schülern, das zusammen mit dem Schulrektor per demokratischer Abstimmung Ideen verwirklicht und Innovationen einführt. Sie setzte sich auch für die Aufnahme erwachsener Schüler, auch von Eltern, in Kursen des Sekundarschulwesens ein.

Zu Hause bemühten sich Paul und Jean, eine neutrale Haltung gegenüber dem Schulerfolg der Kinder einzunehmen, damit dieser Bereich nicht entscheidend für deren Selbstwertgefühl würde. Jean wollte, daß ihre Kinder in allem, was sie anpackten, gut sein sollten. Sie zwang die Kinder nie, Hausaufgaben zu machen. Gleichzeitig unterstützte sie die schulischen Bemühungen der Kinder und half ihnen mit sehr vielfältigen, manchmal eigenwilligen Mitteln. Leonora erinnert sich, am Küchentisch Hausaufgaben gemacht zu haben, während Jean kochte und ihr beistand. Sie erinnert sich auch an Jeans Hilfe; z.B. wenn sie Probleme damit hatte, geschickt genug beim Verfassen eines Aufsatzes vorzugehen: Jean schlug vor, zunächst einen groben Entwurf zu schreiben, solange die kreative Energie floß; anschließend diktierte Jean die bereinigte Endfassung, um den langweiligen Anteil der Arbeit abzukürzen. Mindestens einmal schrieb Paul an Stelle eines der Kinder ein Gedicht, das in der Grundschule als Hausaufgabe gestellt worden war. Vielleicht ist es dieser stützenden Inspiration zu verdanken, daß zumindest ein Kind später seine poetischen Werke veröffentlichen ließ – allerdings solche, die ohne die Hilfe des Vaters entstanden.

Intellektuelle Neugier wurde auch dadurch gefördert, daß die Familie um den großen Eßtisch saß, Jeans hervorragende Speisen genoß und dazu gewöhnlich ein »Menü« aus Ideen und lustigen Anekdoten austauschte – wobei sich Paul oft besonders hervortat –, das von einer Reihe von Besuchern und studentischen Untermietern »gewürzt« wurde.

Es gab keinerlei materielle Belohnungen für gute schulische Leistungen. Ferner wurde es den Kindern immer erlaubt, zu Hause zu bleiben, wenn sie dies benötigten. Sie wurden von ihren Eltern in jedem Konflikt mit Lehrern oder Schulen unterstützt. Es ist vielleicht bemerkenswert, daß es trotzdem zu keinen längeren Schulabsenzen kam. Dies bekräftigt die Annahme der Ritters, daß – wie schon Neill in Summerhill zeigte – Kinder über einen natürlichen Antrieb zum Lernen verfügen. Ihnen die Kontrolle über ihr Lernen zu geben verstärkt lediglich diesen inneren Antrieb.

5. Die Kinder als Erwachsene

Alle Kinder beendeten ihr Hochschulstudium mit einer Reihe von Graden und postgraduierten Titeln und haben eine Laufbahn in akademischen Berufen eingeschlagen. Ihre Karrieren wurden von der Öffentlichkeit mit Preisen, Förderungen und Publikationen in ihren vielfältigen beruflichen Feldern bestätigt. Gegenwärtig schließt das drei Angehörige des wissenschaftlichen Personals von Universitäten in verschiedenen Disziplinen ein, drei erfolgreiche Jura-Absolventen und eine

Doktorin der Medizin, die als Allgemeinmedizinerin praktiziert sowie als Hypnotherapeutin und Beraterin für Selbstbehauptung. Sie kommen alle ohne Probleme mit den technologischen Erfordernissen der modernen Welt zurecht, und manche treiben die technische Entwicklung sogar selbst voran. Während der Vater auf die technische Geschicklichkeit anderer angewiesen ist, kommunizieren seine Kinder über Computer miteinander, und einige nützen auch die kreativen Möglichkeiten von Rechnern in hervorragender Weise!

Künstlerische und sportliche Aktivitäten bereichern das Leben der Kinder. Sie zeichnen, malen, kochen, schreiben, beschäftigen sich mit Musik, Bildhauerei, Poesie, Tanz, kreativen Handarbeiten, Schmuckdesign und Sportarten wie Tennis, Tischtennis, Basketball, Fußball, Netzball, Hockey und Cricket.

Der Nachwuchs weist es zurück, auf den Leistungen der Eltern aufzubauen und an der Bekanntheit der »freien Familie« anzuknüpfen. Die Kinder ziehen es statt dessen vor, ihren Ruf auf ihren eigenen Verdiensten in ihren verschiedenen privaten und beruflichen Welten zu begründen, die sie zu bewohnen selbst gewählt haben. Es widerstrebt ihnen, als »Versuchskaninchen« vorgeführt zu werden. Trotzdem vertreten sie die Familienwerte und -einstellungen. Sie gehen nützlichen und erfreuenden Beschäftigungen nach, die sie mit Innovationsgabe und Begeisterung verfolgen. Sie suchen die Hilfe und Unterstützung von lebhaften Kollegen und sind vorsichtig im Umgang mit jenen emotional kranken Individuen, deren pathologische Furcht und Unsicherheit sie für das Wohlbefinden anderer gefährlich machen. (Eine Tochter beschreibt solche Menschen treffend als »giftig«.) Leonora hat das Wort »emoplay« für die Kommunikationsstrategien geprägt, die benötigt werden, um in einer emotional verpesteten Welt aus positiven Möglichkeiten das meiste herauszuholen; z.B. zur Konfliktbewältigung oder -vermeidung mit emotional gestörten, unsicheren Menschen, wie man sie überall findet.

Die Kinder streben eher nach einem erfüllten und freudvollen Leben als nach materiellem Wohlstand. Paul betrachtet dies als ein Hauptcharakteristikum, das den Erfolg der »freien Familie« gemäß seiner Educreations-Kriterien markiert. Die Kinder haben ihre eigene Balance zwischen dem Lebensgenuß am täglichen Dasein und dem Arbeiten an einer besseren Welt gefunden. Paul glaubt, daß diese Balance »gesünder« ist als seine eigene. Die Kinder lassen seinen eigenen Hang zur Pflichterfüllung vermissen, obwohl sie durchaus dazu fähig sind, eine spezifische Aufgabe mit langem Atem zu verfolgen und zu Ende zu bringen.

Die Töchter empfinden es als eine Notwendigkeit, die Begrenzungen der patriarchalen Gesellschaft für Frauen zu beseitigen. (Paul sieht dadurch seine Forderung nach EGGs untermauert.) Dies gelingt ihnen auch in einer Vielzahl von unterschiedlichen Beziehungsstrukturen. Sogar während sie neue Rollen für sich selbst suchen, erkennen sie die Bedeutung der Rolle ihrer Mutter als häuslichen Felsens in der Brandung ihrer Kindheit an. Diejenigen, die selbst Mütter geworden sind, halten daran fest, ihren eigenen Kindern eine vitale Priorität in ihrem Leben einzuräumen. Es ist nicht ganz einfach, die Frauenemanzipation mit der Befreiung der Kinder zu verbinden. Die Mütter haben verschiedene interessante Wege für sich entdeckt, nach der Balance zu streben, mehr oder weniger in elterlicher Teilnahme eingebunden zu sein, mehr oder weniger persönliche Zeit zu opfern, mehr oder weniger Verantwortlichkeit ihren Kindern zu übertragen und oft auch die soziale Entwicklung der Kinder durch das Engagement weiterer Bezugspersonen voranzutreiben. Jean hat ihren eigenen Weg zur persönlichen Erfüllung beschritten, nachdem sie von der Verantwortung für ihre Kinder befreit worden ist. Sie kreiert spontan wachsende Wandteppiche mit außerordentlicher Freude und Enthusiasmus. Dies ist eine großartige Befreiung nach den Selbstdisziplin fordernden Jahren des Kindergroßziehens und der lustfeindlichen Arbeitsethik ihrer eigenen strengen Kindheit. Sie stellt ihre Werke unter dem Titel »Echoes from Childhood« öffentlich aus und bereitet derzeit ein Buch dazu vor.

Die Bindung zur Familie bleibt den Ritters wichtig. Der Nachwuchs hat aber durchaus auch ein eigenständiges emotionales Leben entwickelt. Einige sind von Perth weggezogen, und zwei leben sogar 3.000 Kilometer weit weg auf der anderen Seite Australiens. Sie halten alle mehr oder weniger Kontakt zueinander und besuchen sich zwei- oder dreimal im Jahr, was allerdings von der persönlichen Vereinbarkeit, dem Grad der gemeinsamen Interessen und der örtlichen Nähe abhängt. Jenseits der Familie haben alle verbindliche Beziehungen zu Freunden und Lebenspartnern aufgebaut, die ihre emotionalen Bedürfnisse befriedigen und zur Erhöhung ihrer Energien beitragen.

Insgesamt ergänzen inzwischen elf Enkel die erweiterte Familie. Der jüngste hat sich im Februar 1996 hinzugesellt. Diese Generation wird in Variationen der Selbstbestimmungshaltung erzogen, deren Auslegung von der Persönlichkeit der Eltern und der Teilnahme der Lebenspartner abhängt. Bemerkenswerterweise haben sich alle der ersten selbstbestimmten Generation Partner gewählt, die ihr Einfühlungsvermögen für Kinder teilen. Alle Cousins und Cousinen von vier verschiedenen Familien kommen gut miteinander aus. Besonders beachtlich ist die anhaltende Zuneigung aller gegenüber der zehnten Cousine, welche acht Jahre lang die jüngste war. In der australischen »Macho«-Kultur ist besonders der zärtliche Umgang der männlichen Teenager mit dem Baby ein Beleg dafür, daß die Selbstbestimmung eine erfreuliche Sensibilität gegenüber Jüngeren und Hilflosen erzeugt; und das sowohl bei Männern als auch bei Frauen.

6. Trotz der Eltern

Trotz guter Absichten, dies nicht zu tun, werden Eltern einige ihrer Einstellungen tradieren. Je fortschrittlicher sie sind, desto schwieriger ist es für sie, ihre eigenen unsensiblen Bereiche und ihre emotional verankerte Irrationalität zu erkennen. Die emotionale Bürde der Eltern zu erkennen und sich einzugestehen ist hilfreich, um sehr schmerzhafte Unzulänglichkeiten zu verstehen. Progressive Eltern müssen lernen, es anzunehmen und zu akzeptieren, daß ihre Ängste und Veranlagungen dazu tendieren, sich über ihre Erziehung auf ihren Nachwuchs, wenn auch in abgeschwächter Form, übertragen – ob ihnen dies gefällt oder nicht.

Selbstbestimmung steigert das natürliche Selbstvertrauen der Kinder und ihre Fähigkeit, der emotionalen Negativität von anderen entgegenzutreten. Dies ist besonders dann wichtig, wenn – wie im Fall der Ritters – die Eltern über ausgeprägt mächtige Charaktere verfügen. Es ist paradox, daß genau diese Charakterstärke, welche die Eltern in die Lage versetzt, sich trotz der starken Anfeindungen gegenüber ihren Anschauungen und der weitverbreiteten befürchteten Folgen auf Selbstbestimmung einzulassen, auch eine mögliche Gefahrenquelle für die Kinder darstellt. Die Kinder haben sich jedoch an der elterlichen Position vorbei entwickelt. Die Kraft, dies zu tun – vielleicht teilweise anlagebedingt –, hat es ermöglicht, durch Selbstbestimmung zu überleben. Sogar Paul meint, daß »man fast sagen könnte, die Selbstbestimmung habe trotz ihrer Eltern funktioniert«. Tatsächlich bestand ein überraschender Gewinn des Selbstbestimmungsprinzips darin, daß den Eltern geholfen wurde, einige ihrer verbliebenen traditionellen Tabus und Komplexe abzulegen. Paul erkennt im Humor ein Mittel seiner Kinder, mit seiner »Verrücktheit« zurechtzukommen, mit seiner heftigen Zerstreutheit, seiner frenetischen Mannigfaltigkeit von schöpferischen Aktivitäten und sogar seinem selbsteingestandenen Hauch von »Größenwahn«.

7. Geschwister

Aufgrund der Belege interessierte sich Paul besonders für die Geschwisterrivalität als ein Symptom einer sozial dysfunktionalen Umwelt, wie es in vielen Kernfamilien in einer patriarchalen Gesellschaft zu finden ist. Gleichzeitig wird gegenseitige Geschwisterunterstützung als eine vitale Hilfe erkannt, in solchen Umwelten zu überleben. Geschwister können sich gegenseitig darin fördern, sich gegen die Eltern zur Wehr zu setzen oder mit einer unsensiblen Welt zurechtzukommen. Viele enge Freundschaften bestehen in verschiedenen Kombinationen zwischen dem erwachsenen Nachwuchs. Leonora betrachtet das Potential, das aus Geschwisterunterstützung und -kameradschaft entsteht, als sehr bedeutsam. Sie hat es selbst erfahren, daß die Nachfolge ihrer jüngeren Geschwister sie einiges von der Aufmerksamkeit kostete, die ihr ursprünglich ungeteilt entgegengebracht wurde. Dies mag bei intensiven Erziehungsstilen für die Eltern jedoch unumgänglich sein, um mental gesund zu bleiben.

Paul glaubt inzwischen, daß nicht einmal die Selbstbestimmung die möglichen negativen Auswirkungen der Rivalität unter Geschwistern in Kernfamilien auflösen kann und daß die spezifischen menschlichen Probleme, die mit der Geschwisterreihenfolge des noch nicht selbständigen Nachwuchses verbunden sind, noch anzupacken sind. Die kulturübergreifende Natur der Geschwisterrivalität durch die Reproduktionshäufigkeit der biologischen Arten und die absolute Abhängigkeit der nachfolgenden Geschwister sind verbliebene Tabus. Gesellschaften müssen sich der schmerzvollen Erkenntnis dieses Leidens bewußt werden, um Wege zu finden, es zu überwinden. Paul glaubt, daß EGGs zu diesem Prozeß entscheidend beitragen können.

Zwischenzeitliche Lösungen der Probleme der Geschwisterrivalität – Paul sieht sie als nur »teilweise lindernd« an – mögen in der sorgfältigen zeitlich gestaffelten Familienplanung liegen und in der Rücksichtnahme auf die emotionalen Bedürfnisse aller Geschwister, insbesondere wenn die gewohnten Familienstrukturen durch die Ankunft eines weiteren Kindes erschüttert werden. In solchen Phasen ist eine Extrapflege durch Gemeindeunterstützung oder durch Angehörige der erweiterten Familie entscheidend. In der Ritter-Familie »brachte« jedes neue Baby ein Geschenk für seine Geschwister. Leonora erinnert sich bei vielen Gelegenheiten an die Bedeutung von weiteren Erwachsenen und Jugendlichen, die sich um die Kinder kümmerten.

Geschwisterrivalität sollte nicht mit den natürlichen Unterschieden der Erfahrungswelten der Geschwister verwechselt werden. Es liegt auf der Hand, daß die sieben Kinder der Ritters unterschiedliche Erfahrungen machten. Die älteren Kinder befinden sich immer irgendwie auch in einer Art »Experimentierfeld«. Sie kontrastieren mit dem vorgestellten »Ideal« der Eltern am stärksten. Bis zum siebten Kind entwikkeln die Eltern dann ein größeres Vertrauen und hegen realistischere Erwartungen. Es sind dann auch die älteren Geschwister da, denen die Fürsorge und Pflege teilweise übertragen werden kann. Jedoch gibt es auch die Geschwister, die um die Aufmerksamkeit und die Anerkennung der Eltern wetteifern. In der Ritter-Familie sind diese Kombinationsmöglichkeiten mit der Tatsache verbunden, daß die ersten fünf Kinder Mädchen waren und die letzten beiden Jungen, sowie damit, daß es zu einem zehnjährigen Abstand zwischen dem sechsten und siebten Kind kam. Dadurch ähnelte die Erfahrungswelt des Jüngsten derjenigen von Einzelkindern in einer erweiterten Familie.

8. Die Evolution der Educreation

Paul und Jean haben ihre Philosophie auf der Suche nach breiteren und vielfältigeren Anwendungsfeldern weiterentwickelt. 1972 wurde eine Feedback-Version der ursprünglichen Arbeit unter dem Titel »Freie Kindererziehung in der Familie« von Rowohlt in Westdeutschland veröffentlicht. Das Konzept der »Educreation«, die Erziehung zur Schaffung, zu Wachstum und zur Veränderung, wurde von Paul in seinen Lehrveranstaltungen an der *Nottingham School of Architecture* entwickelt, zwölf Jahre lang erprobt, in einem Buch mit demselben Titel erläutert und später im Feedback-Band erweitert. Er arbeitet gegenwärtig mit High-Schools an der Planung und der Einführung von EGGs, die darauf abzielen, die begrenzte und begrenzende Erfahrung, die Schulen liefern, zu ersetzen und zu erweitern. Damit sollen die Kernfamilien mit einem weithin verfügbaren Potential für zwischenmenschliche Bindung und sozialer Interaktion unterstützt werden, das auf einer inneren Haltung für sensitive Fürsorge basiert. Z.B. würden in EGGs Kinder die Chance erhalten, Tag und Nacht mit ihren Freunden zusammenzusein, wenn das allen Beteiligten recht ist. Paul sieht staatliche »Warnungen vor Reichtum« kommen, die sich als Reaktion auf die Folgeeffekte des ökonomischen Rationalismus zu den gegenwärtigen »Warnungen vor Gesundheitsrisiken« hinzugesellen werden.

Die Funktion einer EGG würde es sein, alters- und generationenübergreifende Kontaktmöglichkeiten in einer erweiterten Erziehungsumwelt bereitzustellen, um die sozialen Bedürfnisse der Kinder und der Mütter zu stillen. Dadurch könnten gegenwärtige soziale Störungen bekämpft werden, z.B. Jugenddelinquenz und Kinderselbstmord, indem Zugehörigkeit und Sicherheit vermittelt werden. Dies würde auch das Problem der Geschwister abbauen, um die Aufmerksamkeit einer Bezugsperson wetteifern zu müssen, und die Gelegenheiten erhöhen, Intra- und Intergenerationsbeziehungen aufzunehmen. Eine EGG würde sich jedoch von der Schule dadurch unterscheiden, daß sie auch Raum für Privatheit und Alleinsein anbietet, wenn dies benötigt wird. Die Hauptmotivation hinter der Entwicklung von EGGs ist das Versorgen mit emotionaler Energie, Zeit und Geld, die notwendig sind, um empfängliche und schöpferische Fürsorge zu fördern. Dazu wäre die Einrichtung eines neuen Erziehungsberufs erforderlich. Paul sieht darin einen Teil unserer therapeutischen Ära, eine Stufe in der menschlichen Evolution.

Paul entwirft auch gerade seine Philosophie der »femininen Erhöhung« in bezug auf die soziale Entwicklung der Menschheit. Er fokussiert dabei stark die Möglichkeiten, eine sensitive

Mutterschaft zu genießen, verbunden mit der mentalen und pragmatischen Persönlichkeitsentwicklung der Frau. Er glaubt daran, daß die Gemeinden und Regierungen die Notwendigkeit begreifen werden, den Zugang zu sozialen und sensitiven femininen Tendenzen zu fördern. Dies wird auch die Organisation und das Gründen von EGGs ankurbeln. (Leonora hält Paul für einen Optimisten. Paul erwidert, daß er 20 Jahre positive Erfahrungen als Stadtrat zum Beweis anführen kann.)

Leonora vertritt in ihren Lehrveranstaltungen eine ähnliche Haltung: Sie engagiert sich dafür, daß die Bedeutung des Feminismus als eine Verweiblichung der Welt verstanden wird anstatt als eine Vermännlichung von Frauen. Die gegenwärtige aggressive, auf Wettbewerb ausgerichtete, materialistische, individualistische Überzeugung des »ökonomischen Rationalismus«, der sich emotional und sozial so destruktiv auswirkt, basiert auf einer öffentlichen Welt, die von Männern gestaltet wurde. Erziehung und Kooperation wurde dabei in die häusliche Sphäre der Frauen verwiesen. Die einzige Option, die wir haben, um dem Planeten das Überleben zu sichern, ist, die Männer und die öffentliche Sphäre zu feminisieren, emotionale Werthaltungen zu etablieren und zu Sensitivität und Kooperation zu erziehen.

Von der schöpferischen Basis des PEER-Instituts aus hat Paul eine »Philosophie der Tendenzen« entwickelt, die ihm hilft, weitreichende Entdeckungen zu begreifen, indem der fundamentale Bedarf betont wird, sich auf die zwischenmenschlichen Beziehungen und Prozesse als Teil der »therapeutischen Ära« zu konzentrieren. Dies ist eine Philosophie, die das Technologische durch das Anerkennen des Emotionalen erhöht. Dies bestätigt subjektive Forschung. Daraus leitet Paul den Bedarf an einer »Wissenschaft des Subjektiven« ab.

Durch diese Arbeit hat er die Bedeutung der Natur des »Beziehungherstellens« erkannt. Globale Phänomene werden zunehmend eher in Bewegungsmustern als in simplen Ursache-Wirkungsketten wahrgenommen. Dies hat zu einer Haltung geführt, erkennbare Trends zu identifizieren. Die »Wissenschaft des Subjektiven« konzentriert sich eher auf qualitative als auf quantitative Kriterien, auf das Herausfinden von wiederkehrenden Mustern und Tendenzen, die sich immer im Rhythmus von Anziehung, Fusion und Befreiung befinden. Ein Hauptaspekt dieser Überlegungen ist die Entwicklung einer funktionalen Ethik, die auf dem Verständnis der primären Funktion der Liebe basiert, und der Möglichkeit, die Aufnahmebereitschaft für Liebe zu erhöhen, indem Haß auf nichtschädigende Weise ausgelebt werden kann.

Letztlich untermauert die primäre Funktion des Flusses der Liebe die gesamte theoretische und gefühlsmäßige Arbeit der Ritters. Sie ist der Schlüssel zu den Prozessen und Zielen der Educreation, um zur sensitiven Erziehung und kreativen Erfüllung von humanem Potential in Theorie und Praxis zu ermutigen.

Peter H. Ludwig

Antiautoritäre Erziehung – ein gescheitertes Konzept?

Bemerkungen zur gegenwärtigen Bilanzierung liberaler Pädagogik in Elternhaus und Schule

1. Einführung

Auch noch im Jahr 1994, das von der UNO zum Internationalen Jahr der Familie ausgerufen wurde, und damit am Ausgang jenes Zeitabschnitts, den die Reformpädagogin Ellen Key 1900 hoffnungsvoll als das »Jahrhundert des Kindes« eingeläutet hat, wird noch um die Neuverteilung der Macht zwischen Eltern und Kindern bzw. Lehrern und Schülern gerungen. Dieser Streit fokussiert vor allem die Frage der Autorität bzw. des Autoritären, deren Diskussion in der Pädagogik »eine Art Dauerbrenner« (Schmidt 1989, S. 190) darstellt. Diese Auseinandersetzung wird wohl am stärksten mit der Kontroverse um die sogenannte »antiautoritäre Erziehung« identifiziert. Diese Konzeption von Erziehung galt den einen von Anfang an als Hoffnungsträger für eine »ganz andere Pädagogik«, den anderen »als Dorn im Auge« (Littmann 1994a). Mittlerweile scheint die Meinung in Fachkreisen, aber auch in der breiten Öffentlichkeit zunehmend mehr Anhänger zu gewinnen, wonach es sich dabei um eine inzwischen abgeschlossene Episode aus der Zeitgeschichte der Pädagogik handle, welche als exotischer Irrläufer letztlich gescheitert und unfruchtbar geblieben sei. Nach Reichwein erfuhr die antiautoritäre Erziehung vor allem durch diejenigen eine weitgehend einhellige Ablehnung, welche erfahrungswissenschaftliche Befunde kaum berücksichtigten (1989, S. 146).

Die These des Gescheitertseins soll in den folgenden Ausführungen kritisch analysiert werden. Im Mittelpunkt der vorliegenden Arbeit steht damit weniger die bereits andernorts oft diskutierte normative Frage der theoretischen Bewertung der Ziele oder einzelner Erziehungsmethoden »antiautoritärer Pädagogik« im Sinne der Einordnung als wünschenswert oder bedenklich – z.B. ob das Glück des Individuums als erstrebenswertes Erziehungsziel gelten soll bzw. darf oder inwieweit einzelne radikale Forderungen überhaupt realisierbar sind –, sondern vielmehr die Ex-post-facto-Überprüfung »wahrheitsfähiger« Äußerungen zur »antiautoritären Erziehung« und Einwände gegen sie, welche also »Wirklichkeitsaussagen« in bezug auf ein Scheitern dieses pädagogischen Ansatzes enthalten (Fend 1984, S. 115). Die Stichhaltigkeit der Scheiterungsthese wird beurteilt werden, indem ihre Begründungsbasis den A-posteriori-Erkenntnissen aus Erfahrungen mit der antiautoritären Erziehung, wie sie heute vorliegen, gegenübergestellt wird. Eine solche Überprüfung von Wirklichkeitsaussagen, die sich auf die neokonservative Pädagogik beziehen, wurde bereits von Fend (1984) vorgenommen. Im vorliegenden Text geht es um ihren Opponenten, die liberale Pädagogik.

Den Anlaß zu diesem Beitrag lieferte nicht die Betroffenheit der persönlichen Beteiligung an der »progressiven« Erziehungsbewegung (im Unterschied etwa zu einem jüngeren Essay v. Hentigs, 1993), sondern erstens die Zuneigung zur »historischen Gerechtigkeit« (v. Hentig 1993, S. 173), zweitens die Verneigung vor jenem ehrwürdigen Gedanken George de Santayanas, den Siebenschön (1986, S. 9) so formuliert: »Wer die Vergangenheit nicht versteht, ist dazu verdammt, sie zu wiederholen«, und drittens der Wunsch, dazu beizutragen, die »wichtige Aufgabe« zu erfüllen, gewisse liberale Tendenzen in der Pädagogik dieses Jahrhunderts »gegen konservative Rückfälle in Schutz« zu nehmen, Tendenzen, deren prinzipielle »Richtigkeit« durch empirische Befunde gestützt werden (Fend 1984, S. 248f.). Deshalb beschäftigt sich die vorliegende Arbeit stärker mit den ungerechtfertigten als den gerechtfertigten Einwänden gegen liberale Erziehungsformen, was keinesfalls Ausdruck der Gesinnung ist, liberale Konzepte als grundsätzlich über jede Kritik erhaben darstellen zu wollen.

1.1 Die These des Gescheitertseins der antiautoritären Erziehung

Das Thema »antiautoritäre Erziehung« wurde in den 70er Jahren auch stark außerhalb pädagogischer Fachkreise diskutiert. Öffentliche Auseinandersetzungen fanden in Eltern- und Jugendzeitschriften statt. Leserbriefe, Artikel und Rezensionen zu Büchern über antiautoritäre Erziehung wurden in der Tagespresse abgedruckt und Filmberichte im Fernsehen gesendet. Publikationen zu diesem Thema erreichten Spitzenauflagen, und Erziehungswissenschaftler verfaßten dazu Kritiken sowie Würdigungen und führten dazu Seminare durch. Zum Teil erhitzte die Auseinandersetzung die Gemüter so extrem, daß Befürworter dieser Pädagogik persönlichen Anfeindungen ausgesetzt waren, ja sogar verletzende anonyme Attacken über sich ergehen lassen mußten (Ritter/Ritter 1983, S. 235, 257; Siebenschön 1983). Das »antiautoritäre« Gedankengut hat ein Ausmaß an öffentlicher Aufmerksamkeit und Resonanz erreicht, welches der später folgenden antipädagogischen Welle nicht zuteil wurde. Die Publizität der Antipädagogik ging kaum über die Gelehrtenstuben und Seminarräume hinaus (v. Schoenebeck 1992), wohl auch deshalb, weil sich deren propagierte tatsächliche Innovationen im Grunde vorwiegend auf theoretisch-begriffliche Provokationen beschränkten (Oelkers 1995, S. 13).

»Nach dem antiautoritären Rummel der siebziger Jahre ... ist es wieder still« (März 1993, S. 178) um den als Begründer der »antiautoritären Erziehung« geltenden Schotten Alexander S. Neill geworden. Gegen Ende seines Lebens hatte Neill selbst Zweifel, ob die von ihm initiierte und jahrzehntelang mitgetragene Bewegung irgendeinen Einfluß auf Eltern oder

Lehrer gehabt hat, obwohl er damals auf dem Höhepunkt seiner Publicity angelangt war (Croall 1983, S. 389). Vor allem das Verschwinden der antiautoritären Bewegung »nach einem knappen Jahrzehnt aus der Öffentlichkeit« (v. Hentig 1993, S. 181) mag bei Außenstehenden den Eindruck erzeugt haben, daß damit auch ihr Einfluß beseitigt wäre bzw. sich die Bewegung weder durchgesetzt noch als brauchbar und tauglich, sondern vielmehr als schädlich erwiesen habe (Fend 1984, S. 115). Diese Ansicht scheint in der Öffentlichkeit immer mehr Anhänger zu gewinnen (Preuss-Lausitz 1993, S. 26). Beispielsweise kommt Harress im anthroposophisch orientierten »Elternbrief« (1987, S. 161) zu dem Schluß: »Man muß heute sagen, daß (die antiautoritäre Erziehung) im Grunde genommen gescheitert ist, daß sie scheitern mußte.« Die Zeitschrift »Schule aktuell« (Nr. 2, April 1994, S. 3) meint, daß die Verfechter der antiautoritären Erziehung heute eingestehen müssen, »daß sie mit ihrer Vorstellung von Erziehung auf der ganzen Linie gescheitert sind.« Bei einer eigenen schriftlichen Befragung zum Thema »antiautoritäre Erziehung« unter Studierenden an der Universität Augsburg im Februar 1994 antwortete ein(e) Befragte(r): Die antiautoritäre Erziehung »ist gescheitert, und zwar endgültig.« (Diese Befragung wird im folgenden kurz mit »Augsburger Erhebung« bezeichnet; siehe Anhang am Ende dieses Beitrags.)

Neben ernstzunehmender Kritik und reflektierter Skepsis (z.B. Fend 1984, S. 258ff.; Hart 1971; März 1982, S. 261ff.; Weber 1974) wurde die antiautoritäre Erziehung schon von Anfang an von vielen polemisierend und ungeprüft als »widerlegt« abgestempelt (vgl. Ritter/Ritter 1983, S. 244–246). (Weder päd agogische Laien noch Fachleute sind dagegen gefeit, komplexe Fragestellungen auf einfachste »politikfähige« Grundmuster reduziert zu behandeln; Fend 1984.) Neu ist in den letzten Jahren jedoch, daß sich solche Polemiken zunehmend im Aufwind des vermeintlich kritik-immunen Common sense der »›neuen‹ autoritären Erziehung« (v. Finckenstein 1995) sowie der herrschenden konservativen Zeitströmungen wähnen und daß persönliche Ansichten und subjektive Wertungen als pseudo-objektive Tatsachen mit Wahrheitsanspruch vertreten werden: »Es ist indessen längst allgemein erkannt worden, daß eine konsequente antiautoritäre Erziehung von Kindern und Jugendlichen versagt hat« (Leserbrief an die Süddeutsche Zeitung vom 17.3.1994, S. 37). Legt man die Kriterien für Erfolg und Versagen fest, so obliegt eine begründete Antwort auf die Frage, ob ein Erziehungssystem gescheitert ist oder nicht, nicht dem dumpfen Raunen der subjektiven Meinung, sondern der sachlichen Überprüfung vorliegender einschlägiger Fakten (auch wenn Laien dazu tendieren mögen, sich in pädagogisch-theoretischen Fragen grundsätzlich für kompetent zu halten; vgl. Alt 1993; Pöggeler 1962, S. 9f.; Ritter/Ritter 1983, S. 9; Rössner 1993, S. 179f.). Eine solche Überprüfung soll im folgenden unternommen werden. Dazu ist es notwendig, sich darüber zu verständigen, was denn unter »antiautoritärer Erziehung« zu verstehen sei.

1.2 Die Begriffe »antiautoritäre« und »liberale Erziehung«

Antiautoritäre Erziehung als heterogener Sammel-Begriff: Die antiautoritäre Erziehung gibt es nicht. Die unterschiedlichsten pädagogischen Konzepte, die unter dem Sammelbegriff »antiautoritär« zusammengefaßt werden, sind inhaltlich äußerst heterogen (Breinbauer 1980, S. 302; Weber 1974, S. 35). Diese Heterogenität erschwert die Auseinandersetzung mit der antiautoritären Erziehung, wenn Gesprächspartnern nicht bewußt ist – was nicht selten auftritt –, daß sie über eine Leerformel diskutieren, solange der Inhalt des Terminus »antiautoritär« nicht geklärt wird.

Die Subsumierung einzelner Erziehungsformen unter der einheitlichen (publizistischen bzw. journalistischen Mode-) Bezeichnung »antiautoritär« ist am ehesten noch zeitgeschichtlich aufgrund ihres gemeinsamen Auftretens bzw. Bekanntwerdens gegen Ende der 60er Jahre zu vertreten. Die einzige inhaltliche Gemeinsamkeit all dieser Formen, nämlich eine nachdrückliche Ablehnung allen autoritären Gebarens, die Autoritarismuskritik, ist heute beinahe schon ein inhaltsleeres, zumindest aber ein kaum noch diskriminierendes Bestimmungskriterium, weil es fast kein aktuell vertretenes Erziehungsprogramm mehr ausgrenzt: Niemand bekennt sich heute explizit zu einer autoritär-repressiven Erziehung (vgl. Birnbaum 1950, S. 67f.). »Nicht-autoritär« ist jede moderne Erziehungsform, zumindest aus der Sicht ihrer Vertreter. Umgekehrt gilt: Nicht jeder Pädagoge, der sich gegen autoritärrepressives Erziehungsverhalten ausspricht, ist ein Vertreter der antiautoritären Erziehung (z.B. Henz 1964, S. 1, 16; Loch 1965, S. 12).

Einige Publikationen zur freien Erziehung wurden wohl lediglich aus Gründen des Absatzes mit dem Schlagwort »antiautoritär« versehen. Die erste Auflage eines Buchs von A.S. Neill zur liberalen Erziehung, dessen Titel damals in deutscher Übersetzung das Prädikat »antiautoritär« noch nicht enthielt (»Erziehung in Summerhill« 1965), stieß auf nur geringes Interesse – im Unterschied zu den folgenden Ausgaben mit verändertem Titel, die zudem noch im Rückenwind einer begünstigenden gesellschaftspolitischen Klimaveränderung erschienen (Scarbath 1992, S. 163; Weber 1974, S. 310).

Der Begriff »antiautoritäre Erziehung« scheint vorzugsweise in Deutschland und Schweden gebräuchlich zu sein (Croall 1983, S. 396). Häufig werden Synonyme wie »freie«, »freiheitliche«, »repressionsfreie/-arme«, »progressive«, »nicht-autoritäre« bzw. »nicht-direktive« Erziehung verwendet (Kron 1973, S. 10). Neill hat seine Pädagogik selbst nicht als »antiautoritär/anti-authoritarian« bezeichnet, obwohl ihm der Begriff bekannt war, da er auch der deutschen Sprache mächtig war (Kühn 1995, S. 122; Neill 1970). Britische Autoren sprechen von »self-regulated«, was meist mit »selbstbestimmt« oder »autonom« übersetzt wird (Ritter 1979; Ritter/Ritter 1983; Weber 1974, S. 42, 311; Lamb 1994, S. 29). In den USA sind die Ausdrükke »democratic«, »progressive« und »free« gebräuchlich.

Die Autorität versus das Autoritäre: Häufig wird im Deutschen und Englischen der Begriff »Autorität« (authority) für das zum Adjektiv »autoritär« (authoritarian) gehörige Substantiv gehalten (z.B. von Breinbauer 1980, S. 304; Lederer 1983, S. 32f.; Perkinson 1984, S. 122); wohl in Ermangelung von entsprechenden substantivischen bzw. adjektivischen Gegenstücken in der Umgangssprache. Diese terminologische Vermengung hat zur Folge, daß z.B. Dietrich einen »logischen Widersinn des Begriffs ›antiautoritäre Erziehung‹« (1971, S. 88) in sich erkennt, d.h. einen Widerspruch darin sieht, eine Erziehungsform als antiautoritär (antiautoritativ) zu bezeichnen, wo doch jede Erziehung auf Autorität angewiesen sei (z.B. Weber 1974, S. 239; 1975, S. 11). Dieses Paradoxon läßt sich leicht auflösen, wenn »autoritär« nicht mit »Autorität« schlechthin gleichgesetzt wird (vgl. Geißler 1965; Horkheimer u.a. 1936, S. IX; Myhre 1991, S. 28; Rabe-Kleberg 1989, S. 443; Reichwein 1989, S. 145; Zimmer 1995, S. 25). Aufgrund des Mißverständnisses, das diese Gleichsetzung ausgelöst hat, wurden schon manche rhetorischen Scheingefechte ausgetragen, weil sich der erklärte »Autoritätsablehner« eigentlich gegen »autoritäres Verhalten« aussprechen wollte – wie sein Diskussions-»gegner« im Grunde auch.

Das zum Substantiv »Autorität« (authority) gehörige Adjektiv ist »autoritativ« (authoritative). Das zum Adjektiv »autoritär« (authoritarian) gehörige Substantiv lautet bestenfalls »Autoritarismus« (authoritarianism) (vgl. Breinbauer 1980, S. 301ff.; Falk/Steinert 1973, S. 22ff.), wobei »Autoritarismus« das Insgesamt des Autoritären ausdrückt und damit als abstrakte Dachbezeichnung nicht völlig dem singulären »autoritär« entspricht. Eine Substantiv-Bezeichnung für den Wesenszug eines autoritären Menschen steht nur in behelfsmäßiger Form durch Kombination mit dem Adjektiv »autoritär« zur Verfügung (z.B. »autoritäre Persönlichkeit«). Die fehlende präzise Entsprechung bedingt wohl die genannte irrtümliche Gleichsetzung.

Ich folge einer Begriffsfestlegung, die sich zumindest grob an die Alltagssprache anlehnt, in der »autoritär« im Unterschied zu »Autorität« weitgehend negativ gewertet wird. »Autoritär« genannt zu werden wird als Abwertung empfunden. Es gibt keine Erziehungskonzeption, welche von ihren Protagonisten als »autoritäre Erziehung« propagiert wird. Als eine Autorität bezeichnet zu werden gilt hingegen als Ehrung.

Ein autoritärer Erziehungsstil ist vom häufigen Einsatz hochgradig dirigistischer Lenkung geprägt, gepaart mit Geringschätzung, Verständnislosigkeit und Irreversibilität auf der emotionalen Ebene (Domke 1991, S. 46f.; Tausch/Tausch 1970; Weber 1974, S. 16). Eine autoritäre Persönlichkeit *verhält* sich betont repressiv und herrschaftsbezogen; d.h., sie fordert Unterordnung und Gehorsam. »Autorität« hingegen ist nicht mit autoritärem Verhalten gleichzusetzen. Autorität und Autoritarismus können zwar zusammen auftreten; sie sind jedoch ihrem Wesen nach grundlegend zu unterscheiden und haben deshalb keineswegs zwangsläufig etwas miteinander zu tun (vgl. Domke 1991, S. 48; Schmidt 1989, S. 191f.; Stroebe/Stroebe 1994, S. 25). Autorität ist in erster Linie eine interaktive Angelegenheit zwischen mindestens zwei Personen. Sie ist primär nicht eine Frage eines bestimmten Persönlichkeitszugs oder Auftretens. Autorität ist eine soziale Beziehungsdefinition des Autoritätsempfängers gegenüber dem Autoritätsträger, eine subjektive, freiwillige Anerkennung einer partiellen Überlegenheit des Autoritätsträgers in bezug auf ein bestimmtes Wissen, Können, auf bestimmte Wertungen oder Sinnorientierungen (vgl. Domke 1991, S. 40ff.; Weber 1974, S. 186, 210). Der Leiter der antiautoritären Schule *Summerhill*, A.S. Neill, beispielsweise war in den Augen seiner Schüler, Anhänger und sogar mancher Gegner eine Autorität (Weber 1974, S. 59f.): Die große Zahl von brieflichen Anfragen zu Erziehungsproblemen, die er täglich von Eltern weltweit erhielt, sowie seine akademischen Ehrengrade von verschiedenen Universitäten bezeugen dies. Auch an seiner Schule sind Autoritätsstrukturen zu finden (Lamb 1994, S. 29).

Zum Begriff »antiautoritär«: Dietrich (1971, S. 87f.) und Weber (1974) unterscheiden zwei Hauptrichtungen der sogenannten »antiautoritären Erziehung«: eine zunächst am Individuum interessierte *liberal-privatistische* (z.B. Neills *Summerhill*) und eine auf gesellschaftliche Emanzipation abzielende kulturrevolutionäre, klassenkämpferische, *radikal-sozialistische* Ausprägung (z.B. Kinderläden; Kritische Schule). Die sozialistische Form propagierte und praktizierte z.T. die »begrenzte Regelverletzung« (Hoffmann 1993, S. 193f.); d.h. die willentliche Übertretung gesellschaftlicher Normen zu Lernzwecken. So wurden beispielsweise Kinderladen-Kinder bewußt auf den Rasen geschickt, dessen Betreten verboten war, um in der dadurch provozierten Auseinandersetzung mit den »autoritären Repräsentanten der Macht«, den Parkwächtern, den »*anti*autoritären« Umgang und Kampf mit »repressiven Systemen« einzuüben (vgl. Kron 1973, S. 11; Kühn 1995, S. 122f.). Diese »Erziehung zum Ungehorsam« war im wörtlichen Sinne »*anti*-autoritär«, d.h. *gegen* autoritär eingestufte Strukturen gerichtet. Entsprechendes fehlt in der liberal-individualistischen Ausrichtung, die deshalb angemessener mit dem gemäßigteren Ausdruck »*nicht*-autoritär« (nonauthoritarian) oder »repressionsfrei« zu bezeichnen wäre. Denn sie wendet sich in ihrer Erziehungspraxis nicht *gegen* das Autoritäre; sie verzichtet lediglich *auf* jegliches autoritäre Verhalten (vgl. Perkinson 1984, S. 122f.; Scarbath 1992, S. 163; Weber 1974, S. 60, 184, 239).

Eigene Begriffsverwendung: Als der politische Boden durch die gesellschaftskritische Studentenbewegung Ende der 60er Jahre bereitet war, entstand das Schlagwort »antiautoritäre Erziehung« im Zusammenhang mit dem Bekanntwerden der Kinderläden und dem Mekka der antiautoritären Welle, Neills Internat *Summerhill*. Die pädagogischen Konzepte, die diesem Schlagwort zugeordnet werden, sind allerdings teilweise wesentlich älter. *Summerhill* wurde unter dem Einfluß der reformpädagogischen Bewegung 1921 gegründet. Neill publizierte seit 1916; damals sein »Dominie's Log« (»Tagebuch eines schottischen Dorfschullehrers«). Ein retrospektiver Erfahrungsbericht zur Übertragung der Neillschen Lehre auf die Familienerziehung durch Ritter und Ritter wurde schon 1959 erstmals veröffentlicht. Als Vorläufer gelten J.J. Rousseau, die Jugendbewegung und die Reformpädagogik (vgl. z.B. Dietrich 1971, S. 87), C. Freinet (Preuss-Lausitz 1989) und das »Progressive Education Movement« in den USA der zwanziger Jahre (Hart 1971, S. 41). Neill (1985b, S. 107) nennt als Mitstreiter bzw. Vorläufer F. Fröbel, J.H. Pestalozzi und A. Adler.

Da bereits die klassischen Bereiche der antiautoritären Erziehung liberal-individualistischer bzw. sozialistischer Art völlig heterogen sind und zudem eine klare inhaltliche Trennung zwischen Vorläufern, »Klassikern« und weiteren im Dunstkreis dieser Bewegung befindlichen verwandten Konzepten nicht möglich ist, bietet sich weder eine rein historisch-zeitliche noch eine »natürliche« systematisch-inhaltliche Definition des Begriffs »antiautoritär« an. Den dadurch gewonnenen terminologischen Spielraum werde ich im folgenden dazu benützen, den Kreis meiner Betrachtung in bewußter Anlehnung an die Alltagssprache mit ihrer unscharfen Verwendung des Begriffs »antiautoritär« über die klassischen Konzepte hinaus auszuweiten. Damit können auch diejenigen pädagogischen Programme und Vorstellungen einbezogen werden, welche in der Nachbarschaft bzw. im Gefolge antiautoritären Gedankenguts angesiedelt sind, soweit sie sich – ähnlich wie die klassischen Konzepte, wenn auch meist weniger radikal – explizit gegen autoritäre Erziehung abgrenzen.

Zu solchen benachbarten Konzepten zählen z.B.:

- reformpädagogische Ansätze (Pädagogik »vom Kinde aus«);
- die »partnerschaftliche«, »liberale«, »demokratische« (Roth 1955) bzw. »emanzipatorische Erziehung«. Der inzwischen äußerst vieldeutige Begriff »emanzipatorische Erziehung« (vgl. Brezinka 1986, S. 33; v. Braunmühl 1992,

S. 93; Scarbath 1992, S. 150) soll hier nicht als politisch emanzipatorische Pädagogik, sondern im Sinne Webers als liberal-aufklärerische Konzeption verstanden werden, welche mit befreienden Lernhilfen auf Mündigkeit, Selbstverantwortung und auf die Fähigkeit zum Diskurs im Anschluß an das Emanzipationspostulat und die Mündigkeitsidee Kants und Schleiermachers abzielt (Weber 1974, S. 251f.; 1994, S. 388);

- pädagogische Ansätze, die mit der klientenzentrierten Psychotherapie in Verbindung stehen: Rogers' non-direktive Erziehung (1969; Hinte 1980), die sozial-integrative Erziehung (Tausch/Tausch 1970) und Gordons Parent-Effectiveness-Training (1979) (der Titel »Familienkonferenz« für die deutsche Ausgabe des letztgenannten Buchs ist widersinnig, da sich Gordon ausdrücklich *gegen* die althergebrachte regelmäßige »Familienkonferenz« wendet);
- die im Sinne der Aufklärungstradition »progressive Erziehung« (z.B. Fend 1984; Gribble 1991; die Bielefelder Laborschule; v. Hentig 1993, S. 176, 184);
- die »Demokratisierung der Schule« bzw. die Implementierung von sogenannten »Just Communities« in Schulen (z.B. Oser/Althof 1992, S. 337ff.);
- die nichtautoritäre Erziehung (Nickel u.a. 1993);
- die individualpsychologisch orientierte Pädagogik (Dreikurs/Cassel 1991; Henz 1964; Wexberg 1931, S. 303f.);
- die »libertäre Pädagogik« (z.B. Baumann 1988);
- einige antipädagogische Ansätze (z.B. v. Schoenebeck 1982). Auf die Einbeziehung der Antipädagogik unter den Begriff »(liberale) Erziehung« wird später noch ausführlich eingegangen (Abschnitt 6.1.2).

Obwohl sich diese Ansätze – weitere sind z.B. bei von Hentig 1993 genannt – im Detail nicht unerheblich voneinander unterscheiden, verbindet sie die Forderung nach Repressionsarmut und der relativen Autonomie der Zu-Erziehenden. Gemäß den Sprangerschen idealtypischen Erziehungsstilpolen entsprechen sie damit eher dem »freien« Erziehungsstil, der sich gegen den »gebundenen« Stil abhebt (vgl. Spranger 1955; Weber 1978, S. 74ff.). Diese Gemeinsamkeit mag für die folgenden Ausführungen genügen, um diese Ansätze unter eine Kategorie zu subsumieren.

Erziehungskonzepte können durch zwei grundsätzlich verschiedene Vorgehensweisen beschrieben und bestimmt werden: illustratorisch-kasuistisch und abstrakt-generalisierend. Populärwissenschaftliche Schriften wie die von Neill oder Ritter zeichnen ein relativ deutliches Bild ihrer Erziehungsvorstellungen, in dem sie diese durch eine große Anzahl von konkreten Beispielen episodenhaft illustrieren. Für vorzugsweise im wissenschaftlichen Kontext gebräuchliche Konzeptualisierungen, die über konkrete Beispiele hinaus verallgemeinernd dargestellt werden, ergibt sich folgendes Problem bei der Präzisierung ihrer Forderungen und Empfehlungen für die Erziehungspraxis: Sie operieren mit abstrakten Kategorien, deren Anwendung auf die verschiedensten Lebensbereiche und -situationen generalisierend nur schwerlich ausreichend differenziert fixiert werden kann (qualitatives Problem) und deren Standort auf einem Kontinuum gradueller Abstufungen abstrakt nur ungenau determinierbar ist (quantitatives Problem). Beispielsweise muß die abstrakte Erklärung des Begriffs »autoritäre Erziehung« als relativ »häufiges« Vorkommen von Lenkung offenlassen, in welchen erzieherischen Situationen denn nun gelenkt werden muß (qualitatives Problem) und wie häufig dies geschehen muß (quantitatives Problem), um berechtigterweise den Stil eines Erziehers als autoritär zu klassifizieren. Analoge Schwierigkeiten ergeben sich hinsichtlich der Präzisierung der Forderung, Kindern »möglichst viel« Freiheit zu gewähren. Selbst der oft zitierte begriffliche Präzisierungsversuch, nach der die persönliche Freiheit dort aufzuhören habe, wo die Freiheit anderer tangiert wird, bleibt vage, da verschiedene Menschen ihren eigenen Freiheitsbereich in gleichen Situationen individuell unterschiedlich als bedroht erleben.

Wegen dieser Festlegungsproblematik ist eine stringente abstrakte operationale Definition von »antiautoritärer Erziehung«, welche diesen Begriff gegen »alle anderen« Erziehungsformen nichtantiautoritärer Art trennscharf abgrenzt, auch nirgends zu finden. (Fend [1984] umgeht das Definitionsproblem durch den Entwurf einer »Morphologie«, welche nicht illustratorisch vorgeht, sondern typische Kennzeichen der jeweiligen pädagogischen »Strömungen« akzentuierend gegeneinander abhebt.) Trotz dieser definitorischen Schwierigkeiten wird auf den Ausdruck »antiautoritär« in den nachfolgenden Ausführungen aus konventionellen Gründen nicht verzichtet. Ich vermeide allerdings das Wagnis eines eigenen abstrakten Definitionsversuchs und schließe mich – ähnlich wie Weber (1974) – statt dessen illustrierend umschriebenen Konzepten an, was für den Zweck der folgenden Ausführungen genügen mag.

Mit dem Begriff »antiautoritäre Erziehung« werden im folgenden die liberal-individualistische Pädagogik A.S. Neills (1952, S. 1985a, 1985b; Kühn 1995; Popenoe 1971; Walmsley 1969; vgl. Klemm in diesem Band) und aus dieser unmittelbar abgeleitete Konzepte für die Familienerziehung (z.B. Ritter/Ritter 1983) bezeichnet. Neill gilt allgemein als *der* Wortführer der antiautoritären Bewegung (Breinbauer 1980, S. 303). Sein Einfluß auf die allgemeine Erziehungspraxis ist global betrachtet weit größer als die Wirkung der sozialistischen Ausrichtung. Mit »antiautoritärer Bewegung« ist nachfolgend die Anhängerschaft dieses Konzepts und ihr öffentliches Auftreten in den späten 60er Jahren bis Anfang der 70er Jahre gemeint.

Die sich im Dunstkreis dieser antiautoritären Erziehung befindlichen erzieherischen Auffassungen, welche sich nur in ihren Grundzügen mit der Neillschen Pädagogik in Verbindung bringen lassen, werden im folgenden als »liberale Erziehung« bezeichnet (vgl. Zumkley-Münkel 1984, S. 84f.). Zur Vermeidung sprachlicher Wiederholungen werden als Synonyme für »liberal« auch die Umschreibungen »frei«, »freiheitlich« bzw. »freiheitsorientiert« verwendet. Liberal bzw. freiheitsorientiert sind also nach dieser Festlegung Erziehungsauffassungen, welche den Forderungen der antiautoritären Erziehung im Sinne Neills nach Freiheit und Selbstbestimmung nur tendenziell folgen, im allgemeinen in gemäßigter Form. Die antiautoritäre Erziehung kann demnach als ein besonders radikaler Teilbereich der liberalen Erziehung aufgefaßt werden. Analog dazu kann die autoritäre Erziehung als radikale Teilklasse der konservativen Erziehung gesehen werden. In terminologischer und semantischer Anlehnung an Fend (1984) ist die »liberale« Erziehung als Gegenpol zur »(neo)konservativen« Erziehung zu verstehen; während die radikalen Formen »antiautoritäre« und »autoritäre Erziehung« einander diametral gegenüberstehen (siehe die folgende Abbildung).

Übergeordnete Kategorien (═) und deren untergeordnete radikale Varianten (──) sowie sich jeweils konträr gegenüberstehende Positionen (⟷)

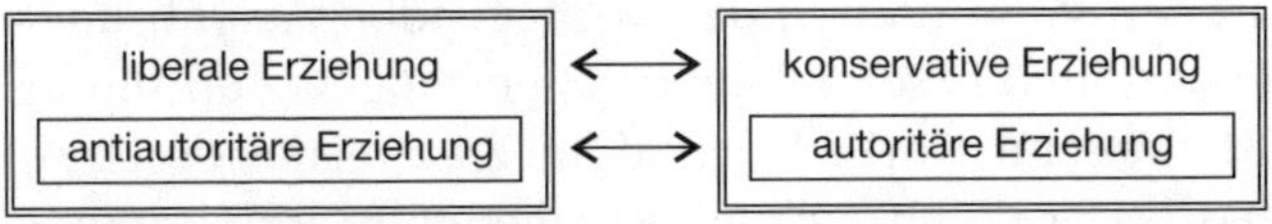

Ein autoritärer Erziehungsstil weist ein hohes Ausmaß an dirigistischer Lenkung sowie einen häufigen Einsatz von Ge- und Verboten, Überwachung, Zwang, Gewalt und Strafen auf (Weber 1974, S. 16; Zumkley-Münkel 1984, S. 84f.); ein antiautoritärer hingegen die Gewährung eines hohen Ausmaßes an Selbstbestimmung. Die der autoritären Erziehung übergeordnete (neo)konservative Pädagogik bemüht sich um die restaurative Aufrechterhaltung traditioneller erzieherischer Werte, wie sie vor der antiautoritären Bewegung weitgehend unhinterfragt verbreitet waren: Sitte, Ordnung, Pflichtgefühl, Anstand, Disziplin, Treue und Fleiß (z.B. Zeit-Fragen 1994). Konservative Pädagogen legen gesteigerten Wert auf eine Sozialisation im Sinne der Anpassung an bestehende oder zumindest geforderte und als solche nicht zu hinterfragende Verhältnisse (vgl. Brezinka 1986). Das zentrale Charakteristikum liberaler Pädagogen hingegen ist ihre starke Betonung der Personalisation, der Selbstbestimmung und der kritischen Auseinandersetzung mit tradierten Werten. Ihr Tugendkatalog besteht aus Toleranz, Repressionsfreiheit bzw. -armut, Kritikfähigkeit, Mündigkeit und Offenheit. Der entscheidende Grundsatz dieser Pädagogik ist das »Bemühen um Zurückhaltung und das Gewähren eines möglichst weiten Handlungsspielraumes, innerhalb dessen sich Kinder mit ihrer Umwelt aktiv auseinandersetzen und sich selbst als Subjekte und weniger als Objekte des Geschehens erleben« (Domke in Vorbereitung). Zur liberalen Pädagogik zählen die genannten benachbarten Konzepte antiautoritären Gedankenguts, z.B. die »emanzipatorische« bzw. »progressive« Erziehung, wie sie weitgehend den herrschenden pädagogischen Strömungen in den 60er und 70er Jahren entsprachen.

Die Begriffe »autoritär«, »antiautoritär«, »liberal« und »konservativ« werden in den vorliegenden Ausführungen im Sinne der oben beschriebenen gegenseitigen Zuordnung verwendet; außer in wörtlichen und (im Zweifelsfall durch Anführungen [»«] gekennzeichneten) sinngemäßen Zitaten, deren Autoren mehr oder weniger stark davon abweichende Begriffsvorstellungen entwickelt haben.

Die mit den Sammelbezeichnungen »liberal« und »konservativ« verbundene gewisse begriffliche Unschärfe wird durch den Vorteil aufgewogen, damit entgegengesetzte pädagogische Grundvorstellungen markieren zu können, wie sie faktisch in der Eltern- und Lehrerschaft wiederzufinden sind (vgl. Fend 1984, S. 238). Solche Grundvorstellungen erziehungswissenschaftlicher Laien – auch Lehrer sind in der Regel dieser Gruppe zuzuordnen (vgl. Becker 1991, S. 135ff.; Betz/Breuninger 1987, S. 34; Heid 1989, S. 112; Hoffmann 1993, S. 195) – orientieren sich ohnehin meist nicht an relativ präzisen Begriffsfestlegungen konkret beschriebener Konzepte. Entfaltete Positionen gerinnen, »wenn sie eine pragmatische Orientierungsfunktion bekommen, zu praktizierten Werthaltungen und Lebensattitüden. Am Standard anspruchsvollen theoretischen Schrifttums repräsentieren diese Muster des Alltagsdenkens Vulgärrezeptionen« (Fend 1984, S. 25, 86). Dieses »Alltagsdenken«, diese pädagogischen »Alltagskulturen« und allgemeinen »pädagogischen Strömungen« führen ihr Eigenleben, mehr oder weniger abgeschottet von der Terminologie entfalteter Theoriebildung. Fend nennt solche popularistischen Rezeptionen »Doppelgänger« theoretischer Positionen im Alltagsdenken. Wie empirisch gezeigt werden konnte, sind solche Doppelgänger kein erziehungspraktisch irrelevantes Artefakt wissenschaftlicher Auseinandersetzung im Sinne eines ideologischen Phantoms. Sie wirken sich vielmehr deutlich in der Erziehungspraxis aus und sind bildungspolitisch häufig sogar weit einflußreicher als die Befunde und Trends der Erziehungswissenschaft (Fend 1984, S. 12, 25). Aus diesem Grund zielen die folgenden Ausführungen eigentlich auch auf den Doppelgänger der »liberalen Erziehung« ab. Wenn die folgende Argumentation doch vorwiegend am elaborierten Schrifttum ansetzt, dann schlicht deshalb, weil dieses als »Sprachrohr« und Repräsentant der meist anonymen und daher schwer greifbaren Doppelgänger-Vorstellungen angesehen werden kann.

Im Fokus dieser Betrachtung steht auch verstärkt die (weitgefaßte) liberale Erziehung und nicht nur ihr Teilbereich, die antiautoritäre Erziehung, da der weite Begriff dem terminologisch ohnehin oft unpräzisen Alltagsdenken und der Vielfalt der Bedeutungsfestlegungen der Experten eher gerecht wird und die zu diskutierenden Argumente und Gegenargumente hinsichtlich der antiautoritären Erziehung häufig analog auch auf andere Formen der liberalen Pädagogik zutreffen. Als exemplarische Belege für die (allgemeinere) liberale Pädagogik werden stellvertretend Beispiele aus der (spezifischeren) antiautoritären Erziehung herangezogen. Dies geschieht erstens deshalb, weil antiautoritäre Versionen der liberalen Pädagogik am detailliertesten beschrieben und am bekanntesten sind, und zweitens, weil damit Vorurteile gegenüber liberaler Pädagogik als solche entlarvt werden können. Denn wenn solche Vorurteile schon für radikale Formen der liberalen Erziehung zurückgewiesen werden können, dann gilt dies um so mehr für ihre gemäßigteren Formen.

1.3 Formen pädagogischen Scheiterns

Um die These, die antiautoritäre bzw. liberale Erziehung sei letztlich gescheitert, überprüfen zu können, muß geklärt werden, was unter Scheitern zu verstehen ist. Es gibt mehrere Möglichkeiten, den Begriff des Scheiterns im Zusammenhang mit einem bestimmten pädagogischen Konzept und seiner Anwendung auszulegen:

- Scheitern bei der *Institutionalisierung* im Sinne der Auflösung der Institutionen und Organisationen, welche das Konzept repräsentieren oder praktisch realisieren;
- Scheitern im Sinne der *Schädlichkeit* für die Adressaten der Erziehung bzw. für die Gesellschaft durch das Auftreten von ungewollten Nebenwirkungen;
- Scheitern bei der *Etablierung* im Sinne der mangelnden Durchsetzung, Akzeptanz und Übernahme der Innovationen des Konzepts in der Erziehungspraxis durch Erziehungs- und Bildungseinrichtungen (Schule, Elternhaus) auf breiter Basis;
- Scheitern bei der *Weiterentwicklung* im Sinne des Ausbleibens wissenschaftlicher bzw. theoretischer Fortführung;
- Scheitern bei der *Mitteilung* im Sinne des Versagens, die Prinzipien des Konzepts unmißverständlich mitzuteilen und zu verbreiten; und zwar sowohl unter den Kritikern als auch unter den vermeintlichen Anhängern;
- Scheitern im Sinne mangelnder *Brauchbarkeit* und Tauglichkeit des Konzepts für die Bewältigung spezifischer erzieherischer Herausforderungen einer bestimmten historischen Epoche.

Im folgenden werden diese Formen des Scheiterns in bezug auf die liberale Erziehung näher untersucht. Einige andere Möglichkeiten, das Wort »Scheitern« zu explizieren, werden ihrer Trivialität wegen hier nicht näher untersucht. So könnte man etwa das Schwinden des »öffentlichen Interesses« an einem Konzept auch als eine From des Scheiterns bezeichnen. Das Verschwinden eines Schlagworts aus der Berichterstattung von Presse und Rundfunk, welche meist mit »öffentlichem Interesse« gleichgesetzt wird, gibt allerdings zum Teil mehr Auskunft über die Mechanismen der (sensationsorientierten) Massenmedien und die Gewohnheiten ihrer Konsumenten als über die Notwendigkeit oder Aktualität eines Themas.

2. Scheitern bei der Institutionalisierung

Wenn Institutionen, die eigens zur praktischen Umsetzung eines pädagogischen Konzeptes gegründet worden sind, geschlossen werden, kann daraus noch nicht zwangsläufig abgeleitet werden, daß damit auch schon die Untauglichkeit des jeweiligen Konzepts erwiesen wäre. Andernfalls würden Persönlichkeiten wie J. H. Pestalozzi unverdienterweise ihren herausgehobenen Platz in der Geschichte der Pädagogik einnehmen. Neill zum Beispiel schätzte die Bedeutung seines »Landerziehungsheims *Summerhill*« als institutionelle Verkörperung seiner Erziehungsvorstellungen weit geringer ein als die Bedeutung der »Summerhill-Idee«. Trotzdem kann in der kontinuierlichen Existenz einer Institution ein Hinweis darauf gesehen werden, daß zumindest eine begrenzte Anzahl von Beteiligten an die Richtigkeit eines Konzepts glauben. Da der Pressesturm, den Neills private Internatsschule ausgelöst hat, längst abgeebbt ist und in den letzten Jahren – abgesehen von 1994 – Journalisten nur noch selten über dieses Internat in Leiston (East-Suffolk) und dann auch nur unter der Retrospektive der »wilden 60er Jahre« berichteten (z.B. Hammelmann/Steele 1991; Rollin 1992), mag der Eindruck entstanden sein, als ob von Summerhill seit dem Tod des Gründers 1973 in der Vergangenheitsform gesprochen werden kann (z.B. Scarbath 1992, S. 162).

Dem ist nicht so. Summerhill hat sich nicht als kurzlebig-modische Einrichtung erwiesen. Diese Schule feierte im August 1996 ihren 75. Geburtstag. (Nach Neills Zählweise wurde sie mit der Gründung der Internationalen Schule in Hellerau bei Dresden ins Leben gerufen. Auf englischem Boden entstand »Summerhill« erst 1924; Kühn 1995, S. 63, 120.) Sie wurde also lange vor der antiautoritären Bewegung gegründet und überlebt diese bereits mehr als zwei Dekaden. Nach dem Tod Neills 1973 wurde Summerhill zunächst von seiner Frau Ena geleitet und seit ihrem Rückzug in den Ruhestand von seiner Tochter Zoe Readhead 1987 übernommen (sie ist Neills Lesern aus Beispielen für das Verhalten eines nach seinen Prinzipien erzogenen Kindes bekannt). Die Beurteilung Summerhills durch die staatliche Schulaufsichtsbehörde Großbritanniens im Juni 1993 brachte die Schule wieder in die Medien, welche sensationsbedacht gleich die Existenz der Schule durch die Behörde bedroht sahen (z.B. Bohnacker 1994; Kröncke 1994; Weidinger 1994; Der Spiegel, Nr. 8, 21. 2. 1994, S. 80–82). Von Schließung war jedoch in diesem Gutachten (Office for Standards in Education 1994), aber auch in vorausgegangenen nie die Rede (Littmann 1994a; 1994b, S. 24; Readhead 1994, S. 3, 7). Dieses Gerücht scheint bei der Presse auch durch eine explizite persönliche Aufklärung durch die Schulleiterin nicht ausrottbar zu sein (z.B. Thron 1995). Das pädagogische Personal in Summerhill legt Wert auf die Feststellung, daß seine gegenwärtige Pädagogik zwar weiterhin auf den Ideen Neills fußt; es sich allerdings um eine lebendige Schule handelt, die keineswegs aus einer Kopie ihrer selbst und einer routinehaften Erfüllung des Willens eines angeblich charismatischen Gründers besteht. »Summerhill besteht heute nicht im Schatten eines einzelnen Mannes, sondern durch das Konzept der Selbst-Regierung ... Das Vermächtnis, das Neill zurückgelassen hat, ist ein lebendiges, nicht eine Gewohnheit leerer Sentimentalitäten« (Appleton 1991, S. 14).

Infolge der auf Summerhill fokussierten Diskussion gewinnt man den Eindruck, als ob diese Institution die einzige »antiautoritäre Schule« gewesen sei. Viele weitere Schulen mit ähnlichen pädagogischen Zielsetzungen und Programmen wurden jedoch in den 20er Jahren gegründet, z.B. die von Neill mitbegründete *Internationale Schule* in Dresden-Hellerau sowie *Dartington Hall School* und Bertrand und Dora Russells *Beacon Hill* (Croall 1983; Russell 1968, S. 215ff.). Die Summerhill-ähnlichste basisdemokratische Schule in Deutschland war damals die von Gustav Wyneken 1906 gegründete *Freie Schulgemeinde Wickersdorf* in Thüringen. Die meisten dieser Schulen sind allerdings längst geschlossen. Andere ähnliche Einrichtungen, die später ins Leben gerufen worden sind, existieren noch (vgl. Abschnitt 4.1).

3. Scheitern durch Schädlichkeit

Ein ungünstiger Erziehungsstil kann sich auf zweierlei Weise als nachteilig bzw. schädigend erweisen. Er kann zum einen Aufwachsende psychisch schädigen und sie als spätere Erwachsene benachteiligen; zum anderen kann er – wenn er genügend Verbreitung findet – darüber hinaus auch indirekt die Gesellschaft schädigen, indem er soziale Probleme erzeugt.

Wie bereits erwähnt, soll hier nicht theoretisch beurteilt werden, ob einzelne Ziele und Methoden der liberalen Pädagogik als »schädigend« oder »hilfreich« einzuordnen sind. Es geht hier vielmehr darum festzustellen, ob bestimmte Gesamtwirkungen – von den Erziehern intendiert oder (bzw. und) von den Skeptikern befürchtet – faktische Konsequenzen liberaler Erziehung darstellen oder nicht. Die Wertung »schädlich« ist dabei lediglich eine übernommene, im übrigen meist konsensfähige Stellungnahme der Kritiker zu potentiellen erzieherischen Auswirkungen, deren tatsächliches Eintreten im folgenden untersucht werden soll.

3.1 Schädigung der Zu-Erziehenden: Erziehung zur Lebensuntauglichkeit?

Mit dem Bekanntwerden liberaler Erziehungsformen wurde von vielen Seiten befürchtet, daß freiheitsorientierte Erziehungsstile neben einigen positiven Effekten auch viele negative (Neben-)Wirkungen haben könnten (vgl. Hart 1971; Prekop 1988, S. 46). »Leidtragende [der antiautoritären Erziehung, P.L.] waren wieder einmal die Kinder, mit denen experimentiert wurde« (Harress 1987, S. 161). Worin das Leid der Kinder besteht, weiß der Zitierte mit einer nicht näher begründeten Pauschalbehauptung auch festzustellen: Die so erzogenen Kinder »hatten es bzw. haben es zunächst in der Schule und dann besonders im späteren Leben sehr schwer, sich einzuordnen und wo nötig anzupassen« (ebd.). Auch sei zu fragen, »ob es letztlich jungen Menschen gegenüber nicht unfair ist, sie nach einer solchen antiautoritären Erziehung unvorbereitet in eine harte, kalte Wirklichkeit zu entlassen« (Leserbrief an die Süddeutsche Zeitung vom 17.3.1994, S. 37). Ferner wird den freiheitsorientiert Erzogenen prophezeit, sie würden durchsetzungsunfähige Versager oder selbstsüchtige Tyrannen werden, die sich nicht anpassen können. Es würde zu einem Verfall von Sitte, Anstand und Ordnung, ja sogar zur Staatsverdrossenheit kommen. In einer Umfrage äußerten Lehrer die Befürchtung, Rücksichtslosigkeit, Leistungsabfall und Disziplinlosigkeit könnten infolge liberaler Erziehung ausbrechen (Paffrath 1972, S. 54f.). Für die liberale Familienerziehung wurde ähnliches befürchtet: Sie brächte verwöhnte Chaoten, Penner und ich-schwache Persönlichkeiten hervor und fördere die Entwicklung amoralischen, asozialen und zügellosen Verhaltens (Pauly 1994; Ritter/Ritter 1983, S. 298;

Siebenschön 1986, S. 9). Ein Großteil der antiautoritär erzogenen Jugendlichen sei »egoistisch, haltlos, ja aggressiv geworden«, unterstellt die Zeitschrift »Schule aktuell« (Nr. 2, April 1994, S. 3). Einige Studenten in der Augsburger Erhebung 1994 befürchteten »Verzogenheit«, »Anpassungsschwierigkeiten« und »asoziales Verhalten«.

Bis heute sind schon mehrere Generationen von Kindern und Jugendlichen liberal erzogen worden; im Falle Summerhills angesichts der weltweiten Aufmerksamkeit seit der Gründung dieser Schule eine vergleichsweise bescheidene Zahl von etwas über 600 Schülern insgesamt (Hammelmann/Steele 1991). Deshalb sind wir inzwischen in der Lage, einen Blick auf die einstigen Adressaten dieser Erziehung zu werfen, um die befürchteten mit den realen Wirkungen vergleichen zu können. Es liegen dazu einige Untersuchungen und Berichte zur Schul- und Familienerziehung vor (vgl. auch Fend 1984, S. 131ff.). Zwei Erhebungsformen wurden angewendet: die Fremdbeobachtung bzw. Eruierung objektiver markanter Daten des Lebenslaufs (Beruf, Ausbildung etc.) sowie die Einschätzung der eigenen Erziehung durch die inzwischen erwachsenen und reflexionsfähigen ehemaligen Adressaten liberaler Erziehung.

Zunächst zu den ehemaligen Summerhillianern: Neill hat den »Lebenserfolg« oder die »Lebensbewältigung« seiner ehemaligen Schüler nicht systematisch verfolgt. Er macht zu ihrem Verbleib nur spärliche Angaben und müßte wohl ohnehin als befangen gelten (Neill 1985a, S. 45ff.; 1985b, S. 13ff, 54ff.). Ernstzunehmender ist der aus dem Jahr 1949 stammende Bericht der unabhängigen staatlichen Schulinspektoren, welche Summerhill zu beurteilen hatten. Dieser Bericht stellt fest, es sei zu erkennen, »daß kein Schüler von Summerhill im Leben zwangsläufig ohne Erfolg bleiben muß« (zit. nach Neill 1985a, S. 97).

Die Beurteilung Summerhills durch die Schulaufsichtsbehörde 1993 fällt zwar im Grundtenor geringfügig schlechter aus (Office for Standards in Education 1994; Readhead 1994, S. 9); zu dieser negativeren Beurteilung scheinen allerdings keineswegs veränderte objektive Fakten geführt zu haben, sondern Veränderungen in der subjektiven Bewertung dessen, was schon 1949 Summerhill ausgemacht hat (z.B. Kröncke 1994; Der Spiegel, Nr. 8, 21. 2. 1994, S. 80–82; Weidinger 1994). Die Schulinspektoren sind auf keine neuen Informationen gestoßen, welche es pädagogisch zwingend notwendig machen, Summerhill in einem anderen Licht zu sehen als ihre Kollegen 44 Jahre zuvor. 1993 wurden wieder genau diejenigen Punkte bemängelt, welche für die Summerhill-Pädagogik schon immer charakteristisch waren und von früheren Inspektionen (wahrscheinlich als skurrile Ausnahme) toleriert wurden, wie z.B. die partielle Abwesenheit der Schüler vom Unterricht, die Verwendung von Gassenausdrücken und das Fluchen der Kinder sowie die physische Kontaktaufnahme jüngerer Schüler zu ihren Lehrern (wie sie als »normale« altersgemäße Zuneigungsgeste vor allem bei »beliebten« weiblichen Lehrkräften an jeder öffentlichen Grundschule auch vorkommt). Es wurde aber zumindest anerkannt, daß Summerhill »einen gewissen Grad an Erfolg im Sinne der eigenen Zielsetzung« aufweisen kann (Office for Standards in Education 1994, S. 10). Die veränderte Haltung der Gutachter scheint also auf einen Wandel der Beurteilungskriterien bzw. einen schärferen politischen »Gegenwind« zurückzuführen zu sein.

Soweit qualitative Nachforschungen bei den ehemaligen Schülern Summerhills betrieben wurden, fallen deren Resultate relativ positiv aus (vgl. Ammen 1971, S. 800; Leonhardt 1971). Es ist zusammenfassend zu konstatieren, daß zumindest keine besonderen Auffälligkeiten im Vergleich zu den Resultaten anderer Schulen festgestellt werden konnten, welche die kritischen Befürchtungen bestätigen würden. Croall (1983, S. 400ff.) interviewte 80 ehemalige Summerhillianer. Die Ergebnisse seiner Follow-up-Studie ähneln denen einer Interviewstudie Bernsteins (1967; 1968a; 1968b; kommentiert von Neill 1965; 1985b, S. 40ff.), der 50 Ehemalige interviewte: Weder objektive Kerndaten (Ausbildung, Beruf, Lebensführung, Familienstand) noch die nachträgliche (meist positive) Meinung über die genossene eigene Erziehung bzw. die Erziehungseinstellungen gegenüber den eigenen Kindern weisen die Ehemaligen als besondere Gruppe im Vergleich zu »konventionell« Erzogenen aus (vgl. Readhead-Interview in diesem Band).

Eine schriftliche Befragung von Zellinger (in Vorbereitung) stellt wahrscheinlich die jüngste Studie zu ehemaligen Summerhill-Schülern dar. Sie verschickte ihre Fragebögen 1993 nach dem Schneeball-Prinzip. Die Eruierung der Adressen Ehemaliger gestaltete sich als äußerst schwierig. Nur ca. 30 ehemalige Schüler dürften schließlich auch erreicht worden sein. Der Rücklauf umfaßte 15 auswertbare beantwortete Fragebögen. Aufgrund der unsystematischen Stichproben-Erhebung kann es nicht als sichergestellt gelten, daß die Angaben der Befragten repräsentativ für die Population aller Ehemaligen sind. Zellingers Stichprobe umfaßte elf Männer und vier Frauen, die zum Erhebungszeitpunkt im Alter zwischen 21 und 67 Jahren waren. Der Altersdurchschnitt lag bei 37 Jahren. Diese Personen waren zwischen 1938 und 1985 in Summerhill eingeschult worden. Ihre durchschnittliche Aufenthaltsdauer an dieser Schule betrug 5,8 Jahre. Alle Befragten stammten aus der Mittel- oder Oberschicht. Sieben davon haben Neill noch persönlich kennengelernt. Die meisten dieser Personen haben in Summerhill die staatlichen GCSE-Abschlußprüfungen mit durchschnittlich 3,3 Prüfungsfächern abgelegt. Diese Prüfungsfächer, deren Zahl in Großbritannien optional ist, waren nicht immer mit ihren Lieblingsfächern an der Schule identisch. Fast alle Befragten waren nachdrücklich der Meinung, in ihrer Persönlichkeitsentwicklung von Summerhill profitiert zu haben. Die meisten zogen eine eher bzw. betont positive Gesamtbilanz in bezug auf Vor- und Nachteile, die für ihr weiteres Leben durch ihre Zeit an der Schule ihrer Meinung nach entstanden sind. Ein Proband glaubt allerdings, daß ihm Summerhill hauptsächlich geschadet habe. Zwölf der 15 Befragten haben entweder ein College oder eine Universität besucht, zwei eine Lehre angefangen bzw. absolviert, einer eine Ausbildung in Möbeldesign. Die ausgeübten beruflichen Tätigkeiten umfassen alle hierarchischen Statusfacetten: Gelegenheitsjobs als Kellner oder Arbeiten in einem israelischen Kibbuz (vor allem bei denen, die Anfang 20 alt waren, z.B. um sich Reisen finanzieren zu können), zwei Musiker, ein Antiquitätenhändler, ein Architekt, ein Hochschul-Assistent im Promotionsstudium (Veterinärmedizin), ein Universitätsprofessor (für Erziehungswissenschaft), zwei Lehrer, ein Ingenieur und ein Förster. Ähnliche Tendenzen finden sich in den Biographien ehemaliger Summerhillianer, die in den jüngeren Ausgaben des »Friends of Summerhill Trust Journals« abgedruckt sind. Die Ergebnisse der Abschlußprüfungen und die Berufsabschlüsse der ehemaligen Schüler der »progressiven« Dartington Hall School sind den Befunden von Summerhill ähnlich (Gribble 1991, S. 222–224).

Eine quasiexperimentelle Studie, welche 1.500 ehemalige Schüler von 30 Alternativschulen in den USA mit sorgfältig ausgewählten Kontrollgruppen herkömmlicher Schulen verglich, befand, daß die Studenten, die zuvor Alternativschulen besuchten, nach allen erhobenen Kriterien sogar einen höheren Studienerfolg an späteren Universitäten aufweisen (zit. nach Bernstein 1968a, S. 70).

Fend (1984, S. 181, 197) untersuchte in den 70er Jahren die Grundüberzeugungen von Lehrern an öffentlichen Schulen und erhob die Leistungen ihrer Schüler in unabhängigen Tests in Englisch, Mathematik und Deutsch. In keinem Fach konnten Zusammenhänge zwischen den Schulleistungen und den liberalen bzw. konservativen Grundüberzeugungen der Lehrer gefunden werden, obwohl die Verhaltenswirksamkeit dieser Überzeugungen nachgewiesen werden konnte. Nach diesem Befund schneiden Schüler liberaler Lehrkräfte also keinesfalls schlechter, allerdings auch nicht besser ab als diejenigen ihrer konservativen Kollegen.

Auch zur liberalen F*amilien*erziehung liegen einige Berichte vor: Paul und Jean Ritter aus Nottingham griffen eine Bemerkung in einer von Neills Schriften auf, nach der dringender Bedarf an einem Buch über liberale Erziehung in der Familie bestünde. Sie lieferten einen persönlichen Bericht über die häusliche antiautoritäre Erziehung ihrer eigenen Kinder (1983). Diesen Kindern wurde weit mehr Selbstbestimmung eingeräumt, als es in den 50er Jahren im Elternhaus allgemein üblich war. Ritter und Ritter betrachten die Familienerziehung als bessere Alternative zur Internatserziehung und entschieden sich deshalb bewußt dagegen, ihre Kinder nach Summerhill zu schicken – was finanziell wohl möglich und örtlich nahe liegend gewesen wäre. Statt dessen besuchten ihre Kinder »normale« staatliche englische Schulen.

Das Buch der Familie Ritter (1983) erschien im Original im Jahr 1959. Darin berichten die Eltern über ihre Erziehungsprinzipien, die sich an die Lehre Neills, mit dem sie in persönlichem Kontakt standen, anlehnen. 1971 verfaßten die Eltern *und* ihre Kinder eine aktuelle Ergänzung zur deutschen Ausgabe nach mehr als 20 Jahren (engl. 1975; aktualisiert in Ritter 1979 und nochmals aktualisiert in diesem Band). Darin beurteilen die sechs z.T. damals bereits erwachsenen Kinder das »Familien-Experiment« ihrer Eltern und äußern sich über ihre Lebenserfahrungen und ihre persönliche Weltanschauung. Die Beurteilung der elterlichen Erziehung fällt sehr positiv aus. In Schule, Universität und Beruf waren und sind die Kinder erfolgreich. Den Kindern werden Persönlichkeitseigenschaften wie Lebhaftigkeit, Anpassungsfähigkeit, Ausdauer, Selbstdisziplin und Konzentrationsvermögen zugeschrieben. Dies weist auf eine gesunde psychische Entwicklung hin und kann als Zeichen für Erziehungserfolg gedeutet werden. Zumindest aber spricht dies völlig gegen den Verdacht eines schädigenden Einflusses ihrer Erziehung. In der Darstellung der Kinder zu eigenen Einstellungen und zur eigenen Lebensführung kommen keine besonderen Abweichungen von allgemeinen »bürgerlichen« Vorstellungen zum Ausdruck. Im Gegenteil: Die Kinder scheinen sich mit gängigen sozialen Werte- und Normmustern auffallend konform arrangiert zu haben. »Man wirft mir oft genug vor, mein soziales Gewissen sei übertrieben stark ausgeprägt und ich sei eine Puritanerin ...«

(die Tochter Leonora in Ritter/Ritter 1983, S. 298; vgl. auch Segefjord 1971, S. 144).

Die Journalistin Siebenschön (1986) hat in den 80er Jahren einige Jugendliche und junge Erwachsene, welche »antiautoritär« erzogen worden sind, befragt, um die »Spuren und Nachwirkungen der antiautoritären Impulse« aufzuspüren. Ihre qualitativen Interviews erheben keinen Anspruch auf Repräsentativität. Jedoch wurde bei der Auswahl der Probanden auf eine möglichst große Varianz hinsichtlich Herkunft und Umweltbedingungen geachtet. Die schriftliche interpretative Zusammenfassung der biographischen Ausagen wurde von den Befragten in Anlehnung an das Vorgehen einer »kommunikativen Validierung« (Terhart 1981) gegengelesen und gebilligt. Die Befragten äußern übereinstimmend die Ansicht, daß ihre Erziehung ihnen für ihr weiteres Leben von Nutzen war.

Neben der Selbstdarstellung der Probanden enthält das Buch Siebenschöns den Eindruck der Autorin als Zusammenfassung ihrer Beobachtungen: Bei den Befragten handle es sich um ganz normale Erwachsene. Weder »Null Bock«-Einstellungen noch wilder Fanatismus könnten bei ihnen entdeckt werden. »Einc revolutionär entschlossene Generation wurde im antiautoritären Klima nicht herangezüchtet, ... keine Zöglinge des Zorns und des Aufruhrs« (1986, S. 161; vgl. auch Siebenschön 1983, S. 35). Die Befragten »fallen auf durch Unauffälligkeit, durch Mangel an Aggressivität. (Es) zeigen sich übereinstimmende Charakteristika von Offenheit, Aufgeschlossenheit und Toleranz« (1986, S. 163).

Auch Nickel und Mitarbeiter konnten in einer großangelegten Studie, in der »antiautoritäre« Eltern-Initiativ-Gruppen mit herkömmlichen Kindergärten in den 70er Jahren verglichen wurden, keine entscheidenden Verhaltensunterschiede bei den Kindern beider Vorschul-Institutionen entdecken (Nickel u.a. 1993, S. 113ff.).

Die vorhandenen Berichte zu langfristigen Auswirkungen freiheitlicher Erziehung erfüllen vorwiegend kaum die gehobenen Ansprüche der empirischen Forschungsmethodologie hinsichtlich ihrer Objektivität oder der Standardisierung ihrer Erhebungs- und Auswertungsmethoden. Ihre Befunde sind deshalb nicht als *gesicherte* Belege für den *Erfolg* liberaler Erziehung anzusehen. Beispielsweise darf die *Meinung* der Probanden, welche ihrer Persönlichkeitseigenschaften auf bestimmte Erziehungsprinzipien zurückgehen, nicht überinterpretiert werden. Mit derartigen Fragen werden Einstellungen, implizite Alltagstheorien bzw. subjektive Ursachenzuschreibungen erhoben, die möglicherweise nur in losem Zusammenhang mit den tatsächlichen Kausalstrukturen von Erziehungsmitteln und -wirkungen stehen. Die subjektive Beurteilung und Meinung Erwachsener zur eigenen Erziehung durch ihre Eltern muß spätestens seit den Erkenntnissen der Mantell-Untersuchung (1972) mit äußerster Zurückhaltung interpretiert werden, zumindest was die tatsächliche Qualität der Erziehung betrifft (Ritter/Ritter 1983, S. 300f.). Mantell interviewte Mitglieder einer militärischen Spezialeinheit, die sich an brutalsten kriegerischen Aktivitäten nahezu völlig gefühlskalt beteiligten. Einige dieser Soldaten billigten das »Erziehungs«-Verhalten ihrer Eltern nachträglich, das auch folterähnliche Behandlungen mit Stahlrohren und Eisenketten nicht ausschloß.

Des weiteren besteht bei den genannten Studien auch ein Problem der objektiven Kausalitätsbestimmung. Ob die Summerhill-Schüler beispielsweise tatsächlich durch ihre spezifische Schulerziehung oder durch andere ihnen gemeinsame Einflüsse (Herkunft, Einstellungen und materiellen Hintergrund der Eltern etc.) zu dem geworden sind, was sie sind, kann nicht sicher ergründet werden. Auch müssen die von Neill angegebenen beruflichen Trends zu künstlerisch-kreativen Tätigkeiten bei seinen Ehemaligen nicht zwangsläufig auf den Faktor »Summerhill« zurückgeführt werden. Denn bei dieser »Modellschule« handelt es sich nicht um ein Experiment im strengen forschungsmethodischen Sinn. Dazu fehlt es an der zufälligen Zuweisung der Schüler in eine Summerhill- und eine Kontroll-Gruppe. Allerdings ist dieses Nachweisproblem nicht Summerhill-spezifisch. Es tritt bei dem Versuch einer objektiven Überprüfung jedes anderen Erziehungskonzepts, das auf langfristige Effekte abzielt, genauso auf. Welche Wirkungen Schulen oder Konzepte der Familienerziehung auf den späteren Lebenslauf der Zu-Erziehenden im allgemeinen tatsächlich haben, ist nur mit großem empirischen Aufwand zuverlässig, in bezug auf Einzelfälle individueller Schüler gar nicht interpretationsfrei zu klären.

Je stärker pädagogische Bewegungen vom Mainstream abweichen, um so größer ist der Rechtfertigungsdruck, unter den sie gestellt werden (Fend 1984, S. 97). Dies kann zwar gewissermaßen als »normal« betrachtet werden; allerdings darf darüber nicht vergessen werden, daß sich das Gewohnte und Gängige nicht per se rechtfertigt. Unabhängig von der Schwierigkeit, kausale Nachweise im strengen Sinn ohnehin nicht führen zu können, besteht bei hervorstechenden pädagogischen Konzepten wohl deshalb, vor allem bei den Skeptikern, eine weit größere Bereitschaft, einzelne Fälle von späteren Lebens-»Versagern« irrtümlicherweise erstens als *logisch zwingend* und zweitens als *verallgemeinerbare* Bestätigung für die Unzulänglichkeit des Konzepts auszulegen. Dabei wird gerne ignoriert, daß auch aus herkömmlichen Schulen und Elternhäusern eine nicht geringe »Mißerfolgsquote« hervorgeht, welche im allgemeinen weit weniger kurzschlüssig ursächlich auf das dort angewendete Erziehungskonzept zurückgeführt wird. Analog zur Argumentation in bezug auf liberale Bildungseinrichtungen könnte beispielsweise auch gefolgert werden, daß der »Trend zu gesteigertem Suchtmittelkonsum, die wachsende Zahl von Analphabeten, die auffällige Zunahme von Biographie-Brüchen, Karriereknicks, von Gewalt, von Mord und Selbstmord nicht eben ein gutes Licht auf den Erfolg der gängigen Bildungseinrichtungen« (Littmann 1994b, S. 24) werfe.

Es bleibt zwar das Problem bestehen, mit Hilfe der dargestellten Befunde zu den Folgen liberaler Erziehung nicht genau bestimmen zu können, welche der erhobenen Daten tatsächlich auf die spezifische Erziehung zurückgehen (Croall 1983, S. 401; Nickel u.a. 1993, S. 113ff.); allerdings gilt die negative kausale Ausschlußregel (vgl. Ludwig 1991, S. 109). Das heißt: Die Hypothese einer bestimmten Wirkung eines Erziehungskonzepts kann verworfen werden, wenn befürchtete Resultate, gleich welchen tatsächlichen kausalen Ursprungs, nicht festgestellt werden können (vgl. Renkl 1993). Insofern berechtigen die vorhandenen Berichte durch ihren gemeinsamen Trend der Befunde in der Zusammenschau zur ernstzunehmenden Annahme, daß die extremen Befürchtungen der Kritiker der liberalen Erziehung einer realen Grundlage entbehren. Mit anderen Worten: Die vorhandenen Befunde beweisen zwar nicht zwingend den *Erfolg* liberaler Erziehung; allerdings widerlegen sie deutlich und entschieden die Schädigungshypothese. Es gibt also keinen empirisch gesicherten Anlaß zur Vermutung, daß frei erzogene Kinder im allgemeinen in ihrem späteren Erwachsenenleben mit höherer Wahrscheinlichkeit »unter die Räder« geraten als »konventionell« erzogene. Vor allem objektive Eckdaten des Lebenslaufs wie spätere Schulbildung, Ausbildung und Beruf legen diese Schlußfolgerung nahe. Es wurde in allen einschlägigen Studien bestätigt, daß freiheitsorientiert Erzogene später in (weiterführenden) Schularten sowie in allen beruflichen Status- und Gehaltsgruppen anzutreffen sind: vom ungelernten Arbeiter bis zu Berufen mit akademischen Abschlüssen, wie Arzt und Ingenieur (Ammen 1971; Bernstein 1967; 1968a, S. 41; Croall 1983, S. 405; Littmann 1994b; Neill 1985a, S. 97; Rollin 1992, S. 55; Segefjord 1971, S. 8–10; Siebenschön 1986; Zellinger in Vorbereitung). Die meisten Summerhill-Abgänger der letzten Jahre »gehen auf weiterführende Schulen, viele auch auf Hochschulen. Summerhill hat eine große Zahl ›High-Achievers‹ sowie viele ›normale‹, ausgeglichene Menschen hervorgebracht, die ein nützliches und erfolgreiches Leben führen« (Lucas 1992, S. 13; vgl. Lamb 1992, S. 11; vgl. Readhead-Interview in diesem Band).

Viele Befürchtungen hinsichtlich schädigender Einflüsse liberaler Erziehung basieren darauf, daß diese Erziehungsweise auf der Skala zwischen den Erziehungsstilpolen »weltnah« bzw. »isolierend« sehr einseitig dem isolierenden Stil zuzuordnen ist (vgl. Spranger 1955). Das heißt: So behandelte Kinder wachsen lokal bzw. mental zunächst eher abgeschieden von den konventionellen Lebensräumen und »Spielregeln« der Gesellschaft auf und erfahren so vorwiegend gesonderte Normen und Werte einer pädagogischen Insel. Unabhängig davon, ob Erzieher die Einflüsse der Gesellschaft im Rousseauschen Sinne als verderblich oder als gewinnbringende Herausforderung auffassen, kann ein partieller pädagogischer Schonraum nicht auf Dauer erhalten bleiben. Jede bewußt in Kauf genommene insuläre Exklusivität (relativ) fernab von der sozialen »Normal«-Welt – heutzutage etwa auch von Radio und Fernsehen – wird sich deshalb daran beurteilen lassen müssen, wie der Erzogene später mit den üblichen Regeln der Gesellschaft zurechtkommen wird. Zum »pädagogischen Inseleffekt« der liberalen Erziehung werden zwei diametral entgegengesetzte Thesen vertreten:

- Der *»Gewächshaus-Ansatz«*, den die liberale Pädagogik, insbesondere ihre antiautoritäre Variante, vertritt, impliziert, daß gerade die anfängliche Abschirmung die Heranwachsenden effizient auf die Welt vorbereite. Denn gerade dieser Schonraum ermögliche den Aufbau ausreichender (Immun-)Kräfte, um später um so besser in der »normalen« Welt zurechtzukommen (z.B. Neill 1985b, S. 16; Ritter/Ritter 1983, S. 13, 167, 286f.). Die Möglichkeit zum »Austoben« bedinge die Entwicklung der Fähigkeiten zur Führung eines sozial angepaßten Lebens als Erwachsener.
- Kritiker der liberalen Erziehung verfolgen häufig eine Art *»Impfungsansatz«*, nach dem die Auseinandersetzung der Kinder mit den sozialen Regeln des gesellschaftlichen Lebens von Anfang an die beste Vorbereitung auf die »harte Gangart« in der auf Konkurrenz angelegten (beruflichen)

> Welt biete. Jede Isolation aber verhindere, daß Kinder psychische »Antikörper« entwickeln, die ihnen später das notwendige Zurechtkommen in der Welt sichern.

Es ist vermutlich ein für praktische Zwecke höchst unfruchtbares, wenn nicht sogar sinnloses Unterfangen, beide Ansätze abstrakt und grundsätzlich gegeneinander abwägen zu wollen. Als absolutes Prinzip ist wahrscheinlich der eine ebenso falsch und ohnehin kaum pur praktikabel wie der andere. Es ist eher sinnvoll, Überlegungen anzustellen, für welchen Lebensbereich und in welcher Intensität die eine oder andere These zur Richtschnur des Handelns zu machen ist. Dennoch scheinen viele Gegner der liberalen Erziehung ausschließlich von der Impfungsthese als impliziter Basis ihrer Argumentation auszugehen, ohne den Gewächshausansatz auch nur im mindesten in Erwägung zu ziehen, etwa wenn die Behauptung des Scheiterns der antiautoritären Erziehung damit begründet wird, daß diese Erziehungsform »eben leider in keiner Weise den wirklichen Gegebenheiten des Lebens in allen zivilisierten Gesellschaften dieser Welt entspricht. Weil kein berufstätiger Mensch – wo auch immer – nur dann zur Arbeit erscheinen kann, wenn er gerade Lust dazu verspürt. Weil es nirgendwo im Berufsleben ohne gewisse Zwänge geht« (Leserbrief in der Süddeutschen Zeitung vom 17. 3. 1994, S. 37). Nach der Meinung eines/r Probanden/in in der Augsburger Erhebung »wäre die antiautoritäre Erziehung ein Idealmodell der Erziehung in einer Idealgesellschaft. Da jedoch diese Idealgesellschaft nicht gegeben ist, kann diese Erziehung nur Schiffbruch erleiden.« Die Überlegung, daß man sich auch aus freien Stücken bzw. aus Einsicht in Notwendigkeiten – und nicht nur aufgrund von in der Kindheit ankonditionierter Gewohnheit – einem äußeren Zwang unterwerfen kann, gerade weil man gelernt hat, sich für die Verfolgung eines bestimmten Ziels zu entscheiden und konsequent einzusetzen, wird vom Impfungsansatz völlig ignoriert. Dieser Ansatz scheint von einem tayloristischen Menschenbild auszugehen, das der Motivationstheoretiker D.

McGregor für die Personalführung »X-Theory« getauft hat: Jeder Mensch sei von Natur aus faul, arbeitsscheu und drücke sich vor jeglicher Verantwortung, wenn dies nicht durch äußeren Druck verhindert werde (1960; vgl. Eden 1990, S. 20; Sahm 1979, S. 53). Solche Ansichten können nach McGregor zu einer *self fulfilling prophecy* werden.

In Bernsteins Studie (1968a; 1968b) war die Mehrheit der Befragten der Meinung, aufgrund ihrer Summerhill-Erfahrung keine schwerwiegenden Schwierigkeiten bei der Anpassung an die Gesellschaft bzw. an nachfolgend andere »herkömmliche« Schulen gehabt zu haben. Eine überwiegende Zahl von Probanden in der Zellinger-Untersuchung gab an, keinerlei Anpassungsprobleme in privaten und beruflichen Bereichen nach ihrer Summerhill-Zeit gehabt zu haben, die auf die Summerhill-spezifische Erziehung zurückgeführt werden könnten. Ähnliches ist vom Übertritt der Kinder aus »antiautoritären Kindergärten« in die Grundschule zu sagen (Hastenteufel 1980, S. 45). Leonora Ritter beschreibt detailliert und eindrucksvoll, wie sie die ganz andere soziale Umwelt der konventionellen Schule mit ihren »irrationalen und ungerechten Lehrern« im Unterschied zum liberalen Elternhaus verarbeitete und wie es ihr gelang, sich sogar besser einzuleben als ihren nicht liberal erzogenen Mitschülern (1983, S. 286ff.). Die meisten ehemaligen Summerhillianer schienen die Konfrontation mit der Amtsautorität der Lehrer auf späteren konventionellen Schulen »besser zu bewältigen als der Durchschnitt ... Diese Kinder konnten zwei Dinge nicht verstehen: erstens, warum die Mitschüler ihrem Arbeitsauftrag nicht mehr nachkamen, sobald die Lehrerin das Klassenzimmer verließ; und zweitens, warum sie vor der Lehrerin und dem Rektor Angst hatten« (Bernstein 1967, S. 30). Die Schulinspektoren, welche Summerhill 1949 zu beurteilen hatten, bestätigten, daß es keine Hinweise darauf gibt, »daß die Schüler von Summerhill sich nach ihrer Entlassung nicht in eine normale Umwelt einfügen könnten« (zit. nach Neill 1985a, S. 97).

Verblüffender noch als die Widerlegung der universellen Gültigkeit des Impfungsansatzes durch empirische Fakten ist die *grundsätzliche* Infragestellung der Behauptung, antiautoritäre Erziehung würde sich tatsächlich prinzipiell auf einer lebensferneren pädagogischen Insel abspielen als andere Erziehungsformen und damit ausschließlich den Gewächshausansatz verfolgen. Bemerkenswerterweise und nicht unplausibel dreht ein ehemaliger Summerhill-Absolvent den »Argumentationsspieß« um: Er wirft gerade den Regelschulen vor, daß deren Strukturen realitätsferner seien und daß sie deshalb ihre Klientel im Gegensatz zu Summerhill viel zuwenig auf das reale Leben vorbereiten würden. Schüler an konventionellen Schulen würden aufgrund mangelnder Entscheidungsfreiheit und mangelnder Notwendigkeit, sich selbst zu bestimmen, hinter einer wirklichkeitsfremden Abschirmung aufwachsen, der zufolge sie sich später in einer pluralistischen Welt mit ihren vielfältigen Verhaltensangeboten verloren fühlen würden (Croall 1983, S. 404; vgl. Gribble 1991, S. 221; Kühn 1995, S. 133; vgl. die Diskussion über die Lebensnähe als Unterrichtsprinzip, z.B. Chott 1988). »Kein Kind kann lernen, eigene Motive zu entwickeln, wenn es stets vorgeschrieben bekommt, was zu geschehen hat ... Man kann aber nicht leugnen, daß im üblichen Schulunterricht die Beweggründe der Schüler den Lauf des Geschehens nur selten beeinflussen. Für sie gibt es wenig zu wählen und mitzuentscheiden. Der Einwand, in Lernkollektiven, wie es die Schulklasse nun einmal sei, könne nicht jeder machen, was er wolle ..., ist Unterstellung und faule Ausrede zugleich. Wer so denkt, sollte nicht von Motivation reden und schon gar nicht von Mündigkeit« (Schiefele 1993a, S. 185).

Die Frage der optimalen Vorbereitung auf das »Leben« kann also generell auch an das öffentliche Schulwesen gerichtet zurückgegeben werden. Es kann keinesfalls mit Selbstverständlichkeit davon ausgegangen werden, daß die Regelschule keine Anpassungsschwierigkeiten in bezug auf Lebenswelten produziert, welche der Schulzeit nachfolgen. Es ist sogar geradezu als unwahrscheinlich anzusehen, daß derartige Probleme durch die Erziehungspraxis der Regelschule grundsätzlich nicht entstehen würden, da private und berufliche Lebenswelten sehr vielfältig sind und sogar sich gegenseitig ausschließende Anforderungen stellen (vgl. Rieder 1990, S. 79). Der Beruf des Psychotherapeuten setzt z.B. eine ausgeprägte zwischenmenschliche Sensibilität voraus, die sich der Chirurg hingegen nur sehr eingeschränkt leisten kann. Deshalb wäre es verwunderlich, wenn einzelne pädagogische Konzepte – auch diejenigen der öffentlichen Schulen – alle Adaptionserfordernisse der verschiedenen Lebenswelten einheitlich weitgehend abdekken könnten. Wäre dies der Fall, so sollte eine enge Beziehung zwischen der Schulleistung nach den Kriterien der Regelschule und dem späteren »Lebenserfolg« zu finden sein. Der Wert einzelner Noten, Schulgutachten und Zeugnisse für die Voraussage des späteren Schul-, Ausbildungs-, Studien- und Berufserfolgs hat sich in Untersuchungen jedoch bisher als »unzureichend« erwiesen (Rieder 1990, S. 80; Roth 1969, S. 52f.; Ludwig 1995). Schiefele »schlägt« deshalb als Alternative zum Numerus clausus ironisierend vor, man solle den Quotienten aus Lebens- und Schulbesuchsjahren mit dem Schädelumfang des Studienbewerbers multiplizieren und durch ein Kurzhoroskop der Regenbogenpresse gewichten. Dieses Verfahren käme noch billiger, als das Kriterium des NC anzulegen (Schiefele 1993b, S. 218). Es wird gesellschaftlich gebilligt, daß die schulische Leistungsmessung über Ausbildungs- und Berufschancen und damit über Lebensschicksale bestimmt. Aus diesem Faktum allein ist im Umkehrschluß keinesfalls eine *inhaltliche* Berechtigung dafür abzuleiten.

In Summerhill »sind alle Unterrichtsstunden freiwillig. Man geht von dem Prinzip aus, das Kind so lange spielen zu lassen, wie es Lust hat« (Popenoe 1971, S. 25). In der Tat mögen die Assoziationen, welche solche Aussagen wecken, zunächst bestens geeignet sein, die Urheber a priori als irreale Träumer abzustempeln. Weiß jeder Erwachsene nicht allzugut, daß das Leben nicht nur aus freiwillig übernommenen Aufgaben, sondern auch aus Pflichterfüllung, Anpassung, Durchhaltevermögen und Verantwortung besteht? Es wäre in der Tat absurd, dies zu leugnen. Allerdings gilt es zu beachten, daß sehr wohl auch selbstgesteckte Ziele und selbstgesetzte Aufgaben – und diese vielleicht sogar in besonderem Maß – zu Pflichtgefühl, Ausdauer und zur Verantwortungsübernahme sozialisieren können. In Summerhill gibt es sehr wohl verantwortliche »Arbeitsdisziplin« (Lucas 1992, S. 13). Zudem sind Pflichtgefühl und Anpassung nur *ein* Aspekt des Alltagslebens. Aussagen wie das obige Zitat scheinen deshalb auf den ersten Blick extremer vom Alltag entfernt zu sein, als sie es tatsächlich sind. Denn der Alltag besteht auch aus der Freiheit und Notwendigkeit, sich entscheiden zu müssen. Diese Freiheit hat nicht nur ihre angenehmen Seiten, wie die Möglichkeit zur Befriedigung kurzfristig individueller hedonistischer Ziele. Freiheit hat einen »verwirrenden Doppelcharakter. Zum einen bedeutet sie: Glück, Fülle, Lebendigkeit ... Zum anderen bedeutet sie auch das Gefühl, an einem Abgrund zu stehen und zu springen statt zurückzuweichen – obwohl man nicht genau weiß, was sich da unter einem auftun wird« (Seck-Agthe 1983, S. 180). So kann sie auch als quälende Belastung empfunden werden, vor allem dann, wenn die genossenen Personalisationshilfen unzureichend waren, um den sinnvollen Umgang mit ihr zu erlernen. So kann nach Sartre Freiheit auch zum Fluch werden, da sie lebenslange Selbstverantwortung bedeutet. »Wir *sind* freie Individuen, und unsere Freiheit verdammt uns unser ganzes Leben lang dazu, uns zu entscheiden« (Gaarder 1993, S. 539f.). Diese permanente Herausforderung zur Entscheidung und Selbständigkeit entspricht ebenso den realen Lebensanforderungen des Erwachsenen in modernen Gesellschaften wie die Anpassung, auf die es deshalb auch gilt, erzieherisch vorzubereiten (vgl. Abschnitt 7). Freiheit ermöglicht nicht nur Selbständigkeit und Verantwortungsübernahme für sich und andere, sie fordert sie geradezu ein. Dies gilt sowohl für das erziehungsfreie Leben von Erwachsenen als auch für Erziehungssituationen. In Summerhill sind Kinder gezwungen, selbständig zu handeln und Verantwortung zu übernehmen (Libertarian Education Collective 1992, S. 14). Sie erwerben damit wichtige Kompetenzen, die in vielen anderen Schulen nicht in der gleichen Intensität vermittelt werden.

Im Zusammenhang mit den Schädigungsbefürchtungen in bezug auf liberale Erziehung fällt noch ein weiteres Kuriosum auf: Was die einen als Erziehungsziele formulierten, haben andere als gesellschaftliche Bedrohung angesehen. Die sozialistischen »Antiautoritären« wollten mit Hilfe der »freien Erziehung« ihrem eigenen Gesellschaftsideal den Weg bereiten. Ihre Gegner hingegen fürchteten den Erfolg dieses Unternehmens, was wiederum die »antiautoritäre« Erziehung im ganzen als »kommunistische Kaderschmiede« in Mißkredit brachte (vgl. Croall 1983, S. 243; Paffrath 1972, S. 68).

Diese entgegengesetzte Bewertung ein und desselben Ziels aufgrund von unterschiedlichen Grundpositionen allein wäre noch keiner Beachtung wert. Jedoch liegt hier eines der nicht selten in bildungspolitischen und auch erziehungswissenschaftlichen Auseinandersetzungen auffindbaren (und nicht einer gewissen Komik entbehrenden) Beispiele vor, wie bemerkenswert bereitwillig manche Gegner eines bestimmten Erziehungskonzepts von der Pro-Seite aufgestellte, aber letztlich unbestätigte Spekulationen akzeptieren; z.B. daß antiautoritär Erzogene eine sozialistische Einstellung entwickeln würden. Gestritten wird lediglich über Erziehungsziele. Über die Tauglichkeit bestimmter Erziehungsmittel zur Erreichung der gesteckten Ziele hingegen besteht zwischen Pro- und Kontra-Lager seltsamerweise ein einhelliger Konsens. Sogar von seiten der Gegner bleibt also der Erziehungserfolg, d.h. die Erreichung eines bestimmten Ziels mit einem angegebenen Erziehungsmittel – vermutlich geblendet von der glühenden Ablehnung der Ziele – unhinterfragt, so als ob mit der naiven Aufstellung einer Zweck-Mittel-Hypothese auch schon deren Gültigkeitsnachweis erbracht wäre (weitere Beispiele bei Auwärter 1985, S. 87f.; Brezinka 1964, S. 192; Faltermaier 1983, S. 226f.; Giesecke 1980, S. 132f.; Weber 1978, S. 126f.; Weigelt

1985, S. 131; auch die hitzige öffentliche Debatte über den erzieherischen Effekt religiöser Symbole, ausgelöst durch das umstrittene sogenannte »Kruzifix-Urteil« des Bundesverfassungsgerichts 1995, bot etliche Beispiele für diese Art von Konsens über die streitenden Meinungslager hinweg). Der etwas tiefer schürfende Gegner hätte sich dem Erziehungszielstreit weit gelassener widmen können, da ohnehin nicht geklärt ist, ob z.B. Kinderläden tatsächlich eine sozialistische Kaderschmiede sein *können*. Bis heute scheint sich der (folgsame) Glaube daran, »antiautoritäre« Erziehungspraktiken seien dazu geeignet, politische Revolutionäre heranzubilden, bei manchen ihrer Verächter hartnäckig zu halten (trotz des Mangels jeglicher empirischer Anzeichen dafür) und zur politisch motivierten Ablehnung der »antiautoritären« Erziehung zu führen; und zwar auch ihrer liberal-individualistischen Variante, die sich die Gesellschaftsveränderung so nie auf ihre Fahnen geschrieben hat. Die Naivität der kurzschlüssigen Zuordnung bestimmter Erziehungsprinzipien zu politischen Programmen wird in diesem Fall noch dadurch unterstrichen, daß auch orthodox-marxistische Pädagogen sehr bald nach der Einführung der Kinderläden den Begriff und das Konzept des »Antiautoritären« wieder ablegten (Rabe-Kleberg 1989, S. 445) und in seltener Eintracht mit ihren politischen Kontrahenten, den Konservativen, wieder begannen, restaurative, rigide, autoritäre Formen zu propagieren und zu favorisieren (Weber 1975, S. 12).

Die Wirkung freiheitsorientierter Erziehung kann indirekt auch aus Untersuchungen erschlossen werden, die sich mit den Effekten *autoritären* Erzieherverhaltens auseinandersetzen. Kann nämlich belegt werden, daß autoritäre Erziehung vermutlich zu unerwünschten Persönlichkeitsprofilen der Kinder führt, darf mit einer gewissen Plausibilität unterstellt werden, daß tendenziell Gegenteiliges für liberales Erzieherverhalten gilt.

In einer Studie von Schaefer und Edgerton (1985, S. 297) zeigte sich, daß die Erziehungseinstellungen, die erziehungsbezogenen Werte und Überzeugungen der Eltern signifikant mit den Ergebnissen der Kinder in einem mentalen Test (Test of Basic Experiences) korrelieren. Die Skala zu »traditionellen autoritären Überzeugungen der Eltern« (mit Items wie »Kinder sind von Natur aus schlecht«, »Elterliche Autorität ist absolut«) korreliert substantiell negativ mit der Kompetenz der Kinder in mentalen Leistungsbereichen und mit ihrer von Lehrern eingeschätzten Kreativität und Neugierde. Die Skala für »progressive demokratische Überzeugungen der Eltern« (z.B. »Ermutigung zum Ausdruck eigener Ideen«, »Schulautorität ist nicht absolut«) hingegen korreliert schwach, aber generell positiv mit der Kompetenz der Kinder. D.h., je autoritärer Kinder behandelt werden, desto geringer sind deren kognitive, kreative und explorative Fähigkeiten. Weitere Studien belegen, daß autoritäre Einstellungen und Verhaltensweisen von Eltern mit einem geringeren sozialen und kognitiven Entwicklungsstand des Kindes einhergehen (Cruts 1991, S. 46ff.) und daß vielbestrafte Kinder unter anderem Bindungsunsicherheit, Entwicklungsverzögerungen in kognitiver und sprachlicher Hinsicht, geringe Kompetenzen, wenig Ausdauer und Belastbarkeit aufweisen (Engfer 1992, S. 169). Untersuchungen weisen darauf hin, daß elterliche Strafe in einem umgekehrten Verhältnis zum Erziehungserfolg steht (Kerlinger 1979, S. 587f.).

Eine Korrelationsstudie von Dann und Mitarbeitern (1989, S. 87) bestätigte, daß erfolgreiche Lehrer eher zu sozial-integrativen Maßnahmen greifen, während weniger erfolgreiche eher autoritär reagieren, z.B. mit Herabsetzungen und Bestrafungen der Schüler. Es liegen Belege dafür vor, daß eine strikte Gehorsamserziehung Kinder geradezu dafür zu prädisponieren scheint, Opfer sexuellen Mißbrauchs zu werden (Enders 1993, S. 53; Frei 1993, S. 26; Knappe/Selg 1993, S. 56). Auch scheint sexueller Mißbrauch von Kindern durch nahe Familienangehörige gerade in Familien mit strengem moralischen Klima mit einer um 75% erhöhten Wahrscheinlichkeit vorzukommen (Bange 1992, S. 121).

Es kann auch empirisch belegt werden, daß eine Facette liberaler Erziehung, nämlich die Selbstbestimmung, positive Wirkungen auf die Zu-Erziehenden hat. Deci und Ryan (1993) gehen in ihrer Selbstbestimmungstheorie der Motivation davon aus, daß Selbstbestimmung die Qualität des Lernens erhöht und daß »hochqualifiziertes Lernen« auf die Autonomie des Lernenden geradezu angewiesen ist. Verschiedene Labor- und Felduntersuchungen erbrachten eine positive Korrelation zwischen schulischer bzw. elterlicher Autonomieunterstützung einerseits und der Qualität der Lernergebnisse bei Kindern nach objektiven und subjektiven Leistungsmessungen sowie hinsichtlich der Tiefenverarbeitung des Lernstoffs andererseits. Insbesondere korreliert ein autonomiefördernder *elterlicher* Erziehungsstil positiv mit dem Grad internalisierter Lernmotivation der Kinder und mit der Kompetenzeinstufung durch ihre Lehrer (zusammengefaßt bei Deci/Ryan 1993).

3.2 Schädigung der Gesellschaft: Jugendgewalt und Rechtsradikalismus als Folge der antiautoritären Welle?

Haben sich die in den 70er Jahren formulierten Befürchtungen hinsichtlich der Folgen »antiautoritärer« Erziehung vornehmlich auf die betroffenen Individuen bezogen, so wird die liberale Erziehung neuerdings zunehmend für gesellschaftliche Fehlentwicklungen verantwortlich gemacht. Insbesondere werden steigende Kriminalität, Gewaltbereitschaft und Rechtsextremismus bei Jugendlichen auf sie zurückgeführt (z.B. Adam 1993; Der Spiegel, Nr. 3, 17. 1. 1994, S. 74; Pauly 1994; vgl. Finckenstein 1995). So wird etwa behauptet, daß mit der Verbreitung der »progressiven Erziehung« »in den USA eine massive Zunahme von Gewalt an den Schulen konstatiert wurde« (Zeit-Fragen 1994, S. 6), wobei der Kontext dieser Aussage einen kausalen Zusammenhang suggeriert. Ein/e Proband/in in der Augsburger Erhebung befürchtet, daß es zu Terrorismus als »gefährlicher Nebenwirkung«

der antiautoritären Erziehung kommen kann. Weitere Beispiele derartiger Behauptungen in namhaften Tages- und Wochenzeitungen aus jüngerer Zeit nennt von Hentig (1993, S. 171; 1994, S. 101).

Von Hentig und Hoffmann haben die Zurückweisung dieser These – vorwiegend für die Schulpädagogik – bereits an anderer Stelle (beide 1993) ausführlich begründet. Hier genügt deshalb eine Zusammenfassung ihrer Argumente:

- Gewalt in Deutschland ist zwar bei weitem kein spezifisches Problem der neuen Bundesländer; jedoch war dort die Hemmschwelle für Gewalttaten bisher am niedrigsten. Empirische Studien zeigen, daß dort das rechtsradikale Potential unter Jugendlichen größer ist als in den alten Bundesländern. In der ehemaligen DDR und ihrem Bildungssystem hat die »Studentenrevolte« mit ihren pädagogischen Implikationen Ende der 60er Jahre im Grunde nicht stattgefunden, so daß gegenwärtige Erscheinungen dort nicht ursächlich durch sie erklärt werden können.
- Jugendgewalt ist keine deutsche »Erfindung« der 90er Jahre. Es gab dieses Problem in politischen und unpolitischen Schattierungen schon lange vor der antiautoritären Welle.
- Als Gegenbeispiel führt von Hentig seine seit 20 Jahren bestehende liberale Bielefelder Laborschule an, die trotz ihrer z.T. schwierigen Klientel Kinder bzw. Erwachsene hervorbringt, die Persönlichkeitseigenschaften aufweisen, welche dem autoritären rechtsradikalen Charakter diametral entgegengesetzt sind.

Ein Blick auf die Familienstrukturen legt nahe, daß ein Zusammenhang zwischen Jugendgewalt und antiautoritärer *Familien*-Erziehung mit an Sicherheit grenzender Wahrscheinlichkeit ausgeschlossen werden kann. Der familiäre Hintergrund jugendlicher Neo-Nazis und rechtsradikaler Skinheads weist nach heutigem Stand des Wissens eher auf eine autoritäre Erziehung hin. Das typische Elternhaus gewaltbereiter Skinheads scheint eher jenem sozialen Milieu entgegengesetzt zu sein, bei dem die Ideen liberaler Pädagogik in den 60er Jahren auf fruchtbaren Boden fielen (Nickel u.a. 1993, S. 115). Empirische Befunde zeigen, daß sich Eltern in soziokulturell benachteiligten Sozialschichten häufiger autoritär-repressiv verhalten, während Eltern in privilegierten Schichten hingegen eher zu liberalen Verhaltensweisen neigen (Reichwein 1989, 147). Kracke und Mitautoren (1993, S. 981) fanden in einer Befragung zu den familialen Bedingungen von politischen Gesinnungen, daß die ausländerfeindlichen und national-autoritären Einstellungen zwischen Jugendlichen und ihren Eltern z.T. hochsignifikant miteinander korrelieren. Autoritäre Charaktere werden also eher durch autoritäre Verhältnisse in Familie und Staat hervorgebracht, weniger durch einen liberalen Geist (Mantell 1972; Adorno 1973; Horkheimer u.a. 1936). Autoritäre Erziehung reproduziert sich selbst, d.h., die autoritär Erzogenen neigen dazu, selbst wieder autoritär zu erziehen (Domke 1991, S. 49). Autoritäres Elternverhalten führt eher zur Gewaltbereitschaft als demokratisches Verhalten (Mantell 1972). Erfahrungen von Unterdrückung und Repression führen zu autoritärem Denken und Intoleranz.

Gründe für die Attraktivität des Neo-Nazismus für Jugendliche sind vielfältig (vgl. v. Hentig 1993, S. 187–191). Die (Schul-)Pädagogik bzw. die Familienerziehung mag auch eine Unterlassungs-Teilschuld treffen, etwa wenn der Nationalsozialismus im Geschichtsunterricht übersprungen wird oder wenn nicht über psychische Mechanismen aufgeklärt wird (wie z.B., daß Schwache dazu neigen, sich noch Schwächere als Sündenböcke zu suchen), die seit Jahrhunderten für gesellschaftliche Irrationalismen mit bittersten Folgen sorgen. Die Schuld bei freiheitsorientierter Erziehung zu suchen, um zur alten »Law and order«-Erziehung zurückkehren zu können, basiert mit Sicherheit auf einem gedanklichen Fehlschluß. Auch Politiker bemühen sich inzwischen, diesem Erklärungsunsinn öffentlich entgegenzutreten (z.B. anläßlich einer Veranstaltung gegen den Parteitag einer als rechtsextrem eingestuften Partei 1993 in Augsburg).

Insgesamt kann festgehalten werden, daß es keinen fundierten Anlaß dazu gibt, die schädigenden Folgen, die der liberalen Erziehung nachgesagt werden, sowohl für die derart erzogenen Individuen als auch für die Gesellschaft generell als bestätigt zu betrachten (vgl. Fend 1984, S. 17). Die These vom Scheitern im Sinne schädigender Folgen kann also zurückgewiesen werden. In Einzelfällen mögen derartige Unterstellungen auf eine schlichte Begriffsverwechslung von »antiautoritär« mit »Laissez-faire« zurückgeführt werden können (vgl. Abschnitt 6.1.1). Fend (1982) weist darauf hin, daß auch andere ähnliche Behauptungen nachweislich nicht haltbar sind (z.B. daß die schulischen Modellversuche der emanzipatorischen Pädagogik global als Mißerfolge einzuschätzen wären; z.B. Zeit-Fragen 1994, S. 9). Die vorhergesagten und bis heute immer wieder aufs neue wiederholten »Horrorvorstellungen von den verzogenen Versagern« werden auch nicht von den gegenwärtig im Summerhill-Geist arbeitenden »Freien Alternativ-Schulen« in Deutschland belegt (Der Spiegel, Nr. 8, 21. 2. 1994, S. 81f.). Es gibt jedoch empirische Hinweise für die schädigenden Folgen strikter autoritärer Erziehung (vgl. oben). In bezug auf die ursprünglichen Vorwürfe und düsteren Prophezeiungen, welche selbst moderaten Versuchen einer repressionsarmen Erziehung entgegenschlugen, meinten Ritter und Ritter später, als der »Gegenbeweis« erbracht war: »Welche Flut von Entschuldigungsbriefen müßten wir eigentlich heute erhalten« (1983, S. 257).

4. Scheitern bei der Etablierung

Das Argument, die antiautoritäre Erziehung deshalb als gescheitert zu betrachten, weil sie sich im allgemeinen Erziehungs- und Bildungswesen nicht etablieren konnte, bezieht sich *auch* auf die Wirkung dieser Erziehungskonzeption. Allerdings geht es dabei nicht um die Richtung der Wirkung bei Anwendung dieser Erziehungskonzeption im Sinne eines Gewinns oder einer Schädigung für Individuen und Gesellschaft, sondern darum, *ob* sie im nennenswerten Umfang überhaupt praktiziert wurde bzw. wird. Damit wird also die Frage angesprochen: Ist die antiautoritäre Erziehung tatsächlich nur eine kurzlebige »Modeerscheinung« gewesen, wie Harress (1987, S. 161) behauptet, welche keinerlei Spuren hinterlassen hat, oder konnte sie sich im pädagogischen »Establishment« verankern? In der Augsburger Erhebung waren 37% der befragten Pädagogikstudenten der Meinung, daß die antiautoritäre Erziehung noch verbreitet ist und Einfluß auf die gegenwärtige Erziehungspraxis ausübt. 56% waren der Meinung, daß Einfluß und Verbreitung nur noch in Einzelfällen vorhanden sind, und 7% konnten keinen Einfluß ausmachen. Diese Prozentsätze variieren kaum mit dem unterschiedlichen Kenntnisstand der Probanden zur antiautoritären Erziehung (vgl. Anhang am Ende dieses Beitrags, S. 215ff.).

Es wird nicht bezweifelt, daß von der antiautoritären Bewegung und ihrem provozierenden Auftreten Impulse auf die pädagogische Theorie ausgingen, welche die Diskussion um die Problematik von Strafe, Freiheit und Gehorsam neu belebt haben (Paffrath 1972, S. 66f.). Dissens besteht hingegen darüber, ob die Bewegung neben der theoretischen Auseinandersetzung auch spürbare Folgen für die allgemeine alltägliche Erziehungspraxis gehabt hat. Natürlich kann weder die Intensität noch die Tragweite dieser Folgen präzise bestimmt werden (Croall 1983, S. 399; Kühn 1995, S. 132; Neill 1985b, S. 107). Wir müssen uns mit einem groben Einschätzungsversuch begnügen.

4.1 Verbreitung in fundamentalistischer Ausprägung

Antiautoritäre Vorstellungen wurden in den Erziehungseinrichtungen wie Kindergärten und Schulen im »fundamentalistischen« Sinn auf breiter Front sicher nicht umgesetzt. Auch die Mehrheit der Eltern hat diese Lehre nicht wortgetreu aufgegriffen. Allerdings haben sich mit der Studentenrevolte zumindest so viele Jungeltern dieser Lehre verschrieben, daß von einer »Massenbewegung« gesprochen werden kann, der Erziehung zum Zauberwort wurde, das »fast schon das Paradies öffnen sollte« (Siebenschön 1983, S. 36).

So wurde etwa die Neillsche Idee der Freiwilligkeit des Unterrichtsbesuches kaum von anderen Schulen übernommen. Auch die Idee des »self-government«, einer weitreichenden »Schülermitverantwortung« (im eigentlichen Sinn des Wortes), hat sich bis auf wenige Alternativschulen nicht durchgesetzt. Lediglich einige Schulen, vor allem in den USA, England, Schweden, Japan, Österreich und Deutschland, darunter Sonderschulen für delinquente oder verhaltensauffällige Jugendliche, sind direkt von Summerhill beeinflußt oder arbeiten mit ähnlichen Konzepten (Croall 1983, S. 393ff.; Klaßen/Skiera 1993; Klemm/Treml 1989; Knauer/Krohn/Höner 1985; Neill 1985b, S. 107f, 113; Leue 1992; Mintz 1994; Ramseger 1975; Reichwein 1989, S. 148; Der Spiegel, Nr. 8, 21. 2. 1994, S. 81f.; vgl. Singer in diesem Band). Erst 1992 wurde ein Summerhill-inspiriertes Privatinternat von einem ehemaligen Professor der Osaka-Universität, Shinichiro Hori, in Hashimoto, Süd-Japan, gegründet (Petre 1994; Potter 1994). In Kanchanaburi an den Ufern des Kwai Yai gibt es inzwischen eine thailändische »Filiale« von Summerhill (Nagata 1990; Nagata in diesem Band). Einige dieser Schulen gehen allerdings an Radikalität sogar noch über die Vorstellungen Neills hinaus, z.B. was die Mitbestimmung der Eltern und der nichtschulleitenden Lehrer in wesentlichen Schulangelegenheiten betrifft (Croall 1983, S. 394f.).

Ein Faktor, der neben der grundsätzlichen Skepsis gegenüber liberalem pädagogischen Gedankengut sicherlich eine weitere Verbreitung derartiger Alternativschulen stark abgebremst hat, ist der engbegrenzte Spielraum, den die staatlichen Genehmigungsauflagen bei der Gründung privater Schulen z.B. in Deutschland und in Großbritannien übriglassen. Damit wird die elterliche Wahl der Schulbildung von vornherein stark eingeschränkt. (Dies erscheint als ein vergleichsweise stark restriktives staatliches Gebaren angesichts der permissiven Haltung des Gesetzgebers gegenüber sonstigen elterlichen Entscheidungsspielräumen in weit folgenreicheren Lebensbereichen.)

Auch wenn weder das Schulsystem insgesamt noch einzelne öffentliche Schulen direkt radikale Bestandteile der antiautoritären Pädagogik übernommen haben, gab es doch Initiativen einzelner Lehrer, »antiautoritären Unterricht« auch an westdeutschen und britischen Staatsschulen zu veranstalten (Croall 1983, S. 394; Hoffmann 1993; Lamb 1994, S. 28; Paffrath 1972, S. 62f.). Nach der Einschätzung Croalls scheint Neills Einfluß auf einzelne Personen weit größer gewesen zu sein als auf Institutionen, was sowohl Neills eigener Beurteilung seines Einflusses als auch seiner persönlichen Prioritätensetzung entspricht (Croall 1983, S. 391, 399; Segefjord 1971, S. 22).

4.2 Verbreitung gemäßigter Formen

Das Verschwinden der antiautoritären Bewegung »nach einem knappen Jahrzehnt aus der Öffentlichkeit« (v. Hentig 1993, S. 181) ist nicht mit ihrer Verabschiedung, ohne Folgen zu hinterlassen, gleichzusetzen. Ein innovatives Konzept, welches sich mit dem Status quo herrschender Erziehungsvorstellungen seiner Zeit kritisch auseinandersetzt, wird nur so lange von einer vitalen »Bewegung« getragen werden, wie diese Kritik notwendig erscheint. Sobald sich die allgemeine Erziehungsrealität nicht mehr deutlich genug von den neuen Ideen abhebt, um eine Reibungsfläche abzugeben, wird die Bewegung abflauen und sich auflösen, möglicherweise gerade *weil* sie »erfolgreich« war.

Tatsächlich wurde die antiautoritäre Bewegung – freilich in gemäßigter Form – in das pädagogische »Establishment« integriert, so daß dieses insgesamt nicht unverändert blieb. Das

Konzept antiautoritärer Erziehung ist zwar nicht zum erklärten generellen Vorbild für Familienerziehung und Schulpädagogik auf breiter Basis geworden; trotzdem ist sein Einfluß auf pädagogische Institutionen bis heute spürbar. Insofern kann von einem Scheitern bei der Etablierung keine Rede sein. Fundamentalistisch-radikale Vertreter liberalen Gedankenguts sind in der gegenwärtigen Erziehungspraxis wahrscheinlich kaum häufiger anzutreffen als in den 70er Jahren. Aber der Mainstream des Erziehungswesens ging wohl seither tendenziell auf Annäherungskurs zu den Zielen der damaligen Bewegung. Ihre Ideen sind nach wie vor präsent, auch wenn die Bewegung selbst – zumindest unter dem Etikett »antiautoritär« – als abgeschlossen zu betrachten ist. Bereits für das Jahr 1973 stellte Wehle (1973, S. 43) fest, daß »die Forderung nach emanzipatorischer Erziehung als allgemein akzeptiert gelten kann«, was daran zu erkennen ist, daß sogar Sendereihen für Kinder im deutschen Fernsehen in dieser Zeit unter einem »kritisch-emanzipatorischen« Einfluß standen (Hastenteufel 1980, S. 48). Die antiautoritäre Bewegung war also für die Mehrheit der Erzieher und Eltern zumindest grob richtungweisend (vgl. Fend 1984, S. 248; Nickel u.a. 1993, S. 120).

Breinbauer hält es für unverkennbar, daß die Ideen der antiautoritären Erziehung und die von ihr ausgegangenen Impulse in bezug auf das Hinterfragen von Wertvorstellungen und die Methoden der Erziehung im Sinne einer Verunsicherung und Neuorientierung »bürgerlicher« Eltern und Erzieher weiterwirken (1980, S. 322). »Gewiß hat (die antiautoritäre Erziehung) dazu beigetragen, daß bisher unkritisch ausgeübte und hingenommene repressive und gängelnde Fehlformen der Erziehung zunehmend abgebaut werden« (Weber 1974, S. 50). »Teilweise sind bis heute noch Nachwirkungen des inzwischen meist entradikalisierten Antiautoritarismus in der pädagogischen Theorie und Praxis erkennbar« (Weber 1995, S. 218). Der antiautoritären Erziehung wird auch bescheinigt, zumindest punktuelle »Verbesserungen« in der Schule erreicht zu haben (Croall 1983, S. 391ff.; Paffrath 1972, S. 101;

Ritter/Ritter 1983, S. 140). Nach Berg (1983) ist der Umgang der Erwachsenen mit Kindern im Gegensatz zu den 30er und 40er Jahren heute von der Bereitschaft zu weniger Lenkung bestimmt, was sie weitgehend auf Neills Einfluß zurückführt. *Der Spiegel* will sogar wissen, daß Neills Gedanken »die Initialzündung zur Bildungsreform der sozial-liberalen Koalition« in der BRD mit ausgelöst haben (Nr. 8, 21. 2. 1994, S. 80). »Die antiautoritäre Erziehungsbewegung hat nach ihrer Trennung von der politischen Bewegung jedoch das Denken und die Idealvorstellungen einer ganzen Erzieher- und Elterngeneration wie auch die allgemeine Bildungsreformdiskussion beeinflußt« (Rabe-Kleberg 1989, S. 445).

Falls die Bewegung einen moderaten, aber relativ breiten Einfluß auf die allgemeine Erziehungspraxis ausgeübt hat, wie die genannten Autoren pauschal behaupten, sollte ein liberalerer Geist nach der Bewegung feststellbar sein als zuvor. Tatsächlich sind Belege für eine solche Entwicklung zu finden. Tendenzen des pädagogischen Mainstreams in Richtung repressionsärmerer Erziehung klären zwar noch nicht deren Ursache auf; nach der negativen kausalen Ausschlußregel gilt aber umgekehrt: Wären diese Tendenzen nicht sichtbar, könnte berechtigt von einem Nulleffekt der Bewegung ausgegangen werden.

Dreikurs und Cassel (1991, S. 11, 15) beschreiben folgenden allgemeinen gesellschaftlichen Trend: War das Verhältnis zwischen Erwachsenen und Kindern in der Vergangenheit von Herrschaft und Gehorsam geprägt, so tendiert heute dieses Verhältnis stärker zu Gleichberechtigung und Partnerschaft. Aus den Schilderungen der sogenannten »Schwarzen Pädagogik« laßt sich erkennen, wie repressiv einst erzogen wurde (z.B. Flitner 1982; Johansen 1978; Macha 1994, S. 173; März 1993, S. 51; Ringel/Brandl 1980, S. 267; Rutschky 1977). Den Zustand des Erziehungswesens vor der antiautoritären Welle in den 50er und 60er Jahren bezeichnet von Hentig noch als »wilhelminisch autoritär« (1993, S. 176). Auch bis zu den frühen 70er Jahren werden den Erziehungs- und Bildungsinstitutionen

Kindergarten (Nickel u.a. 1993, S. 107), Familie und Schule durchaus noch spürbare autoritäre Tendenzen bescheinigt, während die autoritäre Familienerziehung auch in West-Deutschland seit den frühen 70er Jahren an Einfluß verlor (Tausch/Tausch 1970; Weber 1974, S. 26ff.). Rückriem (1991, S. 7) schreibt dem Ansatz freier, demokratischer bzw. repressionsfreier Erziehung in den 90er Jahren einen aktuellen Bedeutungsgewinn zu. Lehrer haben den Eindruck, daß Kinder wohl »zu keiner Zeit so freizügig erzogen (wurden) wie heute« (Wiechoczek 1992, S. 137). Die Veränderung der Meinung der Bundesbürger darüber, welche elterlichen Erziehungsziele und dominierenden Leitbilder der Kindererziehung besondere Bedeutung haben – repräsentativ erhoben –, weist nicht nur zwischen 1964 und 1976 eine Tendenz zur Liberalität auf (EMNID-Institut 1992, zit. nach Weber 1974, S. 307; Wickert 1994, S. 71; siehe die folgende Tabelle).

Zustimmung zu elterlichen Erziehungszielen						
	1951	1957	1964	1965	1976	1992
Selbständigkeit und freier Wille	28%	32%	31%	31%	51%	62%
Ordnungsliebe und Fleiß	41%	48%	45%	53%	41%	38%
Gehorsam und Unterordnung	25%	25%	25%	19%	10%	8%

Etliche Prinzipien und Methoden, die Ritter und Ritter für die freie Familienerziehung 1959 pionierhaft propagierten, galten damals noch als relativ radikale Innovation und stießen bei vielen auf offene bis aggressive Ablehnung (1983, S. 235, 257). Heute sind viele dieser damals noch strittigen Empfehlungen von Ritter und Ritter, welche die natürlichen Bedürfnisse der Kinder und Jugendlichen berücksichtigen, zur unspektakulären allgemeinen Praxis geworden:

– Während das Neugeborene früher unmittelbar nach der Geburt physisch und räumlich von seiner Mutter getrennt worden ist, wird es heute bei der Mutter gelassen und bereits kurz nach der Geburt gestillt.
  Die Bedeutung des »ersten Schreies«, der früher notfalls mit einem Klaps »angeregt« wurde, ist als Mythos entlarvt worden. Durch die Methode der »sanften Geburt« nach Leboyer kann der Zeitpunkt des Einsetzens des Atmens der Selbstbestimmung des Kindes überlassen bleiben, indem die Nabelschnur erst durchtrennt wird, nachdem das Baby mit der Eigenatmung von selbst begonnen hat (Bartoszyk/Nickel 1993).
– Die Anwendung des Prinzips der Selbstregulierung in bezug auf den Zeitpunkt und die Dauer des Stillens bzw. Fütterns und des Schlafens für Babys und Kleinkinder wurde erst in den letzten 20 Jahren durchgesetzt (Siebenschön 1983, S. 34f.; Zimmer 1992, S. 65ff.). Auch der früher vehement ausgeübte moralisch untermauerte Druck, »alles aufzuessen«, was (durch andere) auf den Teller kam, scheint größtenteils der Erkenntnis gewichen zu sein, daß das Problem des Hungers in der Welt nicht kleiner wird, wenn westeuropäische Kinder dazu angehalten werden, »*immer* alles leer zu essen«, und daß der Widerspruch »Unterernährung und Überfluß« von Erwachsenen zu lösen ist.
– Früher war die Ansicht weit verbreitet, daß es das Schreien von Säuglingen langfristig verstärken würde, möglichst bald darauf zu reagieren und sich um das Kind zu kümmern (z.B. Foerster 1959, S. 69). Es wurde inzwischen sogar experimentell bestätigt, daß die Schreidauer und -häufigkeit durch die Behandlung nach dem Prinzip »Ausschreien lassen« gesteigert wird (z.B. Bell/Ainsworth 1972). Diese Erkenntnis wird zunehmend in der Praxis berücksichtigt.
– Einfache technische Einrichtungen nach afrikanischem Vorbild wie die in den 80er Jahren stark verbreiteten Babytragtücher oder -gestelle, welche es ermöglichen, häusli-

che Arbeiten mit der Befriedigung des Bedürfnisses des Säuglings nach Körperkontakt zu verbinden, konnte Jean Ritter 1959 nur als Desiderat formulieren.

- Einstellungen zur Nacktheit und Sexualität haben sich im allgemeinen sehr gewandelt (Siebenschön 1983, S. 38). Während sogar (an Zeitgenossen gemessen) »liberale« Pädagogen im 18. und 19. Jahrhundert wie etwa der Aufklärer Rousseau, die Philanthropen Basedow, Campe und Salzmann die schlimmsten Folgen der Masturbation befürchteten und aus heutiger Sicht und Kenntnis geradezu absonderlich repressive Maßnahmen dagegen vorschlugen, führte die medizinische Aufklärung in den letzten Jahrzehnten des 19. Jahrhunderts zu einem allmählichen Gesinnungswandel, der allerdings in den ersten 50 Jahren des 20. Jahrhunderts noch nicht abgeschlossen war (vgl. Myhre 1991, S. 39). Heute wird die Bedeutung des elterlichen Respekts vor der körperlichen Selbstbestimmung des Kindes (z.B. sein Recht auf Scham und Privatheit) z.B. auch hinsichtlich der Prävention gegen sexuellen Mißbrauch erkannt (Marwedel u.a. 1993, S. 166).

Die Verbreitung liberaler Ideen läßt sich auch durch verwandte Konzepte und Einrichtungen belegen, die sich zwar nicht ausdrücklich auf die antiautoritäre Bewegung berufen, von ihr aber teilweise mitgetragen worden sein dürften (vgl. Abschnitt 1.2 und 5), sowie durch die Tendenz zu nichtlenkenden, Selbstbestimmung fördernden Unterrichtsmethoden und -prinzipien bzw. zu sozialintegrativen Unterrichtsstilen, welche in der neueren schulpädagogischen Literatur propagiert (z.B. Becker 1993, S. 217f.; Bönsch 1991, S. 46f.; Krüsmann 1994; Oser/Althof 1992, S. 337ff.) und an Schulen z.B. in Deutschland und der Schweiz praktiziert werden (z.B. Höner 1995).

Der gesellschaftliche Wandel zur Liberalität mag auch darin zu erkennen sein, daß früher weitgehend tolerierte elterliche Bestrafungspraktiken (wie häufige Beschimpfungen, lang andauernder Liebesentzug) heute teilweise schon unter »psychische Mißhandlung« subsumiert werden (Engfer 1992). Die Abschaffung des elterlichen Züchtigungsrechts wurde bereits durch die von der Bundesregierung beauftragte interdisziplinäre »Gewaltkommission« empfohlen (a.a.O., S. 166). Tatsächlich ist die Akzeptanz der Prügelstrafe auch in der Bevölkerung im Abnehmen begriffen (Rabe-Kleberg 1989, S. 445f.). Auch die kriminalstatistisch erfaßten Fälle von Kindesmißhandlungen haben sich zwischen 1973 und 1982 nahezu halbiert, trotz der höheren Sensibilität in der Bevölkerung gegenüber solchen Delikten, welche die Dunkelziffer eher verkleinert als vergrößert haben dürfte (Engfer 1992).

Obwohl die Tendenz zu liberaleren Erziehungspraktiken nach der antiautoritären Bewegung unverkennbar ist, muß bezweifelt werden, daß dieser Wandel ausschließlich auf das Wirken der antiautoritären Bewegung zurückgeht. Denn schon vor der Popularität antiautoritären Gedankenguts war der Autoritarismus in der Erziehung im Rückzug begriffen. Man denke beispielsweise nur an die reformpädagogische Bewegung im ersten Drittel des 20. Jahrhunderts, insbesondere an ihre Strömung der »Pädagogik vom Kinde aus« (z.B. Reble 1980, S. 284ff.; März 1980, S. 109). Bereits vor der Studentenrevolte wurde in elterlichen Erziehungsstilen in der BRD und in den USA eine Abnahme von Lenkung und der Einschränkung von Freiheit und Selbständigkeit empirisch festgestellt (Caesar 1972, S. 43; Weber 1974, S. 27f.; 1978, S. 138ff.) bzw. von seiten der Erziehungswissenschaft gefordert (z.B. Roth 1955). Bereits seit den 50er Jahren gestaltet sich die Eltern-Kind-Beziehung in der BRD zunehmend liberaler. Einige Berichte zeugen davon, daß ein antiautoritärer Erziehungsstil in einzelnen Familien schon kurz vor dem Bekanntwerden der Neillschen Lehre praktiziert wurde (Siebenschön 1983, S. 32, 36).

Die Ursachen des liberalen Trends lassen sich nicht objektiv rekonstruieren. Es erscheint jedoch höchst unwahrscheinlich, daß dieser Trend von der antiautoritären Bewegung und ihren Hauptvertretern nicht wenigstens mit beeinflußt worden ist. Dafür sprechen die hohen Auflagen der Neillschen Bücher, die demnach nicht nur von professionellen Erziehern gelesen wurden. Nach Croall war der Einfluß Neills auf Eltern möglicherweise wesentlich größer als der auf Lehrer. Seine Erziehungsvorstellungen wurden außerhalb Großbritanniens in den USA, in Skandinavien, Japan, Australien und in der BRD am stärksten aufgegriffen (Croall 1983, S. 396ff.).

Außerhalb Westdeutschlands gab es z.T. schon vor den 60er Jahren Übersetzungen der Schriften Neills. Der kommerzielle Erfolg seines Hauptwerks »Summerhill« (später dt. 1985a) wurde vom ersten Verlag, dem die deutschen Übersetzungsrechte angeboten wurden, falsch prognostiziert. Es kam zu einer Ablehnung des Angebots, da ein Expertengremium Neills Ideen als »bereits 15 Jahre aus der Mode gekommen« beurteilte. Nachdem schließlich ein anderer Verlag die deutschsprachige Veröffentlichung übernommen hatte, waren bereits nach drei Jahren über eine Million Exemplare verkauft (Croall 1983, S. 397). Bis zum Juli 1994 wurden insgesamt fast zwei Millionen Exemplare der deutschsprachigen Bücher von und über Neill verkauft (nach einer freundlichen Mitteilung des Rowohlt-Verlags). Genauso viele Exemplare wurden in den Vereinigten Staaten allein von Neills Hauptwerk in den 60er Jahren verkauft (Lamb 1994, S. 28). Soweit man Erziehungsratgebern überhaupt einen Einfluß auf das Verhalten von Eltern und Erziehern zubilligen möchte, erscheint es unwahrscheinlich, daß Neills Werke aufgrund ihrer beachtlichen Popularität keinen ursächlichen Beitrag zum dargestellten Erziehungswandel geleistet hätten. Zumindest gilt für Flitner, daß populäre Schriften »mehr oder weniger die Meinung der lesenden Zeitgenossen wider(spiegeln)«. Insofern können solche Schriften als »Zeugen ... einer bestimmten Untergruppe ausgewertet werden« (Flitner 1982, S. 13). Mit dem gestiegenen Interesse der Bevölkerung an Erziehungsfragen im Zusammenhang mit der einsetzenden Diskussion um die antiautoritäre Erziehung nahm Ende der 60er Jahre die Eltern-Ratgeber-Literatur insgesamt einen ungeheuren Aufschwung. Auch ein Wandel der inhaltlichen Grundtendenz dieser Schriften ist festzustellen: Während die Elternliteratur noch einige Jahre zuvor teilweise die »Erziehung zum Gehorsam« zum zentralen pädagogischen Konzept erklärte, nahm diese Tendenz später deutlich ab (z.B. Plattner 1964; vgl. Hefft 1978, S. 84ff.).

Die Ideale und Ziele der antiautoritären Bewegung wurden sicher nicht ausschließlich über eine bewußte und reflektierte Auseinandersetzung mit ihren Programmen und Schriften rezipiert. Wahrscheinlich wurden und werden die meisten Eltern vorwiegend über den allgemeinen *pädagogischen Zeitgeist* erreicht, der seinerseits von dieser Bewegung beeinflußt wurde. Der Zeitgeist ist in diesem Zusammenhang als ein Multiplikator zu verstehen, der den Einfluß vieler gleichlaufender Einzelinitiativen bündelt und das Denken und Handeln der einzelnen Mitglieder einer Gesellschaft prägt, und zwar auch derjenigen, die sich nicht detailliert mit den Befunden und Erkenntnissen auseinandergesetzt haben, welche zum jeweils herrschenden Zeitgeist geführt haben.

Dies läßt sich anhand umwälzender Erkenntnisse im Bereich der Naturwissenschaften sehr einfach illustrieren: Die Entdämonisierung des Blitzschlags hat sich auch im Bewußtsein derer vollzogen, denen der Begriff des elektrischen Feldes unbekannt blieb, genauso wie sich der Entwicklungsgedanke im allgemeinen Bewußtsein auch derjenigen Menschen festgesetzt hat, die keinen expliziten Zugang zu biologischen oder kosmologischen Evolutionskonzepten gefunden haben (v. Ditfurth 1987, S. 255f.).

In einer Umfrage gaben Eltern an, sich in ihrer Erziehung weniger nach formellen Bildungsangeboten wie Büchern oder Seminaren zu orientieren als vielmehr nach »persönlicher Intuition« (Hierdeis 1983). Diese Intuition ist jedoch auch vom pädagogischen Zeitgeist geprägt, der bestimmt, was in der Erziehung im allgemeinen als adäquat, erwünscht oder erlaubt gilt. Beispielsweise ist die »gesamtgesellschaftliche Billigung von Gewalt in der Erziehung« nach bestimmten soziologischen Erklärungsansätzen dafür entscheidend, ob Gewalt tatsächlich ausgeübt wird (Engfer 1992, S. 167). Dem größeren Teil der heutigen jungen Eltern mag der Name »Summerhill« oder »Neill« sogar unbekannt sein. Trotzdem können wir annehmen, daß auch dessen »elterliche Sozialisation« von allgemein geltenden Erziehungsnormen und -werten des liberalen Zeitgeists nicht unbeeinflußt geblieben ist.

Es ist nicht fundiert entscheidbar, ob das allgemeine pädagogische Einstellungsklima von der antiautoritären Bewegung geformt wurde oder ob dieses Klima erst das Entstehen dieser Bewegung bedingt hat. Realistischerweise wird von einer Wechselwirkung ausgegangen werden können; und zwar nicht nur im Sinne einer pragmatisch-kompromißhaften Lösung dieses kausalen Problems. Vermutlich blieben sogar erklärte Gegner des Antiautoritären vom liberalen Geist der Zeit nicht völlig unbeeinflußt. So manche Lehrer sind nach Croall vom pädagogischen Zeitgeist in ihrem tatsächlichen Lehrverhalten beeinflußt worden, obwohl sie die antiautoritäre Erziehung als »hoffnungslos idealistisch« abtaten (1983, S. 391). »Einiges spricht dafür, daß jener Bewußtseinsprozeß, den die antiautoritäre Bewegung auslöste, nährte und antrieb, sich auch dort durchgesetzt und nachhaltig gewirkt hat, wo Eltern sich nicht mitreißen ließen ... Sogar Kinder aus reaktionären Elternhäusern nahmen, instinktiv oder hellhörig geworden, die Botschaft auf« (Siebenschön 1986, S. 163). Deshalb spricht es nicht unbedingt gegen einen realen Einfluß antiautoritären Gedankenguts auf die Schulpraxis, wenn die meisten Lehrer in einer Umfrage zu Beginn der 70er Jahre in Westdeutschland eine Ablehnung der »antiautoritären« Ideen erkennen ließen. Nur ca. 21% der Befragten bekundeten eine positive Einstellung gegenüber der antiautoritären Welle (Paffrath 1972, S. 52). In der Augsburger Erhebung 1994 äußerten 56% der befragten Studierenden eine eher ablehnende und 37% eine eher befürwortende Einstellung zur antiautoritären Erziehung. (7% der Antworten lauteten »neutral« oder »weiß nicht«.) Die Einstellungen kovariieren nur unwesentlich mit dem Kenntnisstand über die antiautoritäre Erziehung (vgl. Anhang).

Unabhängig davon, ob der Wandel im allgemeinen Erziehungsklima als Folge oder als Bedingung der antiautoritären Bewegung gesehen wird, sind einige Hoffnungen und humanistische Ideale dieser Bewegung hinsichtlich der Veränderung des allgemeinen sozialen Verhaltens von Menschen und ihren Einstellungen inzwischen tendenziell verwirklicht worden: Siebenschön konstatiert, »um wie vieles offener, selbstsicherer und freier sich junge Menschen heute bewegen und miteinander umgehen« (1986, S. 161). Eine allgemeine Abnahme des Autoritarismus ist also auch außerhalb von pädagogischen Beziehungen zu verzeichnen (Beispiele bei Lederer 1983, S. 111).

Milgrams aufsehenerregende Experimente (1974) zur destruktiven Gehorsamsbereitschaft in New York zeigten in den 60er Jahren, wie leicht Menschen bereits unter geringem Gehorsamsdruck dazu zu bewegen sind, anderen (vermeintlich) lebensbedrohliche Schmerzen zuzufügen. Diese Versuche wurden vielfach mit ähnlichen Ergebnissen repliziert, unter anderem im Münchner Max-Planck-Institut (Mantell 1971) und Mitte der 80er Jahre an der Universität Graz (Schurz 1985a, 1985b, 1986). In diesen Experimenten wurde festgestellt, daß sich Versuchspersonen mit autoritärer Persönlichkeitsstruktur eher als »gehorsam« gegenüber Autoritäten erweisen als andere (Schurz 1985a, S. 161). Durchgeführte vergleichende Befragungsstudien ermöglichen darüber hinaus auch Aussagen über die Veränderung des Autoritarismus über die Zeit. Lederer (1983) erhob die Einstellungen 929 deutscher und 730 US-amerikanischer Jugendlicher im Alter zwischen 14 und 18 Jahren quantitativ. Es wurde dabei auf Repräsentativität der Stichproben hinsichtlich der Verteilung der wichtigsten Merkmale in der Gesamtpopulation Jugendlicher des jeweiligen Landes geachtet. Durch Vergleich mit älteren Erhebungen konnte der Wandel autoritärer Einstellungen in einer Zeitspanne zwischen 1945 und Ende der 70er Jahre untersucht werden. Die gewonnenen Daten der Autorin belegen einen statistisch signifikanten Zuwachs »an Unterstützung demokratischer, antiautoritärer Werte in den Einstellungen« amerikanischer und deutscher Jugendlicher sowie eine Abnahme autoritärer, ethnozentrischer Einstellungen. Dies war besonders deutlich für den Zeitraum der 60er Jahre bis Ende der 70er Jahre zu erkennen (Lederer 1983).

Wenn wir davon ausgehen können, daß die antiautoritäre Bewegung für Erziehung und Gesellschaft durchaus nicht folgenlos geblieben ist, weshalb ist dann bei vielen trotzdem der gegenteilige Eindruck entstanden? Dies mag daran liegen, daß sehr langsame soziale Entwicklungen schwer wahrnehmbar sind und die Inhalte der ursprünglichen antiautoritären Erziehungssubkultur in der Öffentlichkeit heute kaum noch für Aufsehen sorgen. Denn eine Sub- oder »Alternativkultur« (Schäfers 1990, S. 272) kann nur so lange auffallen, wie sie sich deutlich von der vorherrschenden allgemeinen Kultur abhebt. Zwei soziale Mechanismen erklären, weshalb dies bei den Inhalten der antiautoritären Bewegung nicht mehr der Fall ist:

1) Die liberale Subkultur hat sich in einem *Assimilations*prozeß mit der Zeit an den Mainstream der Pädagogik angeglichen: »Daß eine junge, notwendig noch unreife Bewegung sich mehr der übertreibenden und überfordernden Argumente bedient als der bescheideneren und erfüllbaren; daß Widerstand der Etablierten sie ungeduldig und rechthaberisch macht statt selbstbewußt und klug; daß sie Angst hat, ihre Wahrheit in der Anpassung an die Verhältnisse zu verlieren, also alles rigoroser in Szene setzt als nötig – das sollte ihr niemand verübeln ... Die Kinderläden, die Freien Schulen, die alternativen Wohngemeinschaften, die es heute (noch) gibt, zeichnen sich längst nicht mehr durch Chaos, sexuelle Freizügigkeit, Aufmunterung zur Regelverletzung aus, sondern durch eine in sich geschlossene, friedliche, opferbereite, etwas schrullige Müsli-Kultur« (v. Hentig 1993, S. 178f.).
2) Umgekehrt hat sich auch die Gesellschaft selbst in einem *Akkomodations*vorgang an diese Subkultur zumindest par-

tiell angepaßt bzw. diese integriert. Die provokativen Thesen und Gebärden der »minderwertigen Subkulturen« (Brezinka 1986, S. 57) der 60er Jahre erhitzen heute kaum noch die Gemüter, da sie ein Teil der Hauptkultur geworden sind.

Diese beiden Integrationsprozesse sind nicht nur im »Progressiven« der Erziehung zu finden, sondern ziehen sich als typischer Trend auch durch andere Kulturbereiche. Ehemals sich revolutionär gebärdende Äußerungsweisen der Protestbewegungen werden zu einem Bestandteil des zuvor von ihnen abgelehnten »Establishments«. Viele Artikulationsformen der Jugendkultur der 60er Jahre ereilte damit dasselbe Schicksal wie bereits andere »schrille« Moden zuvor (etwa den Wiener Walzer oder den argentinischen Tango): zuerst als das Ende der guten Sitten gebrandmarkt und schließlich zur biederen Lebensäußerung avanciert. Ihre hart um- und erkämpften optischen Symbole gehören heute zur Normalität. Turnschuhe und »Nietenhosen« werden inzwischen gelegentlich sogar in Ministerien und auf Vorstandsetagen getragen. Aus den »Kommunen« wurden »Wohngemeinschaften«, in denen heute ein Drittel aller Studierenden und auch zunehmend ältere, alleinstehende Menschen leben (Schenk 1984). Wer heute noch sexuelle Promiskuität bei Wohngemeinschaften vermutet, zeichnet sich durch Unkenntnis der »Szene« aus. Musik galt in den 60er Jahren als »erstes Mittel der Rebellion« (Siebenschön 1986, S. 11f.). Damalige Trendsetter, deren Schallplatten aufgrund anstoßerregender Texte im Rundfunk nicht gespielt werden durften, sind später von Staatspräsidenten zu Kultur-Attachés ernannt worden. Diejenigen, welche ehemals als »langhaarige Affen« diffamiert wurden (Spengler 1994), treten heute mit allen Attributen öffentlicher Anerkennung – als Multimillionäre mit höchsten staatlichen Verdienstorden ausgestattet (und etwas kürzerem Haarschnitt) – in »spießigen« TV-Familien-Unterhaltungsshows auf.

5. Scheitern durch Beendigung der theoretischen Weiterentwicklung

Ein pädagogischer Ansatz kann wissenschaftlich als gescheitert angesehen werden, wenn seine theoretische Entwicklung nach kurzer Blütezeit abrupt abgebrochen wird und sich keine Vertreter mehr finden, die ihn im Sinne einer wissenschaftlichen Strömung oder Schulenbildung weiterführen. Bereits Anfang der 80er Jahre erschienen kaum noch einschlägige Veröffentlichungen zur »antiautoritären« Erziehung. Die theoretische Aus- und Bearbeitung dieses Themas wird als nahezu abgeschlossen betrachtet (Breinbauer 1980, S. 321f.). Es gibt zwar keine theoretische Weiterführung, die noch unter dem Etikett »antiautoritär« auftritt; einzelne Bestandteile der Theorie zur antiautoritären Erziehung wurden jedoch zur Quelle von Anregungen für andere pädagogische Ansätze. Dies sind z.T. gemäßigtere Konzepte, aber auch solche, welche die antiautoritären Überlegungen an Radikalität (zumindest ihrem äußeren Gebaren nach) sogar noch übertreffen:

- Nach der »antiautoritären« hat sich die Erziehungswissenschaft der »emanzipatorischen Welle« (Breinbauer 1980, S. 322) zugewandt.
- Individualpsychologisch ausgerichtete Erziehungsvorstellungen (z.B. Dreikurs/Cassel 1991) wollen Belohnung und Bestrafung abschaffen, aber auch keinen Laissez-faire-Stil zulassen. Denn daraus entstünde »Chaos und Orientierungslosigkeit«. Statt dessen wird ein »demokratischer« Erziehungsstil propagiert, der auf gegenseitiger Anerkennung und ebensolchem Respekt beruht.
- Für die Schulpädagogik wurde die Rückbesinnung auf »Demokratisierung und Liberalisierung unseres Erziehungs- und Bildungswesens« (Paffrath 1972, S. 70) im Sinne einer Alternative zur antiautoritären Erziehung eingefordert, wobei es gilt, »Ansätze der antiautoritären Erziehung darin einzubringen« (ebd., S. 101).

- Die »Entschulungsbewegung«, wie sie sich etwa in den »Regensburger Kongressen« Bartmanns manifestiert und die sich für die Abschaffung der allgemeinen Schulpflicht einsetzt, trägt auch antiautoritäre Züge (Bartmann 1992, S. 198; vgl. auch Heimrath 1988; Paffrath 1972, S. 69).
- Für die Hochschuldidaktik wurde das *Educreation*-Konzept als »Bildung zur Kreativität« vorgelegt, das in Workshops auch in Deutschland verbreitet wurde (Ritter 1979).
- Auch das antipädagogische *Erziehungs*system (!), »Freundschaft mit Kindern«, kann als Fortführung des antiautoritären Konzepts betrachtet werden (v. Braunmühl 1975; v. Schoenebeck 1982, S. 1985). Die Antipädagogik wendet sich zwar auch explizit gegen die *antiautoritäre* Erziehung als *Erziehung*, was jedoch theoretisch nicht überzeugend untermauert wird (vgl. Abschnitt 6.1.2). Insofern nimmt das antipädagogische Gedankengut eine Zwitterstellung ein: Einerseits ist es von außen besehen partiell der liberalen Richtung zuzuordnen, andererseits ist es ihr selbsternannter Gegner.

Ein gewisser Erfolg der liberalen Erziehung kann aus der Tatsache gefolgert werden, daß heute extreme Formen autoritärer Erziehung im Sinne rigider Gehorsamspädagogik zwar noch vereinzelt praktiziert, aber nicht mehr theoretisch postuliert werden. Selbst die Äußerungen konservativster Erziehungswissenschaftler sind heute »liberal« im Vergleich zu den Aussagen ihrer Vorgänger in früheren Epochen.

6. Scheitern bei der Mitteilung

Ein pädagogisches Konzept kann auch daran scheitern, daß es nicht gelingt, seine innovativen Botschaften den Rezipienten unmißverständlich mitzuteilen.

Der Grund dieser Art des Scheiterns, d.h., ob die Kommunikationsstörung vorwiegend auf die mangelnde Ausformulierung des Konzepts durch seine Hauptrepräsentanten oder vorwiegend auf die Berichterstattung der meist ungleich öffentlichkeitswirksameren Massenmedien zurückgeht, kann hier unberücksichtigt bleiben. Letztere haben allerdings nicht unmaßgeblich am Zerrbild der antiautoritären Erziehung im öffentlichen Bewußtsein beigetragen. Erst 1992 wurde wieder ein Dokumentarbericht über Summerhill (»Summerhill at 70«) im britischen Fernsehen ausgestrahlt, der durch die sensationsbegierige Auswahl der Szenen aus den 15wöchigen Dreharbeiten an der Schule und durch das Unterdrücken wichtiger Informationen zum Verständnis einzelner festgehaltener Situationen (»lying by omission«) einen bizarren, unrepräsentativen Eindruck vom Leben und Lernen an der Schule vermittelte, so daß sich Schüler, Lehrer *und Besucher*, welche die Dreharbeiten erlebt hatten, genötigt sahen, berichtigende Kommentare in Fachzeitschriften abzugeben (Libertarian Education Collective 1992, S. 11ff.).

Theoretische Positionen erfahren bisweilen eine verkürzte Rezeption, welche oft nur noch wenig mit dem ursprünglichen Ansatz gemeinsam hat. Diese namensgleichen »Doppelgänger« (vgl. Abschnitt 1.2) sind oft befreit von allen Relativierungen und Einschränkungen, welche die entfalteten Theorien und Ansätze auszeichnen. Sie enthalten Schlußfolgerungen, welche in den ursprünglichen Konzeptionen fehlen. So können pädagogische Ansätze popularistische »Geister« rufen, welche das Gegenteil der ursprünglichen Intention verfolgen (Fend 1984, S. 86).

Ein solches Scheitern scheint bei der liberalen Pädagogik teilweise vorzuliegen. Viele ihrer Grundgedanken wurden zumindest von denjenigen mißverstanden, welche ihre Informationen darüber aus zweiter Hand erhielten. Dies trifft nicht nur auf ihre Skeptiker und Kritiker, sondern auch auf ihre Fürsprecher zu, soweit sie sich mehr an dem simplifizierten »Doppelgänger« orientieren als an den entfalteten Theorien zur liberalen Pädagogik. Eine Apologie und Richtigstellung der Mißverständnisse scheint also im Lager ihrer Ablehner ebenso wie in dem ihrer Anhänger geboten zu sein. Das Scheitern bei der

Mitteilung als solches wird zwar nicht als Einwand gegen liberale Erziehung vorgebracht; die sich daraus ergebenden Irrtümer verleiten allerdings teilweise zu Einwänden, die unhaltbar sind, da sie am vermeintlichen Opponenten vorbeizielen.

Eine der Ursachen der Mißverständnisse um die »antiautoritäre« Erziehung ist sicherlich die bereits erwähnte Vielfalt der völlig uneinheitlichen Programme, die als antiautoritär bezeichnet wurden. Diese Vielfalt stiftet selbst bei näher Interessierten eine heillose Begriffsverwirrung (Paffrath 1972, S. 68). Vielen wird wohl auch nicht deutlich, daß ihre Zustimmung oder Ablehnung hinsichtlich des Antiautoritären allein noch nichts aussagt. Wem nicht bewußt ist, daß der Begriff »antiautoritär« mehr den Charakter eines massenmedialen Schlag- und Modeworts hat, das dringend erklärungsbedürftig ist, um überhaupt eine grobe Basis für Verständigung abzugeben, droht in einem Durcheinander von Appellen und Aussagen der verschiedensten Auffassungen unterzugehen.

Der Ausdruck »antiautoritär« weckt »Klischees, Vorurteile und dogmatische Fixierungen« (Breinbauer 1980, S. 302) und scheint bereits aufgrund seiner emotionalen Vorbelastung jedes Gespräch zu verstellen (Paffrath 1972, S. 68). Die Reaktionen der Eltern und Laienerzieher auf die kontroversen Meinungen und sich widersprechenden Ratschläge unterschiedlicher (vermeintlicher) Erziehungsexperten bestehen häufig darin, entweder die chaotische Informationsflut, wie denn nun zu erziehen sei, rigide nach dem unreflektierten intuitiven Ersteindruck zu selegieren oder sich tief verunsichern zu lassen und in der Erziehungspraxis zögerlich bzw. inkonsequent zu werden (vgl. Breinbauer 1980, S. 322).

6.1 Mißverständnisse der Kritiker

6.1.1 Extremisierende Auslegung zentraler Aussagen

Es gibt in der Pädagogik kaum ernsthaft diskussionswürdige Prinzipien, welche sich bei übertriebener praktischer Anwendung nicht selbst ad absurdum führen ließen. »Auch gute Grundsätze werden schlecht, wenn man ihren berechtigten Inhalt übertreibt, wenn man eine Teilwahrheit als Gesamtwahrheit ansieht und wenn man andere Grundsätze, die ebenso berechtigt sind, ausschließt« (Brezinka 1991b, S. 73). Viele Erziehungsprinzipien sind als eindimensionales Kontinuum darstellbar, dessen Pole durch theoretische Extrempositionen definiert sind. Diese Pole können als utopische Idealtypen in reiner Form bzw. bei permanenter Anwendung weder ein ernsthaftes Desiderat darstellen, noch sind sie in »reiner« Ausprägung praktizierbar (wie etwa Sprangers Grundstilpaare; Spranger 1955; vgl. Flitner 1982, S. 31; Weber 1978, S. 65ff.). An welchem Punkt im Mittelbereich auf diesen Kontinua jeweils das Optimum der Umsetzung des Prinzips anzusiedeln ist, darüber läßt sich allerdings streiten, und dazu nehmen verschiedene Erziehungskonzepte auch verschiedene Haltungen ein. Fordert ein neuer Denkansatz im Vergleich zur herrschenden Auffassung eine extreme Verwirklichung eines Erziehungsprinzips, so muß es seine Kritiker geradezu dazu reizen, die unterstellte »Unsinnigkeit« oder »Unmöglichkeit« des gegnerischen Standpunktes durch polemisch-karikaturhaftes Übertreiben in Richtung der einseitigen Pole »aufzuzeigen«. Dies geschieht bei der antiautoritären Erziehung nicht selten, einerseits aufgrund halb oder falsch verstandener Aussagen der Befürworter, andererseits als absichtlich angewandter rhetorischer Trick, um die Meinung des Widersachers der Lächerlichkeit preiszugeben. Dieser Mechanismus läuft dort ab, wo eine tendenzaufzeigende Behauptung oder Norm der antiautoritären Pädagogik durch Opponenten absolutgesetzt wird. Häufig ist diese übertreibende Auslegung in kursierenden authentischen oder fiktiven Geschichten wiederzufinden, die in etwa folgendes Grundmuster aufweisen: In der Straßenbahn tritt ein Kind fortwährend gegen das Bein einer älteren Dame, die sich offensichtlich nicht zur Wehr zu setzen weiß. Die Mutter des Kindes verteidigt ihr Nichteinschreiten stolz mit dem Hinweis auf ihre antiautoritäre Einstellung, worauf ein Passant mit der Bemerkung »Auch ich bin antiautoritär erzogen!« beherzt gegen das Bein der Mutter tritt.

Auch von den Studierenden des Fachs Pädagogik in der Augsburger Erhebung wurden solche Absolutsetzungen wie »keine Zwänge«, »keine Regeln«, »ohne jegliche Lenkung«, »absolute Freiheit«, »ohne jegliche Bestrafung« und »alles ist erlaubt« benützt, um die antiautoritäre Erziehungspraxis zu beschreiben. Der Kenntnisstand zur antiautoritären Erziehung kann bei 47% der Befragten mit *detailliert*, bei 36% mit *elementar vorhanden* und bei 17% mit *nicht vorhanden* bezeichnet werden.

Ähnlich extremisierende Polarisierungen werden in kontroversen Diskussionen durch »Begriffsfallen« aufgebaut (Fend 1984, S. 254; Watzlawick 1986, S. 82). Dies geschieht dann, wenn ein Diskussionsteilnehmer seinen Kontrahenten durch die Wahl semantisch positiv besetzter Begriffe zur Beschreibung des eigenen Standpunktes zu falschen Alternativen drängt. Werden z.B. im Neokonservatismus »Fleiß, Ordnung, Sauberkeit, Höflichkeit als Tugenden betont, dann kann eine kritische Position selbstverständlich nicht darin bestehen, Faulheit, Unordnung, Schlampigkeit und Unverschämtheit zu propagieren« (Fend 1984, S. 254; vgl. Wieck 1992, S. 166, 294). Eine typische Begriffsfalle ist bereits durch den Terminus »antiautoritäre Erziehung« aufgestellt: Gegen antiautoritäre Erziehung zu sein bedeutet nicht automatisch, für autoritäre Erziehung zu plädieren. Die begriffliche Suggestion, es gäbe nur eine Alternative, blockiert den Gedanken an die Mittelposition einer »nichtautoritären« Erziehung.

Im folgenden sollen zwei von den Kritikern übertrieben dargestellte Aussagen der liberalen Pädagogik näher betrachtet werden: die angeblich geforderte grenzenlose Freiheit für Kinder und Jugendliche und die Gleichsetzung liberaler Erziehungsauffassungen mit einer Laissez-faire-Haltung gegenüber den Zu-Erziehenden.

Der Mythos von der grenzenlosen Freiheit: Einer der Kerngedanken liberaler Erziehung ist es, die Freiheit von Kindern nicht »unnötig« einzuschränken. Mit der Entscheidung darüber, wann eine Notwendigkeit zur Einschränkung vorliegt, geht der liberal Erziehende sehr behutsam um. Das bedeutet dennoch keinen absoluten, sondern einen möglichst weit gehenden Verzicht auf negative Sanktionen, Disziplinarmaßnahmen und Lenkung (Ammen 1971, S. 802). Dieser Standpunkt gilt im allgemeinen als nicht unvernünftig. Zumindest wird er auch von Pädagogen geteilt, die keineswegs dem Kreis antiautoritär Eingestellter zuzurechnen sind (z.B. Domke 1991; Rauschenberger 1984, S. 210).

Diese Haltung gegenüber dem Freiheitsprinzip in der Erziehung wird von Gegnern z.B. folgendermaßen extremisiert: Antiautoritäre Erziehung »wollte dem Kind möglichst keine Grenzen setzen, sondern es in *völliger* Freiheit und *ohne* Zwänge aufwachsen lassen« (Schule aktuell, Nr. 2, April 1994, S. 3; Hervorhebung: P.L.). Das Schlagwort von der *Absenz von Grenzen* scheint im allgemeinen Bewußtsein geradezu als Identifikationspunkt der antiautoritären Erziehung zu gelten. In der Augsburger Erhebung wurde es von 10% der Befragten bei der Beantwortung einer offenen Frage nach der Kurzcharakterisierung der antiautoritären Erziehung angegeben.

»Die Geschichte von Summerhill ist die Geschichte eines millionenfachen Mißverständnisses« (Hammelmann/Steele 1991, S. 110). Von *grenzenloser* Freiheit war dort nie die Rede. »Frei« in einer »freien Schule ... bedeutet nicht, daß man frei dazu ist, alles zu tun, was einem gefällt, oder daß es völlig an formalen Strukturen für die eigene Lebensführung mangelt« (Lamb 1994, S. 29; Zumkley-Münkel 1984, S. 85). Auch in antiautoritären Schulen gibt es Regeln und Gesetze. Regelmäßig wird in Summerhill eine lange Paragraphenliste von der Schulversammlung, also durch die Schüler selbst, demokratisch verabschiedet. Die Einhaltung dieser Regeln des Zusammenlebens wird überwacht und ihre Übertretung bestraft (z.B. strenge Schlafenszeiten, die je nach Alter der Kinder gestaffelt sind; Appleton 1991, S. 11; Nagata 1990). Studenten der Universität Augsburg waren verblüfft, bei einer Exkursion in Summerhill 1993 auf eine ausgehängte sechsseitige Hausordnung zu stoßen (Etterer/Ferstl 1993, S. 3). Die Summerhillianer machen also sehr wohl Erfahrungen mit der Anpassung an vorgegebene Gesetze (Ammen 1971, S. 802f.; Neill 1985b, S. 117; Rollin 1992, S. 53; Segefjord 1971, S. 15, 26f.; Weber 1974, S. 311f.; Nagata in diesem Band). Im Dezember 1994 waren 190 (!) solcher Gesetze gültig. Diese sind zwar teilweise von der Schulgemeinschaft, also vor allem von den Schülern selbst mehrheitsdemokratisch erlassen; allerdings heißt das nicht, daß jeder einzelne, für den die Regeln verbindlich sind, ihnen auch zugestimmt hat. Auch die Schulleitung setzt bisweilen Grenzen, ohne die Billigung der Schüler abzuwarten. Neill plädiert z.B. dafür, Kindern bestimmte Fernsehfilme vorzuenthalten: »Ich glaube nicht, daß es zweckmäßig ist, kleine Kinder mit all der krankhaften Perversität zu konfrontieren, die wir Unterhaltung nennen ... Es gibt gewisse Dinge, die man ablehnen und vor denen man sich und andere schützen muß« (persönliche Mitteilung, zit. nach Segefjord 1971, S. 73; vgl. Neill 1985b, S. 9f.). Sogar der Titel eines der Bücher Neills (1966) signalisiert die ablehnende Haltung des Autors gegenüber der totalen Freiheit: »Freedom – not license!« (»Freiheit – nicht Zügellosigkeit«).

Auch von Schoenebeck setzt trotz seiner »antipädagogischen« Haltung Grenzen. Ritter und Ritter beschäftigten sich ausdrücklich »mit den Grenzen der Freiheit, um in Diskussionen nicht als Vertreter der Idee der ›absoluten Freiheit‹ abgestempelt zu werden. Diesen Trick wenden nämlich unsere Gegner an, um die Dinge zu vereinfachen und unsere Haltung von vornherein ablehnen zu können« (Ritter/Ritter 1983, S. 133). Bereits Bertrand Russell schrieb über seine freie Schule »Beacon Hill«: »Törichte Leute, und vor allem Journalisten auf der Suche nach Sensationen, hatten behauptet oder geglaubt, wir träten für eine völlige Abwesenheit aller Beschränkungen und Zwänge ein« (1968, S. 220).

Es ist für praktische Zwecke völlig irrelevant, zu betonen, eine »absolute, schrankenlose Freiheit« für die Entwicklung von Kindern für gefährlich zu halten, weil eine solche im wörtlichen Sinn ohnehin nur auf dem Papier vertreten werden könnte. In einer subjektiven Welt der schrankenlosen Freiheit zu leben würde voraussetzen, sich nichts jenseits des Möglichen oder Erlaubten vorstellen oder wünschen zu können. Niemand wird den dazu notwendigen Grad an Phantasielosigkeit besitzen. Insofern erscheint es unnötig in einer Welt, die genügend »Grenzerfahrung« ermöglicht, aus *erzieherischen* Gründen zusätzliche, künstliche Grenzen für Kinder um ihrer selbst willen einzuführen.

Gleichsetzung von Liberalität mit dem Laissez-faire-Umgang: Ein weiteres Beispiel für das irrtümliche Absolutsetzen von liberalen Erziehungspostulaten ist die propagierte Zurückhaltung des Erziehers gegenüber dem eigenen Eingreifen, woraus die Kritiker ein *totales* Unterlassen *jeglicher* Einflußnahme machen (Pauly 1994, S. 128f.). Dies führt dazu, liberale Erziehung mit einer Nicht-Erziehung bzw. einem Laissez-faire-Umgang gleichzusetzen (bei der Augsburger Erhebung von ca. 10% der Befragten angegeben; vgl. auch Baumann 1988, S. 68; Huisken 1991, S. 54).

Etliche Untersuchungen belegen negative Auswirkungen einer elterlichen »Laissez-faire-Haltung« auf Kinder. Diese Haltung wird als eine der Ursachen für Aggressivität gesehen. Die Folgen von extrem autoritärem bzw. laissez-faire-haftem Verhalten scheinen ähnlich zu sein. So weist Moser (1987) beispielsweise »deviantes Verhalten« als Konsequenz sowohl von stark autoritärem als auch von lenkungsfreiem Verhalten der Eltern aus. Bisweilen wird laissez-faire-haftes Verhalten als schlimmer eingeschätzt als repressives. Denn »von ganz offensichtlich ›schlechten‹ Eltern können sich (Jugendliche) vielleicht eines Tages befreien. Gegen die Uninteressiertheit, gegen die affektive Abwesenheit von Erwachsenen jedoch ... können (sie) sich nicht zur Wehr setzen. Denn sie ist wie Watte« (Zimmer 1995, S. 25).

Eine theoretische Auseinandersetzung mit dem Laissez-faire-Umgang wird dadurch erschwert, daß dieser (aus dem wirtschaftsliberalistischen Motto »laisser faire, laisser aller« entlehnte) Begriff in der Pädagogik lediglich im abwertenden Sinne gebraucht wird. Es gibt also keine Repräsentanten, welche ein konkretes Konzept unter der Bezeichnung »Laissez-faire-Pädagogik« vorgelegt hätten. Die Bedeutungsauslegung geht von »planloser Passivität« des Erziehenden über »Gleichgültigkeit« bis zur psychischen oder physischen »Verwahrlosung«. Deshalb ist bei der Interpretation von Befunden zum Laissez-faire-Umgang Vorsicht geboten, wenn keine klaren Begriffsbestimmungen mitgeliefert werden.

Der »Laissez-faire«-Vorwurf bezieht sich bestenfalls auf ein einziges Merkmal der liberalen Haltung, das positiv ausgedrückt mit »relativer Lenkungszurückhaltung« umschrieben werden könnte. Die antiautoritäre Erziehung ist hingegen – wie jede andere Erziehungsform auch – ein komplexes Geflecht vieler Dimensionen (Caesar 1972, S. 51f.; Macha 1994, S. 174; Zumkley-Münkel 1984, S. 89). Es wäre abwegig, das Kriterium »Lenkungsarmut« allein als ausreichende Bedingung anzusehen, um von antiautoritärer Erziehung zu sprechen. Dies würde bedeuten, der Scheinlogik zu folgen: »Alle Athener sind sterblich, und alle Kreter sind sterblich. Also sind alle Kreter Athener.« Lenkungsarmut wird als pädagogische Forderung ad absurdum geführt, wenn sie zum einzigen Qualitätskriterium für gelungene Erziehung erklärt wird. Denn auch sogenannte »Wolfskinder« (z.B. Weber 1977, S. 20) oder verwahrloste Straßenkinder wachsen lenkungsfrei auf, ohne daß man bei ihnen von liberal erzogenen Kindern spricht.

Die Gleichsetzung von »liberal« und »laissez-faire« im Sinne von »sich nicht kümmern« ist inhaltlich nicht zu rechtfertigen. Bereits Kurt Lewin unterschied zwischen »laissez-faire«, »demokratisch« (im Sinne von »liberal«) und »autoritär« (ähnlich Dreikurs/Cassel 1991, S. 70) und stellte damit »laissez-faire« und »liberal« nicht gleich, sondern gegenüber. Neill jedenfalls kann schwerlich vorgeworfen werden, sich nicht um die ihm anvertrauten Kinder gekümmert zu haben (Lamb 1992, S. 11). Etliche Berichte »antiautoritärer« Eltern zeugen von ihrem hohen erzieherischen Einsatz (Alexander 1983, S. 51; Häsing/Brandes 1983). Eltern, die aus Energie- oder Zeitmangel aufgrund der von außen diktierten Lebensbedingungen oder wegen des »rat race«, der übertriebenen »Jagd« nach materiellem Wohlstand (v. Hentig 1993, S. 188), sich nicht genügend um ihre Kinder kümmern, mögen dies mit dem Deckmantel ihrer (angeblich) »antiautoritären« Einstellung ideologisch rechtfertigen. Dieser Etikettenschwindel macht ein solches Verhalten noch lange nicht zu einer bewußt reflektierten (liberalen) *Erziehung*. Extreme Formen der Nicht-Erziehung, die einer psychisch-physischen Vernachlässigung von Kindern im Sinne einer unzureichenden Förderung, Beaufsichtigung und Pflege gleichkommen, fallen unter den Begriff »Kindesmißhandlung« (Engfer 1992, S. 165, 169). Sie stellen keine Form der Erziehung und damit auch keiner *freien* Erziehung dar. Um dies zu begründen, bedarf es keiner subtilen Auseinandersetzung mit einem wie auch immer definierten präskriptiven Erziehungsbegriff, sondern nur der schlichten Feststellung, daß solche Formen von Vernachlässigung nicht bewußt und reflektiert im Sinne der Erziehung als einer absichtlichen Lernhilfe gewählt werden.

6.1.2 Der pejorative Erziehungsbegriff

Ein weiteres letztlich wenig überzeugendes Argument ist es, die liberale bzw. antiautoritäre Erziehung abzulehnen, weil es sich dabei um *Erziehung* handelt, die als solche total und prinzipiell zu verdammen ist (Baumann 1988, S. 68; v. Braunmühl 1975, S. 237; 1992; Flitner 1982, S. 36f.; Rauschenberger 1984, S. 213; v. Schoenebeck 1982; 1992). Prototypisch für diese Auffassung soll insbesondere die Argumentation der Antipädagogen betrachtet werden, da diese sich dem Schlachtruf »We don't need no education!« (Pink Floyd 1979; vgl. Oelkers/Lehmann 1983, S. 4) im Unterschied zu anderen, die ähnlich denken, explizit und detailliert begründet verschrieben haben.

Neill plädiert für *freie* Erziehung, während andere nominal für einen erziehungs*freien* Umgang mit Kindern eintreten. Mit letzterer Forderung wird also nicht nur das »Wie« der Erziehung, sondern auch das »Ob« zur Disposition gestellt; und zwar sowohl in bezug auf ihre moralische Berechtigung (von der Antipädagogik seit Mitte der 70er Jahre) als auch in bezug auf ihre gegenwärtige Notwendigkeit und Möglichkeit (von der postmodernen Pädagogik seit Mitte der 80er Jahre).

Beide, die Antipädagogik und die postmoderne Pädagogik führen mit ihrer These vom »Ende der Erziehung« vor, daß häufig das »Sensationelle in der Verstümmelung des Grundbegriffs ›Erziehung‹ liegt« (Domke 1987, S. 13). Viel ist schon deshalb aneinander vorbeigeredet worden, weil die Gesprächspartner von verschiedenen Erziehungsbegriffen ausgegangen sind (März 1993, S. 185). Der Antipädagoge von Schoenebeck (1982, S. 55f.) engt den Bedeutungsinhalt des Terminus »Erziehung« in Richtung der »Schwarzen Pädagogik« ein (Domke 1987, S. 26; Rutschky 1977). Damit unterscheidet sich seine Definition wesentlich vom allgemein gängigen deskriptiven Erziehungsbegriff im Sinne desjenigen Teilbereichs der Sozialisation, der absichtliche Lernhilfen umfaßt (z.B. Brezinka 1964, S. 193f.; Schmidt 1989, S. 193).

Es ist kein Zufall, daß eine *Gegen*pädagogik im deutschen Sprachraum entwickelt wurde, wo das Wort »Erziehung« etymologisch im Sinne von »ziehen« oder »Zucht« negativ vorbelastet und damit für die gegenwärtige pädagogische Praxis nicht mehr sehr glücklich und treffend gewählt erscheint. Angelsächsische und romanische Sprachen leiten ihr Wort für »Erziehung« aus dem lateinischen »educare« (herausführen) ab, was mit positiveren Assoziationen einhergeht und einen weit unbefangeneren Wortgebrauch in der Alltags- und Fachsprache zuläßt (vgl. Flitner 1982, S. 114).

Es ist relativ einfach, aufzuzeigen, daß der antipädagogische »Ersatz« für Erziehung, die »Unterstützung von Kindern«, nichts anderes ist als das, was die Erziehungswissenschaft mit »Erziehung« bzw. präziser mit »ergänzender Erziehung« bezeichnet (Domke 1991, S. 51f.; Flitner 1982, S. 47f.; Oelkers 1995, S. 13). Werden Sozialisationseinflüsse im Hinblick auf die Förderung von Kindern (z.B. die Wahl des Wohnortes) absichtlich ausgesucht oder versucht sich ein Erwachsener so zu verhalten, daß es dem Lernen von Kindern entgegenkommt (z.B. komplizierte Begriffe etwas langsamer aussprechen, damit Kinder sie besser aufnehmen können), so wird schon erzogen. Auch die Anerkennung der kindlichen Autonomie durch Unterlassung bestimmter Handlungen mit dem Ziel, Kindern dadurch z.B. zu befürchtende Persönlichkeitsdeformationen zu ersparen und sie damit in ihrer Entwicklung zu fördern, ist eine absichtlich gewährte Lernhilfe und damit bereits Erziehung (vgl. auch Schmidt 1989, S. 195). Absichtlichkeit hängt eng mit Bewußtheit zusammen. Ist man sich seines Verhaltens und seiner Folgen bewußt, kann man es nicht mehr völlig frei von Absichtlichkeit weiterführen oder unterlassen (vgl. Ludwig 1991, S. 72). Die antipädagogische »Nicht-Erziehung« erweist sich bei näherer Betrachtung »nur als eine wenig überzeugende, krampfhaft verklausulierte und uminterpretierte, libertinär-permissive Erziehung« (Weber 1995, S. 218).

Jegliche Erziehung einzustellen ist eine unmögliche und damit eine sinnleere Forderung, da sie der Anweisung gleichkäme, das Denken in bezug auf die Entwicklung von Kindern zu eliminieren. Die Antipädagogen fordern, pädagogische Intentionen und Ambitionen abzulegen (Schmidt 1989, S. 203). Dem nachkommen zu wollen hieße, das Bewußtsein auszuschalten. »Die Forderung, man solle auf Erziehung verzichten, ist kein Desiderat, dem man sich anschließen oder nicht anschließen kann; denn sie ist ohne Wirklichkeit« (Rauschenberger 1984, S. 210). Die Antipädagogik verhält sich damit ähnlich wie der schlichte (authentische) Zeitgenosse, der seiner Abneigung gegenüber der Nutzung von Nuklearenergie mit den Worten »Ich bin auch gegen Atome!« Ausdruck verleihen wollte. Vermutlich verbirgt sich hinter der reißerisch vorgetragenen paradoxen Aufforderung eigentlich keine pauschale Ablehnung sämtlicher Erziehungsprozesse, sondern lediglich eine Zurückweisung bestimmter Erziehungsziele und -mittel. »Der Vorwurf, das Ende der Erziehung sei gekommen, ist einfach dumm. Wir sind nämlich eigentlich erst am Anfang« (v. Finckenstein 1995).

6.2 *Mißverständnisse der Befürworter*

6.2.1 *Extremisierende Umsetzungsversuche zentraler Überlegungen*

Mißverständnisse durch Radikalisierung oder gar Absolutsetzung von liberalen Kernüberlegungen tauchen nicht nur bei Streitern gegen liberale Pädagogik, sondern auch bei deren Advokaten auf. Während solche Extremisierungen bei den Ablehnern lediglich in Gegenargumenten bei theoretischen Auseinandersetzungen Verwendung finden, sind die Folgen bei den Befürwortern umfassender und schwerwiegender, soweit diese tatsächlich versuchen, universalistisch mißverstandene normative Forderungen praktisch umzusetzen (Fend 1984, S. 260; Myhre 1991, S. 35). Entweder enden solche mißverstandenen Versuche »antiautoritärer« oder »entpädagogisierter« Erziehung in Enttäuschung, Resignation und deshalb in Ablehnung und letztlich in der Rückkehr zu lenkenderen (autoritären) Methoden (»Ich habe ja gesehen, es funktioniert nicht!«) oder in einer Dauerstreßsituation für Eltern *und* Kinder (Fend 1984, S. 220f., 224; Flitner 1982, S. 100; Pauly 1994, S. 125; Rückriem 1991, S. 7).

Die folgende Auflistung solcher Mißverständnisse ist authentischen Argumenten nachempfunden, wie sie in Fach- aber auch Laien-Diskussionen über Erziehungsfragen vorgebracht werden. Gewisse inhaltliche Überschneidungen sind bei ihrer Darstellung deshalb nicht völlig vermeidbar.

Leugnung des Überlegenheitsgefälles zwischen Erwachsenen und Kindern: Manche vermeintliche Befürworter »liberaler« Einstellungen sind der Ansicht, daß Erwachsene Kindern nicht (mehr) grundsätzlich überlegen sind (vgl. Fend 1984, S. 221, 260f.). Diese Behauptung mag auf gewagten Deutungen von Aussagen wie dem angeblichen »Verschwinden der Erwachsenen« basieren (vgl. Giesecke 1985). Eine solche Ansicht hat erstens nichts mit antiautoritärer Einstellung gemeinsam, verkennt zweitens anthropologische Gegebenheiten und kann drittens zu bedenklichen Konsequenzen für Kinder führen.

Eltern befinden sich im Verhältnis zu ihren Kindern schon immer in einer weitgehend überlegenen Position. Das ist auch neuerdings nicht prinzipiell anders geworden. Erwachsene sind in den meisten entscheidenden Lebensbereichen um so überlegener, je jünger die Kinder sind. Sie sind es in physischer und materieller, aber auch in psychischer Hinsicht. Sie verfügen über mehr Macht, Wissen, Erfahrung und Sanktionsmittel (Domke 1991, S. 41; Netzer 1972, S. 59). Kleinkinder befinden sich in einer *extremen* Abhängigkeit, die »zunächst nun einmal naturgegeben ist« (Flitner 1982, S. 40; vgl. Weber 1994, S. 389). Daran ändern grundsätzlich weder die oft zitierte Aufzählung von Kompetenzen, die bei Kindern stärker ausgeprägt zu sein scheinen als bei Erwachsenen, wie z.B. Phantasie und Spontaneität, etwas noch die Versuche mancher Eltern, »ihr Erwachsensein an der Garderobe« abzugeben (Zimmer 1995, S. 24). Auch ist die Charakterisierung jüngster gesellschaftlicher Entwicklungen in Richtung auf die »Einebnung des Generationenabstands« durch »Absenkung des Erwachsenenstatus« oder das »Verschwinden der Kindheit« und die Infantilisierung der Erwachsenenwelt infolge der für alle gleich zugänglichen simplifizierenden Massenmedien nicht uneingeschränkt gültig (Postman 1983; Wünsche 1985; vgl. Kritik von Domke 1987, S. 22; Weber 1995, S. 186ff, 215ff.). Drastisch wird diese Überlegenheit durch traurige Beispiele ihres extremen Mißbrauchs deutlich; z.B. durch die erschreckend hohe Zahl von Kindesmißhandlungen durch Eltern.

Das Überlegenheitsgefälle nachdrücklich festzustellen ist keineswegs Ausdruck von Eitelkeit oder Arroganz der Erwachsenenwelt. Auch verliert diese Feststellung ihre scheinbare Trivialität, wenn das Bewußtsein der eigenen Überlegenheit als eine entscheidende Voraussetzung dafür identifiziert wird, den Mißbrauch der damit verbundenen Macht zu verhindern und Kindern den notwendigen Schutzraum zu gewähren (vgl. Oelkers/Lehmann 1983, S. 81f.). Diejenigen Mächtigen, welche nicht einmal sich selbst gegenüber eingestehen wollen, Einfluß zu besitzen, stehen häufig nicht zu Unrecht im Verdacht, Machtmißbrauch (subtiler Art) zu betreiben. Erst das Wissen über das eigene Einflußpotential ermöglicht es, verantwortungsvoll damit umzugehen oder auf seinen Gebrauch zu verzichten.

Aus der naturgegebenen Überlegenheit der Eltern gegenüber ihren Kindern ist allerdings keineswegs die Berechtigung abzuleiten, die daraus resultierende Vormachtstellung fortwährend ausspielen zu dürfen. Mit dem Zuwachs an eigenen Einflußmöglichkeiten, Kompetenzen und Fähigkeiten sollte eigentlich auch die Toleranz gegenüber denjenigen zunehmen, die in ihrer Entwicklung (noch) weniger weit fortgeschritten sind. (Die Lebenspraxis zeigt, daß dies häufig nicht der Fall ist.) Erst wenn man sich der eigenen Privilegien bewußt ist, kann man die Einstellung souveräner Zurückhaltung einnehmen und im Verhalten realisieren. Diese Zurückhaltung ist eine Bedingung liberaler Erziehung.

Kinder haben ein Recht auf eine gewisse altersbedingte »Unvernunft« und »Narrenfreiheit«. Ihnen ist zuzugestehen, mit Ansichten zu spielen und Meinungen »probehalber« zu vertreten. Kinder sollen von den Eltern als Personen ernst genommen werden. Das schließt aber nicht aus, daß die elterlichen Reaktionen auf Äußerungen der Kinder an ihrem Entwicklungsstand relativiert werden. Das in der Regel akzeptierte »Du«, mit dem kleine Kinder alle Erwachsenen ansprechen (dürfen), ist ein harmloses Beispiel dafür. Es wäre entwicklungshemmend und grotesk, wenn Erwachsene Kinder wie ihresgleichen behandeln würden und demnach Verhaltensweisen bzw. Äußerungen der Kinder permanent mit ihren implizierten Konsequenzen konfrontieren würden. In Summerhill werden beispielsweise sämtliche erlassenen Regeln in fast verläßlich regelmäßigen Abständen, ca. alle zwei Jahre, von der Schulversammlung außer Kraft gesetzt. Dies wird von der Schulleitung zurückhaltend akzeptiert, aus Erfahrung wohl wissend, daß die Schüler durch eigene Einsicht selbst nach kurzer Zeit zu einer gewissen Regelung ihres Zusammenlebens zurückkehren werden.

Das Bewußtsein der eigenen Überlegenheit ist in der Erziehung wichtig, weil die Behandlung von faktisch unterlegenen Kindern als gleichrangig ebenso zu belastenden Situationen führen kann wie die Behandlung faktisch Gleichrangiger als Unterlegene: Diejenigen Erzieher, die ihre eigene Überlegenheit nicht erkennen (wollen), laufen Gefahr, die notwendige altersangemessene Rücksicht und damit Fairneß nicht aufzubringen und dadurch Kinder zu überfordern. Die bewußte Zurückhaltung aufgrund der Einsicht in die eigene Überlegenheit ermöglicht es dem Erzieher, auch in heftigen Auseinandersetzungen mit Kindern die notwendige Haltung einer gewissen *emotionalen Distanziertheit* zum Streitpunkt (nicht zum Kind!) einnehmen zu können, anstatt sich dem Sog der Betroffenheit und Involviertheit durch Identifikation mit dem strittigen Thema hinzugeben und sich damit im oberflächlichen »Kleingestrüpp« des Streits zu verlieren. Der Verlust der emotionalen Distanziertheit kann dazu führen, unverhältnismäßig heftig zu reagieren und damit die Verantwortung der Erzieherrolle aufzugeben. Wenn Kinder beispielsweise hartnäckig auf ihrer (und sei es objektiv falschen) Meinung beharren, ist es im Grunde überflüssig, Diskussionen bis zur »Irrtumseinsicht« des Kindes weiterzutreiben. Es gilt, die Haltung der Gelassenheit und relativen Distanziertheit zu bewahren und vertrauensvoll auf spätere Vernunft zu setzen, anstatt »die Wahrheit« rechthaberisch auf jeden Fall bis zur Aufgabe des Widerstandes des Kindes durchsetzen zu wollen. Der Klügere kann bekannterweise nachgeben. Rauschenberger hat in solchen Auseinandersetzungen häufig beobachtet, daß »die Kinder trotz ihres erfolgten Widerspruchs schließlich anfingen, die gewünschte Regel zu erproben. Eines Tages fiel mir auf, daß genau derselbe Prozeß auch auf mich selbst zutrifft. Auch ich bin froh, wenn ich nicht bei jedem Widerspruch sofort ertappt und belangt werde, sondern die Möglichkeit erhalte, mich damit auseinanderzusetzen, damit ich mich am Ende des Prozesses selber ändern kann« (1984, S. 220). Oft geht es den Kindern in derartigen Diskussionen gar nicht um die Sache, sondern um Durchsetzung, Anerkennung oder Machtproben; kurz, um soziale Beziehungsklärung. Der sich »vornehm« in Zurückhaltung Übende ist auch gelegentlich in der Lage, einem sub-optimalen Lösungsvorschlag des anderen um der Beziehung willen zuzustimmen. Denn die Haltung der emotionalen Distanziertheit ermöglicht auch den Verzicht darauf, die eigene Stärke oder äußere Überlegenheit ständig in (teils unwürdigen) Formen der Selbstdarstellung unter Beweis zu stellen.

Die gesamte Theorie und Praxis Neills repräsentiert diese Art von Rücksichtnahme und die Betrachtung der Kinder *als Kinder*. Das steht nicht im Widerspruch zur antiautoritären Forderung der weitgehenden Gewährung von Selbstbestimmung. Im Gegenteil: Gerade die Tatsache, daß Neill zeitlebens um mehr Toleranz und Selbstbestimmung geworben hat, zeigt, daß er sich der im Positiven konstruktiven bzw. im Negativen destruktiven Vormachtstellung und Überlegenheit des Erziehenden sehr wohl bewußt war.

Modellhaftigkeit von Beziehungen zwischen Erwachsenen für das erzieherische Verhältnis: Die in der Regel erziehungsfreie soziale Beziehung unter Erwachsenen wird von manchen angeblich »Liberalen« als Vorbild für den Umgang zwischen Erwachsenen und Kindern gepriesen. So wird etwa vorgeschlagen, das Ausmaß der Freizügigkeit, welches Kindern im erzieherischen Verhältnis zuzugestehen ist, grundsätzlich an der Freizügigkeit zu messen, welche Erwachsene sich im herrschaftsfreien und verantwortungsarmen privaten Kontakt untereinander gewähren. Dieses normative Argument steht in engem Zusammenhang mit der Leugnung des Überlegenheitsgefälles als eines Versuchs der Wirklichkeitsbeschreibung. Von Schoenebeck (1982, S. 148f.) ist z.B. der Ansicht, daß sich Erzieher im Prinzip nicht einzumischen haben, wenn Kinder Zigaretten, Alkohol oder Drogen konsumieren, *weil* man sich bei erwachsenen Freunden diesbezüglich auch nicht einmischen würde (vielleicht abgesehen von der unverbindlichen Äußerung der eigenen Meinung dazu). Unabhängig von der Frage, ob auch in diesen Bereichen Freizügigkeit herrschen sollte und ob gegebenenfalls überhaupt wirksame Möglichkeiten der Gegensteuerung zu finden sind (vgl. auch Ritter/Ritter 1983, S. 291–294; Segefjord 1971, S. 72f.), geht es im vorliegenden Zusammenhang nur um die erläuterte *Begründung* der vorgeschlagenen Freizügigkeit.

Die Ausrichtung der Eltern-Kind-Beziehung an der Beziehung zwischen erwachsenen Freunden mag in Einzelfällen zur Identifikation überflüssiger Machtgebärden hilfreich sein (Ritter/Ritter 1983, S. 135f.). Eine *grundsätzliche* Vergleichbarkeit beider Beziehungsformen ist damit aber noch nicht gegeben. Die Sinnhaftigkeit eines solchen Vergleichs ist deshalb in jedem individuellen Fall zu überprüfen.

Flitner relativiert die behauptete Modellhaftigkeit der Erwachsenenbeziehungen für das erzieherische Verhältnis, indem er feststellt, daß »auch die Analogie zwischen dem therapeutischen Verhältnis und der pädagogischen Beziehung nur ein Stück weit« trägt, da das Arzt-Patient-Verhältnis nicht ausschließlich durch Symmetrie gekennzeichnet ist (Flitner 1982, S. 40). Darüber hinaus ist zu fragen, ob die glorifizierend gepriesene Erwachsenenbeziehung mit ihrem ungeschriebenen »Nicht-Einmischungspakt« in jeder Situation eigentlich moralisch zu rechtfertigen ist (angesichts des bedenklichen Verhaltens so mancher Erwachsener). Wir haben rechtlich davon auszugehen, daß Erwachsene wissen, was sie tun. Ob dies tatsächlich der Fall ist, läßt sich häufig anzweifeln. Wenn Erwachsene schweigend mit ansehen, wie ihre (erwachsenen) Freunde wider besseres Wissen im Begriff sind, großes Leid über sich und ihre Familien durch exzessiven Alkohol- oder Zigarettenkonsum zu bringen, ist das oft weniger Ausdruck von Toleranz und Respekt vor der persönlichen Freiheit des anderen, sondern vielmehr Ausdruck der Scheu vor einer unangenehmen Auseinandersetzung. Es ist fraglich, ob der Wert des freiheitlichen Stillhalteabkommens unter Erwachsenen in solchen Fällen mit den eingegangenen Risiken des anderen aufgewogen werden kann.

Verzicht auf jeglichen Einsatz von Macht: Während das zuletzt diskutierte Mißverständnis darin besteht anzunehmen, es gäbe *faktisch* kein Überlegenheitsgefälle zwischen Erwachsenen und Kindern, meinen andere, vermeintlich »liberal« Eingestellte, daß es in der Erziehung keine Ausübung von Macht und Herrschaft geben *solle*. Diese Ansicht basiert meist auf der Einstellung, jede Form von Macht oder Beeinflussung unterschiedslos für anrüchige Manipulation zu halten (vgl. Fend 1984, S. 236f.; v. Schoenebeck 1982, S. 108f.).

Totaler und konsequenter Verzicht auf Macht und Herrschaft um jeden Preis ist eine illusorische Forderung, vor allem in der Kleinkinderziehung, soweit verbale Argumente als geeignetes Mittel der Kommunikation noch ausscheiden. Selbst die Antipädagogen kommen nicht völlig ohne Herrschaft, sogar manchmal nicht ohne Gewalt aus (v. Schoenebeck 1982, S. 104f, 116). Auch A.S. Neill übte Macht aus. Sein Verhalten, nicht alles der individuellen bzw. kollektiven Selbstbestimmung der Schüler zu überlassen oder in extremen (und seltenen) Einzelfällen, Kinder von der Schule zu verweisen (wie andere Schulleiter das auch tun), ist eindeutig Machtausübung (Appleton 1991, S. 12; Segefjord 1971, S. 18; Volmer 1990, S. 50ff.).

Die Bandbreite der Akzeptanz von Herrschaftsausübung in der Erziehung scheint immer noch recht groß zu sein. Gemäß der Erziehungsratgeber-Kolumne einer Boulevard-Zeitschrift sei es falsch, »sich mit Kindern im Grundschulalter auf Diskussionen über Anordnungen einzulassen. ›Weil ich das so möchte‹ muß als Begründung genügen. Je *demokratischer* Eltern sich in frühen Jahren verhalten, desto fordernder werden die Sprößlinge« (Funk-Uhr vom 11. 6. 1993, S. 18, Hervorhebung: P.L.). Eine solche als völlig unbedenklich empfohlene Erziehung zur Unterwürfigkeit mutet nach den jüngeren zeitgeschichtlichen Erfahrungen mit den fatalen Folgen blinden Gehorsams und kritikloser, irrationaler Autoritätsgläubigkeit merkwürdig an (vgl. Brückner 1984; Scarbath 1992, S. 162; Schurz 1985b, S. 20f.; Schurz/Huemer 1990). So falsch es ist, Herrschaftsausübung als grundsätzlich bedenkenlos zu vertreten, so unrealistisch ist es, darauf strikt und grundsätzlich verzichten zu wollen. »Zuweilen müssen berechtigte Forderungen gegen den Willen und gegen die Einsicht« (Domke 1991, S. 42) der Kinder durchgesetzt werden (vgl. Fend 1984, S. 237, 251; Weber 1974, S. 298f.). Selbst das Ausspielen der eigenen physischen Macht (z.B. das Kind gegen seinen Willen aus einer gefährlichen Situation entfernen) kann in Einzelfällen gerechtfertigt bzw. unvermeidbar sein. Durch Beachtung bestimmter Kommunikationsregeln kann das Risiko der ungewollten negativen Nebenwirkungen von notwendiger Machtausübung minimiert werden (z.B. Domke 1991, S. 43).

Von Schoenebeck (1982) behauptet, die innere Haltung des Erwachsenen sei der wesentliche Unterschied zwischen abzulehnender bzw. akzeptabler Herrschaftsausübung. Die innere Haltung kann jedoch keinesfalls das entscheidende diskriminierende Kriterium sein; sonst wäre auch das Verhalten von »wohlwollenden« Erziehungstyrannen grundsätzlich zu billigen, solange ihre Repressionen gegen Kinder von subjektiv

»edler« Gesinnung getragen sind. Nicht die innere Haltung ist letztlich dafür ausschlaggebend, ob ein Elternteil autoritär oder liberal erzieht, sondern inwiefern sich seine Einstellung in konkretem Verhalten widerspiegelt. Ob man sich mit Herrschaftsausübung mehr Schaden als Nutzen einhandelt, ist in erster Linie eine Frage der Häufigkeit und Intensität eines solchen Verhaltens und eine Frage des Beziehungsgefüges zwischen Eltern und Kindern sowie des gesamten Klimas, das ihr Zusammenleben prägt.

Nachgeben um jeden Preis: Der eiserne Vorsatz, auf keinen Fall autoritär und repressiv sein zu wollen, läßt manche Eltern zu unsicheren und ängstlichen Erziehern werden, die »alles durchgehen lassen« (Dreikurs/Cassel 1991, S. 15). Selbstkritische Zweifler erzielten bei dem Vorhaben, angeblich »antiautoritär« zu erziehen, »eines auf jeden Fall: ein permanent schlechtes Gewissen und das beunruhigende Gefühl, an allen Fronten zu versagen ... Doch mit barbarischer Rücksichtslosigkeit erspüren Kinder genau diese Schwäche und nutzen sie rigoros ... Resignierend gaben manche [Eltern; P.L.] auf; nachsichtig, nachgiebig ließen sie sich schikanieren« (Siebenschön 1986, S. 89; vgl. Fend 1984, S. 215, 224, 259; v. Finckenstein 1995). Dieses Zerrbild von liberaler Erziehung muß wohl auch von Schoenebeck vor Augen haben, wenn er die Meinung vertritt, die antiautoritäre Erziehung kenne kein »Notwehrprinzip«, welches »die Autorität des Erwachsenen gleichberechtigt neben die Autorität des Kindes stellt« (1982, 190f.).

Das ängstliche Vorgehen der Eltern, in Konfliktsituationen nachzugeben, hat Gordon (1979) »Methode II« getauft, welche die »Methode I«, das autoritäre Durchsetzen, infolge der Popularität falschverstandenen antiautoritären Gedankenguts vielfach abgelöst hat (vgl. auch v. Schoenebeck 1982, S. 161). Bei konflikthaften Auseinandersetzungen zwischen Eltern und Kindern geben die Eltern bei Methode II am Ende frustriert nach, aus Angst, die Bedürfnisse der Kinder zu ignorieren, sie zu neurotisieren und somit »schlechte, autoritäre« Eltern zu sein. Erwachsene können so zu Opfern der Kinder werden. »Es kann eine Umkehrung der Erwartungen entstehen, die Erwachsenen sind für alles verantwortlich, die Kinder für nichts« (Fend 1984, S. 215, 236). Kinder lernen dadurch weder Rücksicht noch Achtung gegenüber anderen. Statt dessen wird ihnen unabsichtlich, aber systematisch beigebracht, »wie sie Wutanfälle bekommen, um ihre Eltern zu beherrschen; wie sie einem Elternteil das Gefühl der Schuld geben ... Sie haben gelernt, daß ihre Bedürfnisse wichtiger als die eines anderen sind. Es mangelt ihnen auch oft an der inneren Kontrolle über ihr Verhalten, und sie werden sehr ich-bezogen, selbstsüchtig und anspruchsvoll« (Gordon 1979, S. 154; vgl. auch Zimmer 1992, S. 69–71). Wie häufig Eltern ihren Kindern eine solche Diagnose stellen, läßt sich am beachtlichen Absatz von Elternratgebern wie z.B. »Der kleine Tyrann« (Prekop 1988), »Kinder brauchen Grenzen«, »Wieviel Freiheit braucht mein Kind?« ablesen. Auf Dauer erweisen Eltern, die zu ängstlich und unsicher vorgehen, weder sich selbst noch ihrem Kind einen guten Dienst, vor allem wenn das Nachgeben in bezug auf zuvor aufgestellte Regeln inkonsequent ist, deren Übertretung folgenlos bleibt. Kinder, die so behandelt werden, haben weder genügende Chancen, ein soziales Verhalten für ihre Zukunft zu erlernen, noch fühlen sie sich in der Gegenwart glücklich, ausgeglichen und zufrieden.

Ein solches Verhalten nach der Methode II hat nichts mit antiautoritärer Erziehung zu tun. In Summerhill werden aufgestellte Regeln notfalls auch konsequent mit vorher vereinbarten Strafen durchgesetzt (vgl. Abschnitt 6.1.1). Der Persönlichkeitstypus der Jugendlichen, die in antiautoritären Umwelten aufwuchsen, scheint dem Produkt der Methode II gerade entgegengesetzt zu sein (vgl. Abschnitt 3.1). Summerhillianer erfahren, »daß Erwachsene nicht dazu da sind, einem alles abzunehmen, und daß man selbst aktiv werden muß, wenn man etwas Bestimmtes erreichen möchte« (zwei Summerhill-Schülerinnen in Libertarian Education Collective 1992, S. 14).

Methode II beruht auf der fatalen Annahme, daß es neben dem ängstlichen Nachgeben oder dem autoritären Durchsetzen keine weiteren Alternativen gäbe und daß damit jedes Abrücken von Nachsicht schon automatisch autoritäres Gebaren zur Folge hätte. Gordon zeigt eine solche Alternative auf. Er nennt sie »Methode III«, die *niederlagelose Methode* der Konfliktbewältigung, bei der es keine Verlierer, sondern ausschließlich Gewinner gibt, da man gemeinsam an einer Lösung arbeitet, die das Gesicht aller Beteiligten wahren läßt (Gordon 1979, S. 144–249; Volmer 1990, S. 241ff.).

Verzicht auf jegliche Lenkung und Beeinflussung: Vermeintlich »antiautoritär« eingestellte Eltern verwechseln mitunter »nichtautoritäre Erziehung mit Nichterziehung« (Struck 1994, S. 74) und landen damit im »schieren Zynismus des Laissez-faire« (Scarbath 1992, S. 163). Nicht nur bei Eltern, sondern auch bei professionellen Erziehungspraktikern und -theoretikern ist gelegentlich eine gewisse Scheu zu beobachten, generell Verantwortung für die Beeinflussung anderer Menschen zu übernehmen, obwohl dies bei erzieherischem Handeln unausweichlich der Fall sein muß, und zwar unabhängig von den gewählten Erziehungszielen und -methoden. Dies kommt in der Ablehnung von wertneutralen Definitionsvorschlägen des Erziehungsbegriffs und wertfreier erziehungswissenschaftlicher Paradigmata sowie in dem Manipulationsvorwurf zum Ausdruck (vgl. z.B. die Apologie Brezinkas zum Zweck-Mittel-Schema 1981, S. 138ff.; Heitger 1969). Diese Scheu vor Beeinflussung stellt das Gegenstück zum Laissez-faire-Vorwurf der Kritiker dar (vgl. Abschnitt 6.1.1). Das »Repressionstheorem« der antiautoritären Erziehung kann, irrtümlich ausgelegt, eine prinzipielle Interventionsscheu bewirken (Fend 1984, S. 231, 259).

Eltern werden tief verunsichert, wenn sie Kernaussagen der liberalen Pädagogik so uminterpretieren und dann zu vernehmen glauben, daß sie ihre Kinder am besten überhaupt nicht mehr lenken, leiten oder beeinflussen sollen. Von der

Unmöglichkeit, unabsichtliche Beeinflussung unterbinden zu können, einmal abgesehen – die Befunde lern- und sozialpsychologischer Forschung klären eindrucksvoll darüber auf –, ist es, was den absichtlichen Anteil unseres Verhaltens betrifft, auch nicht wünschenswert, Kinder nicht mehr beeinflussen zu wollen. Die Tatsache, daß über die Aufwachsenden »von Anfang an in vielfältiger Weise ohne (ihre) Zustimmung« verfügt wird (Schmidt 1989, S. 190), ist nicht mit autoritärem Unterwerfen und Abrichten gleichzusetzen. Auch Neill und von Schoenebeck beeinflussen Kinder bewußt. In Summerhill wird allein schon durch die Auswahl der Unterrichtsangebote oder durch das große Freigelände mit seinem Aufforderungscharakter für Spiel und Lernen gelenkt. (Sogar non-direktiven Psychotherapeuten wurde nachgewiesen, daß sie konträr zum eigenen Konzept unabsichtlich konditionierend lenken; vgl. Truax/Mitchell 1977, S. 298ff.)

Uneingeschränkte Selbstbestimmung: Ähnlich der Behauptung der Kritiker, die antiautoritäre Erziehung verlange *grenzenlose* Freiheit, wird bisweilen von Befürwortern liberaler Erziehung gefordert, die Fähigkeit zur Selbstbestimmung und Selbstverantwortung der Kinder von Geburt an anzuerkennen (z.B. v. Schoenebeck 1982, S. 100, 190). Dieses Postulat ist im Kontext philosophisch-anthropologischer Zusammenhänge diskutierbar. Wird es allerdings so ausgelegt, daß Menschen von Geburt an über eine unbeschränkte reale Selbstbestimmungsfähigkeit in allen Lebensbereichen verfügen, »so entstehen sehr schnell unhaltbare Aussagen« (Flitner 1982, S. 45): Unabhängig von der theoretischen Frage, ob Kinder jeden Alters zur Selbstbestimmung *fähig* sind, zeigt Schmidt detailliert auf, daß Kinder (wie auch Erwachsene) in ihren Lernprozessen und Entwicklungsverläufen bereits ohne die Einwirkung von Erziehern von Anfang an unvermeidbar fremdbestimmt sind; eine Tatsache, die im allgemeinen mit »Sozialisation« umschrieben wird (1989, S. 190f.; vgl. auch Schiefele 1993a, S. 185). Praktische pädagogische Entscheidungen hinsichtlich der Gewährung von Selbstbestimmung betreffen ohnehin nur den relativ schmalen Spielraum, den die Sozialisationseinflüsse offenlassen.

Inwieweit die Selbstbestimmung der Kinder durch Eltern eingegrenzt werden darf, kann verallgemeinernd nur grob fixiert werden. Grundsätzlich gilt die Devise: »soviel Selbstbestimmung wie möglich« (Weber 1974, S. 294f.; 1994, S. 392ff.). Ganz ohne eine gewisse Eingrenzung der Selbstbestimmung kommt jedenfalls keine Erziehung aus. Auch antiautoritäre Erziehende wie Neill sowie die Ritters begrenzen die Autonomie der Heranwachsenden (z.B. Weber 1974, S. 58). Antipädagogen billigen den Erziehern in Notfällen sogar ein »körperliches Faustrecht« zu (Flitner 1982, S. 105). »Zwischen Knute und Gehirnwäsche auf der einen und freier Ausgestaltung der Eigenpersönlichkeit auf der anderen Seite bewegt sich mitmenschlicher Umgang. Dazwischen liegt ein weites Feld, in dem auch Bildung und Erziehung ... anzusiedeln sind, nahe am Pol der Freiheit« (Schiefele 1993a, S. 185).

So unwahr die pauschale Behauptung ist, Kinder »zwischen sechs und zwölf Jahren (hätten) noch nicht das innere Bedürfnis, für sich selbst entscheiden zu wollen« (Harress 1987, S. 163) – sie widerspricht auch dem von der Selbstbestimmungstheorie postulierten angeborenen Bedürfnis nach Autonomie (Deci/Ryan 1993, S. 229) –, so zutreffend ist es, daß Kinder mit einer von Erziehern (nicht von den Kindern selbst!) verfrüht eingeforderten Selbstbestimmung überfordert sein können (vgl. Ammen 1971, S. 803f.; Fend 1984, S. 91). Das kommt in einer vielkolportierten Anekdote aus der Zeit antiautoritärer Kindergärten zum Ausdruck, in der die Erzieherin von einem Kind gefragt wird: »Müssen wir heute schon wieder tun, was wir wollen?« (Dollase 1984, S. 19).

Wichtig ist, daß die Grenzen der Selbstbestimmung für Kinder erkennbar, eindeutig und konsequent abgesteckt sind, so daß diese wissen, in welchem Rahmen sie selbstbestimmt agieren können und wo sie an diesen Rahmen stoßen. Kindern nicht offen und explizit einzugestehen, daß es Grenzen gibt, heißt, sie in einer widersprüchlichen Double-bind-Situation zu halten (Watzlawick u.a. 1984, S. 85). Notorisches Quengeln ist häufig ein Zeichen dafür, daß Kinder sich im unklaren darüber sind, wo die Grenze zwischen Freiheit und der Notwendigkeit verläuft, sich mit einer Situation abzufinden. Solche indifferenten psychischen Zustände sind nicht nur auf lange Sicht für die Persönlichkeitsentwicklung von Kindern ungünstig. Auch im Hinblick auf ihr gegenwärtiges Glück ist ihnen damit kein Gefallen getan. Es verhindert bzw. verkürzt unnötige Leidenswege, wenn Kindern eindeutig signalisiert wird, wo diese Grenzlinie verläuft. Auch für viele Erwachsene dürfte die Weisheit, die in Friedrich Oetingers berühmter Bitte an Gott zum Ausdruck kommt, kein geringes Problem darstellen: »Gib mir die Gelassenheit hinzunehmen, was ich nicht ändern kann; gib mir den Mut zu ändern, was ich ändern kann; und gib mir die Weisheit, beides voneinander zu unterscheiden!« (zit. nach Kamlah 1973, S. 168).

Liberalität *und* regelorientierte Konsequenz schließen sich in der Erziehung nur auf einer simplifizierenden, stereotypen gedanklichen Ebene aus. Baumrind zeigte in mehreren Untersuchungen, daß eine Verbindung beider nicht nur theoretisch einforderbar, sondern auch praktisch verwirklichbar ist (1975; vgl. Zumkley-Münkel 1984, 1994). Sie hat Kinder im Kindergarten beobachtet und davon unabhängig die Erziehungspraktiken ihrer Eltern erhoben. Sie fand, daß forderndes und konsequent regelorientiertes Verhalten der Eltern durchaus zusammen mit emotionaler Wärme und dem Respektieren unabhängiger Entscheidungen der Kinder auftrat und daß die Kinder solcher Eltern sich durchaus nicht als abhängig und konform erweisen, sondern als selbstsicher, selbstbeherrscht und neugierig. Solche Erkenntnisse lösen in der Sozialisationsforschung eine Diskussion über die Folgen von Permissivität bereits vor der antiautoritären Bewegung aus, wobei betont wird, daß Eltern durchaus Forderungen stellen und Durchsetzungsvermögen zeigen sollten (Fend 1984, S. 231).

6.2.2 Generelle Ablehnung von erzieherischen Absichten und Zielen

Befürworter vermeintlich »freiheitlicher« Erziehung halten es bisweilen bereits für bedenklich und manipulativ, wie auch immer geartete Zielvorstellungen für Zu-Erziehende zu vertreten, da dies grundsätzlich schon den Anfang eines unstatthaften Einschränkungsversuchs hinsichtlich ihrer freien Entwicklung darstelle. Deshalb sei zweckrationales Denken zur Erreichung gesteckter Ziele in der Erziehung abzulehnen (vgl. Kritik von Brezinka 1981; Lehner 1994, S. 98ff., S. 131f.).

Wünsche, Ziele oder ähnliche Antizipationen zukünftiger Entwicklungen sind »spontane Phänomene« (Watzlawick u.a. 1984, S. 84ff.; Schulz v. Thun 1988, S. 217). Sie lassen sich weder ohne weiteres verändern noch vermeiden oder unterdrücken. Man kann nicht *keine* Wünsche oder Ziele haben. In Diskussionen mit Studierenden, die zunächst der Meinung sind, keine pädagogischen Ziel- und Wunschvorstellungen (z.B. für eigene künftige Kinder) entwickelt zu haben, läßt sich das Gegenteil relativ leicht nachweisen. Durch beharrliches Nachfragen in der Art eines Sokratesschen Dialogs (z.B. Döring 1990, S. 178; Loska 1995) ist es mir bisher jedesmal geglückt, aufzudecken, daß meine Gesprächspartner sehr wohl Ansätze zumindest zu Vermeidungszielen entwickelt haben. Wenn das Setzen von Zielen unabhängig von der Frage, welche Ziele gewählt werden, bereits prinzipiell als *anmaßend* bezeichnet wird, dann *ist* jede Form von Erziehung unvermeidlich anmaßend (Schmidt 1989, S. 203). Denn es gibt keine Erziehung im Sinne intentionaler Lernhilfen ohne Erziehungsziele (Breinbauer 1980, S. 304; Brezinka 1993; Weber 1977, S. 79).

Sind die eigenen pädagogischen Ziel- oder Wunschvorstellungen bewußt, besteht nur noch die theoretische Entscheidungsmöglichkeit zu versuchen, diese zu erreichen oder nicht einzugreifen und alles dem Zufall zu überlassen und damit die »totale Nicht-Erziehung« (Flitner 1982, S. 92) zu praktizieren. Aber selbst diese Wahlfreiheit ist stark eingeschränkt: In Analogie zu den Kommunikationsaxiomen Watzlawicks u.a. (1985, S. 72ff.) könnte man formulieren: Man kann nicht *nicht* erziehen. Weder die totale Erziehung noch die totale Nicht-Erziehung ist wünschenswert bzw. möglich (vgl. Abschnitt 6.1.2). Eine Aufforderung zur Nicht-Erziehung ist, näher besehen, paradox. Ein analoges Paradoxon wäre die Aufforderung, auf die Zeichenfolge »B-A-U-M« zu blicken und ihre Bedeutung *nicht* zu verstehen. Menschen, die in engem sozialen Kontakt zueinander stehen, wie das in der Familie der Fall ist, beeinflussen sich unvermeidbar ständig, meist unbewußt. Die Wahl, dies zu tun oder zu unterlassen, besteht nicht. Werden Vermutungen darüber entwickelt, wie man bestimmte Lernprozesse bei anderen Menschen durch das eigene Verhalten in Gang setzt – und auch dies ist bei bewußtseinsfähigen Wesen bis zu einem gewissen Grad unvermeidbar –, so besteht keine Wahl mehr, sich weiterhin völlig ignorant gegenüber diesen Vermutungen bzw. diesem »Wissen« zu verhalten. Man muß sich entweder für die Aufrechterhaltung oder für die Nichtausführung des vermuteten beeinflussenden Verhaltens entscheiden. *Beides* aber ist bereits ein im erzieherischen Sinn bedeutsames zielgerichtetes Handeln. Es wäre unverantwortlich und praktisch unsinnig, sich für ein Verhalten zu entscheiden, das ungünstige Auswirkungen beim anderen vermuten ließe. Im Grunde besteht lediglich die Option, sich bewußt für eine der Verhaltensweisen zu entscheiden, welche günstige Lernprozesse im Sinne der Übereinstimmung mit erstrebenswerten Zielen erwarten lassen.

Eine Anti-Zweckrationalität in der Erziehung ist damit eine nicht realisierbare Haltung. Dollase hält Erziehern, die anti-zweckrationalistisch eingestellt sind, entgegen, daß die grundsätzliche Ablehnung von Intentionalität als frevelhafte Fremdbestimmung über Kinder »peinlich, heuchlerisch und inkonsequent« ist (1984, S. 18). Selbst den »anti-zweckrationalistischen« Antipädagogen kann immanente, verborgene Zweckrationalität unterstellt werden. Denn auch sie definieren Unerwünschtes und gehen dagegen vor, z.B. im (paradoxen) Versuch, Zweckrationalität zu vermeiden (a.a.O., S. 20).

Erst die Überwindung der unter pragmatischen Gesichtspunkten überflüssigen Fragestellung, ob Ziele gesetzt werden sollen, eröffnet den Blick auf eine bedeutendere Frage, nämlich inwieweit Ziele und welche Ziele definiert werden sollen (Brezinka 1981, S. 142) und ob Ziele nicht auch mit älteren Kindern diskutiert bzw. gemeinsam mit ihnen modifiziert werden sollen.

6.2.3 Verzicht auf Orientierungshilfen

Die Forderung liberaler Pädagogik, den Zu-Erziehenden möglichst große Freiräume zu gewähren, wird von ihren Anhängern mitunter so interpretiert, als ob bereits das Anbieten von Orientierungshilfen – z.B. das Vertreten der eigenen Meinung oder Lebensanschauung der Eltern gegenüber den Kindern – gegen diese Forderung verstoßen und eine ungerechtfertigte Manipulation oder Einschränkung bedeuten würde. Auch die Zurückhaltung gegenüber einer erzieherisch intendierten Wertklärung und Sinnorientierung kann aus »libertinistisch-relativistisch und permissiv mißverstandenen, vermeintlich demokratischen Erziehungskonzeptionen« (Weber 1982, S. 496) resultieren. Ein an dieser Interpretation ausgerichtetes Erzieherverhalten kann bewirken, daß Kinder keinen verbindlichen Vergleichsmaßstab zur Ausbildung und Ausrichtung ihrer eigenen Anschauungen und Weltauffassung zur Verfügung gestellt bekommen und damit orientierungslos werden.

Ausdruck dieses übervorsichtigen Verhaltens ist z.B. eine universelle Anwendung des aus der personzentrierten Gesprächsführung stammenden »Aktiven Zuhörens« (z.B. Gordon 1979) als kommunikatives Allheilmittel. Aktives Zuhören, d.h. das verbale Spiegeln emotionaler Erlebnisinhalte des Gesprächspartners, ist nur in bestimmten Konfliktgesprächen adäquat einzusetzen. Bei seiner ungerechtfertigten Anwendung in anderen Gesprächssituationen wird es für Eltern zur Fassadentechnik, hinter der sie ihre Meinung und ihre Gefühle verstecken und somit als eigenständige Persönlichkeiten für ihre Kinder nicht mehr sichtbar sind.

Vertretung eigener Überzeugungen und Positionen: Das Anbieten von Orientierungshilfen ist zur Ausbildung eigener Anschauungen für Kinder notwendig und widerspricht keineswegs prinzipiell der freiheitsorientierten Haltung. Liberale Eltern bieten durchaus solche Hilfen an, indem sie z.B. ihre eigene Position den Kindern darlegen. Sie stellen dabei ein Modell für die Verbindlichkeit von persönlichen Überzeugungen und die Übereinstimmung von Worten und Taten dar. Allerdings ist hier mit »Orientierung bieten« im Gegensatz zu konservativen Überlegungen nicht »vorschreiben« oder zwingend »lenken« gemeint, sondern das Offerieren von Denk- und Handlungsmöglichkeiten, wobei es dem Heranwachsenden überlassen bleiben muß, diese zu übernehmen oder sie abzulehnen. Position beziehen bedeutet »bestimmt« sein, nicht »bestimmend«. Denn Orientierung zu erhalten heißt auch für den Ortsunkundigen nicht, eine Vorschrift zu bekommen, wohin er gehen soll, sondern bedeutet lediglich, ein Koordinatensystem zur Bestimmung des eigenen Standorts und eines möglichen Wegs zu erhalten. Orientierung bieten bedeutet nicht, jemanden auf eine bestimmte Richtung zu verpflichten, sondern bestenfalls einen gangbaren Weg als Angebot zu formulieren. Abweichungen vom empfohlenen Weg dürfen nicht mit Sanktionen belegt sein (Lickona 1989, S. 417ff.; vgl. auch das Readhead-Interview in diesem Band).

Hier ist also die Kunst gefragt, die eigene Meinung zu vertreten und trotzdem herrschaftsfrei zu diskutieren. Dies setzt ein bestimmtes Maß an Zurückhaltung und Toleranz voraus, eine Grundeinstellung also, die dem sehr nahe kommt, was in der non-direktiven Gesprächsführung als »bedingungslose Wertschätzung« bezeichnet wird (z.B. Weinberger 1984).

Eine solche innere Haltung stellt sicher, daß Eltern nicht unzufrieden oder emotional negativ reagieren, wenn Kinder nicht (oder noch nicht) ihrer Meinung sind. Toleranz ist erforderlich, wenn Heranwachsende skeptische Fragen stellen oder eine gegenteilige Meinung äußern. Zeigen Kinder zunächst wenig Bereitschaft, irrationalen Widerspruch aufzugeben, wird häufig übersehen, daß die eigenen Argumente langfristig durchaus etwas bewirken können, selbst wenn es im Augenblick des Gesprächs noch nicht danach aussieht (vgl. Lickona 1989, S. 419; Rauschenberger 1984, S. 220).

Das Aufbringen von Toleranz mag vielleicht durch die Überlegung erleichtert werden, daß die herrschaftsfreie Argumentation und Vertretung der eigenen Meinung die einzige elterliche Möglichkeit darstellt, indirekt auf die Einstellungen der älteren Kinder einzuwirken. Druck, der ausgeübt wird, um Kinder dazu zu bringen, elterliche Überzeugungen und Einstellungen zu übernehmen, bewirkt oft ohnehin nur das Gegenteil des Gewünschten: »Eindeutig läßt sich auf der Basis vorliegender Forschungen belegen, daß ein *machtausübender Erziehungsstil*, für den die unmittelbare (auch gewaltsame) Durchsetzung elterlicher normativer Forderungen und drakonischer Strafen bei Mißachtung durch die Kinder typisch sind, *eine Internalisation von Normen eher verhindert als fördert*« (Mauermann in Vorbereitung). Das gilt auch für Erziehungsziele, die den Eltern selbst sehr am Herzen liegen mögen, wie es in der Regel bei Grundüberzeugungen zu Fragen der politischen Haltung, der Umweltproblematik oder der Friedenssicherung der Fall ist. Vermeintlich »antiautoritäre« Eltern haben beispielsweise durch das Verbot von Spielzeugwaffen vermutlich eher das Gegenteil der intendierten pazifistischen Einstellung erreicht: nämlich die Neugier am »Peng-Peng-Schock – fortgesetzt in martialischem Outfit und SS-Schrekkens-Zeichen ... Wirklich antiautoritäre Eltern werden mit ihren Kindern über Krieg, Waffengewalt, Tötung anderer Menschen reden und dabei sehr feste Überzeugungen bekunden. Eine große Aufregung über eine Plastikpistole werden sie nicht machen« (v. Hentig 1993, S. 184; vgl. auch Appleton 1991, S. 12; Ritter/Ritter 1983, S. 286; Wieck 1992, S. 362). (Das erste Spielzeug, welches mir bei einem Besuch in Summerhill 1990 auffiel, war eine solche Pistole.)

Persönlichkeitseigenschaft »Selbstsicherheit«: Die Frage des Gewährens von Orientierungshilfen bezieht sich bei Erziehern nicht nur auf die Handlungsebene, sondern auch auf die ursächlich dahinter liegende Ebene der eigenen Persönlichkeit. Denn Orientierung geben und Positionen beziehen kann nur derjenige, welcher selbst Orientierung und eigene Überzeugungen besitzt. Dies aber ist eine Frage von festgelegten Charaktermerkmalen und nicht eine des bewußten (erzieherischen) Verhaltens. Damit wird der Grenzbereich zwischen Erziehung und Persönlichkeitsentwicklung der Eltern berührt: Die elterliche Persönlichkeit determiniert zwar das erzieherische Verhalten mit; sie läßt sich aber selbst nicht für erzieherische Zwecke instrumentalisieren, da sie nicht der willkürlichen elterlichen Entscheidung unterworfen ist.

Die Kompetenz oder Persönlichkeitseigenschaft, Orientierung anbieten zu können, soll hier (verkürzt) mit »Selbstsicherheit« umschrieben werden. Selbstsichere Eltern demonstrieren Eigeninitiative, Entschlußkraft, Selbstvertrauen und Verbindlichkeit. Selbstsicherheit bedeutet eine relative Abwesenheit von Ängstlichkeit, einen relativen Zukunftsoptimismus, sich zuzutrauen, Entscheidungen für sich und andere (auch in der Erziehung) zu treffen und zu solchen Entscheidungen auch zu stehen, Verantwortung zu übernehmen und Aktivität zu zeigen, nicht resignative Passivität. Eltern, die über eine solche Selbstsicherheit verfügen, sind für ihre Kinder der manchmal notwendige sprichwörtliche »Felsen in der Brandung des Lebens«, eine hilfreiche Eigenschaft der Eltern, die nicht etwa mit dem Erwachsenwerden der Kinder völlig an Bedeutung verliert (vgl. Rauschenberger 1984, S. 212).

»Kinder beobachten ihre Eltern in Konfliktsituationen und wollen, daß sie stark sind« (Rauschenberger 1984, S. 211f.). Die

Idealisierung dieser Persönlichkeitseigenschaft darf nicht mit dem Ruf nach dem »starken Mann« (oder einer entsprechenden Frau) verwechselt werden, nach den autoritären Patriarchen alten Kalibers in neuem Gewand. Es geht dabei keinesfalls um (»Über«-)Eltern als starke Führernaturen (Wieck 1992, S. 365). Im Gegenteil: Gerade selbstsichere Eltern werden kaum das Bedürfnis verspüren, sich künstlich immer als stark und allwissend zu präsentieren oder eigene Fehler nicht zuzugeben (vgl. Fey 1991, S. 54; Kopp 1983, S. 58f.; Neill 1985b, S. 87; Ritter/Ritter 1983, S. 278). Noch für die 60er Jahre wird der Typus des »unerreichbaren Vaters« konstatiert, der seine Kinder entmutigt, indem er nur von seinen Erfolgen, nicht von seinen Fehlschlägen erzählt (Lempp 1989, S. 179). Für Kinder ist es wichtig, keine überhöhten Vorstellungen von ihren Bezugspersonen (»significant others«) zu entwickeln, um keinen übersteigerten Perfektionismus auszubilden und sich selbst permanent als defizitär zu erleben.

A.S. Neill war sicherlich eine selbstsichere Person. Schulinspektoren charakterisieren ihn als einen Mann von festen Überzeugungen, starker Persönlichkeit ohne Machtgelüste, dem Achtung entgegengebracht wird (nach Weber 1974, S. 60).

Eltern hingegen, welche aufgrund ihrer Persönlichkeitsstruktur oder ihres Erziehungskonzepts keinerlei Orientierungsangebote machen, sind als Personen für ihre Kinder nicht greifbar. Sie enthalten ihren Kindern Reibungs- und Reflexionsflächen vor, die ihnen die entwicklungsnotwendigen Möglichkeiten zur Imitation oder Kontrastierung bieten würden. Der Typus des extremen Patriarchen markiert einen Pol auf der Lenkungsskala, dessen Antipode jener Elterntyp ist, der, verunsichert, gar nicht mehr aktiv wird und damit dem Zufall der Sozialisation in die Hände spielt. Die Kinder dieses Elterntyps werden zu »Orientierungswaisen«. In Abwandlung eines Begriffs von Mitscherlich könnte man von »*Eltern*losigkeit ersten Grades« sprechen (1963, S. 421). Solche Kinder erhalten die Botschaft, daß es auf nichts wirklich ankommt. Ihnen wird das Gefühl der Bodenlosigkeit und Haltlosigkeit ihrer Existenz vermittelt. Auf der verzweifelten Suche nach Halt und Sicherheit wenden sie sich dorthin, wo einfache und eindeutige Antworten gegeben werden. Die Zusammenhänge mit aktuellen (Fehl-)Entwicklungen sind vermutlich zu kompliziert, um sie zutreffend in einfache Kausalschemata zu pressen: Aber vielfach werden die Tendenzen zu Fundamentalismus, zu Rechtsradikalismus, Gewalt, Drogen, Kriminalität, Esoterik-Gläubigkeit, Okkultismus und Sektentum mit der Unfähigkeit in Verbindung gebracht, mit persönlicher Freiheit umzugehen (vgl. v. Ditfurth 1991, S. 220; Gudjons 1993b, S. 51; Heitmeyer u.a. 1992; Schmidt 1989, S. 201).

Unsichere Eltern mögen zu ihrer Rechtfertigung nominell das konzeptuelle Schutzschild einer »antiautoritären« Pädagogik verwenden. Ihr Erziehungsverhalten hat deshalb noch nichts mit einer tatsächlich liberalen Haltung zu tun. Repressive Erziehung kann genauso Orientierungslosigkeit bei Kindern hervorrufen wie eine Laissez-faire-Haltung, weil beide keine Geborgenheit zu erzeugen in der Lage sind (vgl. Giesekke 1987, S. 97). Wenn Eltern hingegen selbstsicher sind und infolgedessen eine »reife pädagogische Haltung« (Fend 1984, S. 237) einnehmen, werden sie sich gegenüber ihren Kindern entsprechend verhalten: Freiheit und Selbstbestimmung gewähren bzw. wenn nötig klare Anweisungen geben und dazu auch stehen, Position beziehen, verläßlich und konsequent sein und klare Grenzziehungen vornehmen (Janssen 1994; Zimmer 1995, S. 25). Dies vermittelt den Kindern darüber hinaus, daß es auch in der heutigen Welt möglich ist, eigene Standpunkte zu finden und zu vertreten. Wohlverstandene Liberalität bedeutet also keineswegs, daß es Kindern jederzeit möglich sein muß, alle elterlichen Forderungen einer Grundsatzdiskussion zu unterziehen und diese damit auszuhebeln. Berechtigte Forderungen an das Handeln von Kindern dürfen durchaus auch ohne deren Einverständnis gestellt werden. Der Versuch jedoch, Verbindlichkeiten im Bereich von Einstellungen und Haltungen apodiktisch setzen zu wollen, kommt »paradoxen Aufforderungen« gleich und kann zur Heuchelei führen.

7. Scheitern im Sinne mangelnder Brauchbarkeit für derzeitige pädagogische Herausforderungen

Ein Erziehungskonzept, welches sich für die Bewältigung der spezifischen pädagogischen Herausforderungen seiner Zeit als untauglich erweist, kann zumindest in bezug auf diese Epoche als gescheitert gelten. Die an der Leitvorstellung der Freiheit ausgerichteten Grundgedanken einer liberalen Pädagogik werden zwar im allgemeinen als wünschens- und begrüßenswert eingeschätzt; es wird jedoch auch eingewendet, daß diese freiheitlichen Erziehungsvorstellungen nicht zur Überwindung der gegenwärtigen Orientierungsarmut in unserer Gesellschaft beitragen können, ja diese sogar verstärken, da diese Vorstellungen »erklärterweise« weniger Ersatz für eine abhanden gekommene gesellschaftliche Richtungsweisung bieten können als stärker vorschreibende und lenkende Formen der Erziehung (Fend 1984, S. 115). Im folgenden soll gezeigt werden, daß dieser Einwand als Fehlschluß entlarvt werden kann.

Über die Prämisse dieser Überlegung besteht kaum ein Dissens: Der gegenwärtige Zeitgeist der westlichen Industrienationen, eine Konsequenz der sich überschlagenden sozialen und technischen Veränderungen, kann in Abwandlung der forschungsmethodologischen These von Paul Feyerabend zunehmend treffender mit der Maxime »*Almost* anything goes« umschrieben werden. Der allen Mitgliedern pluraler Gesellschaften gemeinsame Grundwertekatalog beschränkt sich fast nur noch auf die allgemeinen Menschenrechte, geschriebene Gesetze und Verfassungen (und selbst letztere werden inzwischen zur Manövriermasse erklärt). Darüber hinausgehende frühere Normen und Verbindlichkeiten, die gesellschaftsumfassend getragen wurden, sind weitgehend in einem Relativismus von Ethik und Moral aufgelöst (Hochkeppel 1988, S. 9, 84; vgl. Brezinka 1986; 1993; v. Hentig 1994, S. 133ff.; Klages 1985; Kürzdörfer 1993, S. 117; Oser 1988; Wickert 1994). Traditionelle Sinngebungsinstanzen werden nicht mehr generell und prinzipiell unhinterfragt anerkannt. Es herrscht Pluralität und Relativität im Sinn- und Wertebereich, gewissermaßen eine »*Eltern*losigkeit zweiten Grades« (vgl. Mitscherlich 1963, S. 421; Scarbath 1992, S. 162; Schmidt 1989, S. 200). (Die Ausdrücke »Werte*verfall*« und »*-abbau*« sind für diesen sozialen Prozeß im Grunde unzutreffend. Werte verfallen nicht. Sie ändern sich höchstens bzw. werden nicht mehr allgemein anerkannt.) Die Variationsbreite der möglichen Lebensentwürfe nimmt zu: Wir leben inzwischen in einer Multioptionsgesellschaft (Gross 1994; Macha 1994, S. 171).

Der Zeitgeist des Individualismus, Pluralismus und Relativismus, verbunden mit dem Verlust an externer Sinngebung, kann völlig unterschiedlich bewertet werden: In *positiver* Sicht ermöglicht er dem Individuum ein Kontingent an Freiheit und Unabhängigkeit von gesellschaftlichen Vorgaben, das wahrscheinlich zu keiner historisch einigermaßen sicher beurteilbaren Zeit größer war als heute. In *negativer* Sicht können daraus Verhaltensunsicherheit, Gleichgültigkeit und persönliche Orientierungslosigkeit resultieren, unter der diejenigen leiden, deren persönliche Reifung mit dem Zuwachs an Freiheit nicht mithalten konnte (vgl. Brezinka 1986, S. 12ff.; Hochkeppel 1988, S. 9, 84; Schmidt 1989, S. 200). Deshalb war das »Bedürfnis nach Sinnerfahrung kaum jemals so stark wie in der Gegenwart« (Brendle 1990, S. 91). Diese Folgen des Zeitgeistes mögen insgesamt den Eindruck eines »verwaschenen Miteinanders von Emanzipation und Orientierungslosigkeit« (Mahlmann 1994) hervorrufen.

Eine Ursache des Orientierungsverlustes wird im Rationalismus, im Intellektualismus bzw. im Szientismus gesehen, also in der ungerechtfertigten Überbewertung von Vernunft und wissenschaftlichem Denken (Brezinka 1986, S. 16–19). Aufgrund dieser Überbewertung meinen die einseitigen Rationalisten, Intuition, Gefühle und (weltanschauliche) Überzeugungen *grundsätzlich* abwerten oder ignorieren zu können, da diese »irrational« und damit »unwissenschaftlich« seien. Diese Abwertung des Nichtrationalen beruht auf einem Mißverständnis, das manche Laien irrtümlich veranlaßt zu glauben, Wissenschaftler als Frauen und Männer des Geistes müßten konsequenterweise Atheisten sein: Dem ist entgegenzuhalten, daß Intuition und Emotion zwar als Wahrheitsinstanzen im Begründungszusammenhang von Forschungshypothesen nach modernen Wissenschaftskonzeptionen als nicht zugelassen gelten (z.B. Brezinka 1978, S. 18f.; Kerlinger 1978, S. 34ff.; Prim u.a. 1977); allerdings ist daraus keinesfalls zwingend abzuleiten, daß der (berechtigte) forschungsmethodologische Verzicht auf subjektive Wahrheitsinstanzen über wissenschaftliche Zusammenhänge hinaus auf sämtliche Lebensbereiche auszuweiten ist bzw. tatsächlich ausgeweitet werden könnte (vgl. Einstein o.J., S. 49f.; v. Ditfurth 1987, S. 250, 270; 1991, S. 207ff, 251ff.; vgl. März 1965, S. 20). Im übrigen dürfte der tatsächliche Einfluß des Rationalismus und Szientismus auf Entscheidungen des praktischen Lebens im allgemeinen eher überschätzt werden. Das rationale Argument erhält bei öffentlichen Entscheidungen höchstens so viel Gewicht, wie es ihm die Machtfronten einzuräumen bereit sind.

Mindestens mit gleichem Recht, mit dem der Rationalismus am Werke gesehen wird, könnte man allerdings auch sein Gegenteil, einen irrationalen »Intuitionalismus«, als gegenwärtig weitverbreitete Geisteshaltung z.B. des sogenannten »New Age« ausmachen (vgl. v. Ditfurth 1989, S. 290, 381f.; 1991; New Age 1994). Beides schließt sich gegenseitig keineswegs aus. Als Gegenbegriff zu »Rationalität« wird häufig die »Emotionalität« genannt, obwohl inhaltlich in vielen Zusammenhängen die Bezeichnung »Intuitionalität« treffender wäre (vgl. Heid 1994, S. 145). Mit »Intuitionalismus« ist kein grundsätzliches Übermaß an Intuition gemeint, sondern die bedenkliche Einforderung der allgemeinen Anerkennung der subjektiven Intuition als Wahrheitsinstanz in solchen Zusammenhängen, in denen ihre Berechtigung zur Entscheidung *öffentlicher* Angelegenheiten angezweifelt werden muß. Die meisten zentralen Entscheidungen der *individuellen* Lebensgestaltung, wie z.B. die der Berufs- oder Partnerwahl, lassen sich in der Tat letztlich nur intuitiv fällen (vgl. Feyerabend 1979, S. 22; Oser/Althof 1992, S. 125f.; Popper 1979, S. 209). Viele Aussagensysteme jedoch, welche auf unterstellten *allgemeinen* falsifikationsfähigen Gesetzmäßigkeiten beruhen, wie z.B. die Lehre der Homöopathie, der Naturheilverfahren oder esoterischer Praktiken des sogenannten »New Age« wie Astrologie und Telepathie lassen sich – entgegen der Meinung vieler Antirationalisten (z.B. Faehndrich u.a. 1987, S. 139ff.) – grundsätzlich sehr wohl empirisch-rational, aber kaum intersubjektiv überzeugend mit Einzelfallerlebnissen oder gar Intuition bestätigen oder widerlegen (vgl. v. Ditfurth 1987, S. 204; Wiechoczek 1992). Das gegenwärtige Auflodern des Intuitionalismus – auch in Politik und Wirtschaft – ist allerdings weniger als eine Ursache eines allgemeinen Orientierungsverlustes zu interpretieren, sondern vielmehr als dessen Folgeerscheinung; nämlich als der Versuch, Orientierung durch Vertrauen nicht auf die eigene Intuition, sondern auf diejenige zweifelhafter Autoritäten wiederzugewinnen (vgl. v. Ditfurth 1991, S. 220). »Das Sinn-Vakuum wächst möglicherweise gerade deshalb, weil ein Überfluß an konkurrierenden Sinnangeboten besteht, dem der einzelne ratlos und verunsichert gegenübersteht. Zuviel Discount-Sinn, die inzwischen nicht mehr so neue ›Neue Unübersichtlichkeit‹ – das sind Hochzeiten für Gurus, Sekten und andere Sinn-Lieferanten« (Ernst 1994, S. 22).

Macha spricht von der fehlenden »Orientierungskompetenz« der Eltern (1994, S. 175). Brezinka meint sogar, schon eine *allgemeine* »Orientierungs*krise*« ausrufen zu müssen, welche ihrerseits eine »Erziehungskrise« bewirke (1986, S. 12; 1991b). Brezinkas Formulierung mag in ihrer dramatischen Zuspitzung zwar nicht auf allgemeine Zustimmung stoßen; es besteht aber zumindest weitgehender Konsens darin, in den negativen Auswirkungen des Zeitgeistes im Bereich der gesellschaftlichen Werte einen pädagogischen Handlungsbedarf zu erkennen; abgesehen von einigen postmodernistischen Erziehungstheoretikern, die aufgrund ihres Menschenbilds keine negativen Auswirkungen zur Kenntnis nehmen und auf den neuen Geist grundsätzlich affirmativ reagieren. Strittig ist allerdings, wie man erzieherisch auf diese gesellschaftliche Herausforderung reagieren soll! Für die sich anschließende Argumentation genügt es, die konservative und liberale Position der pädagogischen Reaktionsbereitschaft idealtypisch vereinfacht zu unterscheiden:

Die Versuchung liegt nahe, gesellschaftlichen Emanzipationstendenzen schlicht einen pädagogischen Riegel vorschieben zu wollen. Eine tatsächlich in (neo)konservativen Kreisen gerne vorgeschlagene Lösung ist es, erzieherisch an die abhanden gekommenen Werte wieder anzuknüpfen, sie wieder einzusetzen. »Im historischen Rückwärtsgang, in den Wiederbelebungsversuchen traditioneller Werte- und Glaubensüberzeugungen (wird) ein Heilmittel für die zunehmende Orientierungslosigkeit in unserer Gesellschaft erblickt« (Leserbrief an die Süddeutsche Zeitung vom 21.1.1995). Wenn viele Menschen mit ihrer Entscheidungsfreiheit nicht umzugehen wissen, was liegt dann näher, als diese wieder zu beschneiden? Wenn viele Menschen anscheinend nach vorgefertigten Lösungen ihrer persönlichen Sinnkrise rufen, sollen sie sie bekommen! Dieser Ansatz entspricht konservativen Grundüberzeugungen. Der Konservative reklamiert für sich, »das Bewährte bewahren zu wollen, die Sicherheit der Überlieferung zurückzugewinnen, unerschütterlich und fest in seinen Auffassungen zu sein, geradlinig zu denken« (Fend 1984, S. 21).

Nach dem Höhepunkt der antiautoritären Welle meldeten sich 1978 solche Stimmen zu Wort. Teilnehmer des neokonservativen Bonner Forums »Mut zur Erziehung« (Wissenschaftszentrum Bonn 1979) sahen das Heil in der Rückkehr zu traditionellen Werten im Rahmen einer »restaurativen Anpassungspädagogik«, welche von einer unkritischen Weitergabe und Übernahme von normativen »Selbstverständlichkeiten« ausging (vgl. Benner u.a. 1978; Fend 1984, S. 9, 46ff, 256; Herrmann 1978; Weber 1982, S. 497; 1986, S. 349; 1987, S. 109ff.). (Blankertz [1978, S. 5] weist allerdings darauf hin, daß die Thesen dieses Forums von der »überwiegenden Mehrheit der

Kongreßteilnehmer« zurückgewiesen wurden.) Einen Neuaufguß dieser Haltung in ähnlicher Form vertraten die Mitglieder der europäischen Arbeitsgemeinschaft »Mut zur Ethik« auf ihrem zweiten Kongreß im September 1994 in Feldkirch, Österreich, denen zufolge »das vom Zeitgeist diktierte Klima immer intoleranter und unerträglicher« werde (Zeit-Fragen 1994, S. 1). Anscheinend wird die (ohnehin nur partielle) Zurückweisung der eigenen Ideologie durch die Mehrheit der Gesellschaft von dieser Arbeitsgemeinschaft bereits als »Intoleranz« gedeutet. Auch Brezinkas Vorschläge zur pädagogischen Begegnung der »Orientierungskrise«, die von Politikern – auf der Suche nach schnellen und eingängigen Antworten – gerne aufgegriffen werden, weisen ihn als Vertreter eines solchen neokonservativen Standpunktes aus (1986; 1991a; 1991b).

Im folgenden wird begründet, weshalb der zunächst gleichermaßen naheliegend wie simpel erscheinende neokonservative Lösungsvorschlag als wenig phantasievoll und vor allem als wenig effektiv einzuschätzen ist:

- Dieser Lösungsversuch kommt einem Zurückschrecken vor individueller Freiheit und damit dem kurzschlüssigen Verwirken einer historischen Chance gleich. Es hat vor allem in den letzten Jahrhunderten der Menschheitsgeschichte viel »Blut, Schweiß und Tränen« gekostet, die heute bestehende individuelle Freiheit zu erkämpfen. Sie sollte deshalb nicht leichtfertigt preisgegeben werden.
- Dieser Lösungsversuch wird von einem Menschenbild getragen, das dem Individuum grundsätzlich abspricht, sich selbständig eine Orientierung zu erarbeiten und mündig zu werden. Die konservative Anthropologie besteht daraus, »den Menschen als von Natur aus gefährdet anzusehen«, der deshalb eine starke institutionelle Stütze und transzendente Vorschriften benötigt. Er bedarf einer »festen äußeren Ordnung; er bedarf der klaren Autoritäten und der klaren Hierarchien ... Man würde den Menschen maßlos

überfordern, wenn man meinte, daß man sich auf seine Vernunft verlassen kann, daß er sich selbstverantwortlich in wichtigen Lebensfragen entscheiden könne« (Fend 1984, S. 45, 122). Dabei wird übersehen, daß die Folgerung, jede Befreiung von Zwang würde Unsicherheit und Haltlosigkeit zur Folge haben (vgl. Fend 1984, S. 45f.; Mahlmann 1994), keine psychische Zwangsläufigkeit beschreibt.

Im konservativen Denken wird es zum einen als »illusorisch« betrachtet, daß Individuen ihrem Leben selbst Sinn geben können. Zum anderen wird es aber für möglich gehalten, daß dies erzieherisch – also durch andere Menschen – bewerkstelligt werden kann (Brezinka 1991b, S. 73). Diese Ansicht bleibt so lange widersprüchlich in sich, soweit man nicht grundsätzlich bereit ist, von einer Zwei-Klassen-Menschheit auszugehen: den Abhängigen, Hilflosen, Sinnsuchenden und den Wissenden, Führern, Sinnbesitzern.

Die künstliche pädagogische Einengung und Festlegung der Zu-Erziehenden auf von außen festgelegte Werte bedeutet, Menschen für unreif zu erklären, entsprechende Entscheidungen für sich selbst zu treffen (was zwar nicht immer falsch sein mag, aber keinesfalls verallgemeinert werden darf.). Bedenklicher jedoch ist, daß Unreife und Unmündigkeit dadurch noch zudem pädagogisch festzementiert werden sollen. Damit steht der neokonservative Ansatz letztlich auch dem Erlernen von Verantwortungsbereitschaft und einer demokratischen Grundhaltung entgegen, Kompetenzen, die neuerdings nicht nur politisch, sondern immer stärker auch in der betrieblichen Personalführung gefordert werden (z.B. in Form von Teamfähigkeit, partizipativem Management, Quality Circles; z.B. Stroebe/Stroebe 1994, S. 25ff.).

- Der sehnsuchtsvolle Blick zurück in die alte Wertesicherheit, gepaart mit der Forderung nach einem Konsens in weltanschaulichen Fragen, verkennt, daß damit eine Scheinsicherheit der realen Auseinandersetzung mit der Wirklichkeit vorgezogen wird. Es ist zutreffend, daß heute kaum mehr gesamtgesellschaftlich getragene Verbindlichkeiten existieren, die individuell unreflektiert übernommen werden. Es ist jedoch unzutreffend, anzunehmen, daß eine blinde Übernahme solcher Vorgaben zu irgendeiner *anderen* Zeit prinzipiell gerechtfertigt war. Das Faktum der Bereitschaft zu einer solchen blinden Übernahme in geschlossenen Gesellschaften rechtfertigt sich nicht durch sich selbst. Es gibt keine allgemein anerkannten »ewigen Werte oder Normen, nach denen wir uns richten könnten« (Gaarder 1993, S. 539f.). Genausowenig existiert eine objektive Rechtfertigung für Normen und Werte (z.B. Prim/Tilmann 1977, S. 109–147; Gudjons 1993a, S. 178), auch wenn »objektive und naturrechtlich geltende Werte« und »Selbstverständlichkeiten des Lebens« von konservativer Seite noch so oft beschworen werden (Zeit-Fragen 1994, S. 4–6). In nicht-pluralen Gesellschaften war es durch Begrenzung des mentalen Horizonts nur leichter möglich, sich selbst und andere über diese Tatsache hinwegzutäuschen (vgl. den weitgehenden Wertekonsens während der nationalsozialistischen Herrschaft). Im übrigen obliegt es nicht einer Minderheit, definitorisch festzulegen, was als »Selbstverständlichkeit« zu gelten hat. Denn bei »Selbstverständlichkeit« handelt es sich um einen deskriptiven Begriff: Er bezieht sich auf die faktische Anerkennung eines Wertes oder einer Norm durch *alle* maßgebenden Gesellschaftsmitglieder. Sobald eine spürbar große Minderheit an etwas zweifelt, dann kann dies per definitionem nicht mehr als Selbstverständlichkeit gelten. Insofern ist es ein Widerspruch in sich, zu bedauern, daß eine Selbstverständlichkeit keine allgemeine Anerkennung mehr findet.

– Dem neokonservativen Lösungsversuch für das Orientierungsproblem wird kaum Aussicht auf langfristigen Erfolg beschieden sein, da er das Heil in einem erzieherischen Alleingang ohne gesellschaftliche Rückendeckung sucht. »Wie kann eine Gesellschaft, die immer permissiver wird, eine Schule erwarten, die klare ethische Normen vertritt?«

(Mahlmann 1994). Die dauerhafte Übernahme pädagogisch vermittelter Werte funktioniert nur so lange, wie diese auch von der Gesellschaft gedeckt werden. Soweit bestimmte Sinn- und Wertüberzeugungen von einer Gesellschaft nicht mehr einheitlich getragen werden, können diese nicht ersatzweise »anerzogen« werden. Lehrinhalte können die Welt jenseits des Klassenzimmers und des Elternhauses nicht simpler machen als sie es tatsächlich ist, ohne selbst an Glaubwürdigkeit einzubüßen. In einer zusammenrückenden Welt kann kein Erzieher so tun, als ob es nur eine einzige »objektiv richtige« Art der Lebensweise oder des Weltverständnisses gäbe. Heranwachsende werden früher oder später mit der Vielfalt der Lebensmöglichkeiten konfrontiert und müssen sich mit ihr auseinandersetzen. Deshalb kann Erziehung und Bildung nicht mehr als Einführung in eine selbstverständliche Ordnung verstanden werden (Hamann 1993, 175; Weber 1995, S. 179). Ähnliches gilt für die Erfolgsaussichten entsprechender politischer Lösungsversuche hinsichtlich des Orientierungsmangels. Es sei nebenbei erwähnt, daß ironischerweise gerade diejenigen politischen Kräfte, welche einst in Westdeutschland angetreten sind, die »geistig-moralische Wende« herbeizuführen oder in Großbritannien die bildungspolitische Parole »back to basics« ausgegeben haben, gesellschaftliche Mißstände heute gerne ursächlich mit dem allgemeinen »Autoritäts- und Werteverfall« erklären und damit den geringen Erfolg ihrer Bemühungen selbst hervorheben.

Das Rad der Geschichte darf und soll pädagogisch nicht zurückgedreht werden. Das Verspielen von historischen Gelegenheiten durch den vorschnellen Rückgriff auf vorgefertigte Standardlösungen und eingeschliffene Denkschemata, die letztlich kontraproduktive Wirkungen haben (statt einen Blick über den Horizont zu wagen), scheint geradezu ein Charakteristikum der Gegenwart zu sein, das in vielen Bereichen des öffentlichen Lebens feststellbar ist. Dafür nur drei angedeutete Beispiele:

- Die »Bekämpfung« der Arbeitslosigkeit. Die Tatsache, daß Volkswirtschaften (anscheinend) mit reduziertem »Humankapital« auskommen, ließe sich bei entsprechender Verteilung der vorhandenen Arbeit und der mit ihr verbundenen materiellen und sozialen Gratifikationen zumindest partiell auch als nicht unerfreuliche Emanzipationschance verstehen, deren gezielte Verfolgung den einzelnen Mitgliedern einer Gesellschaft möglicherweise auch nicht teurer käme als die Mitfinanzierung eines hohen Prozentsatzes von Arbeitslosen.
- Bei der Einführung des privaten Rundfunks wurden hierzulande auch die widersinnigen Unterbrechungen in sich geschlossener Sendebeiträge durch Werbeblöcke von anderen Ländern kopiert: Der Hinweis, daß sich die Sender damit selbst finanzieren, ist so nicht ganz richtig: Die Verbraucher finanzieren sie auch in diesem System über den Erwerb der angepriesenen Produkte und bezahlen damit noch obendrein ihre eigene Manipulation.
- Seitdem der »Feminismus« die »Frauenbewegung« abgelöst hat, werden von einigen extremistischen Feministinnen Verhaltensweisen favorisiert, die als widersprüchliche, reaktionäre Wiedereinführung des atavistischen Sexismus durch die Hintertüre (unter umgekehrten Vorzeichen) ausgelegt werden könnten: z.B. durch implizite Vertretung des Mythos, ein Geschlecht sei das grundsätzlich Höherwertigere, oder eine fragwürdige Geschlechterdiskriminierung durch sprachliche Trennung und Betonung der Geschlechter in Zusammenhängen, in denen eine solche inhaltlich belanglos ist (Farrell 1995).

Es entspricht dem neokonservativen Denken, den »*Verlust* von Sinngebungs*instanzen*« auf der Negativseite des »Almost anything goes«-Zeitgeistes zu verbuchen, wie es etwa Mahlmann (1994) tut. Man kann die Machteinbuße der vorschreibenden Instanzen jedoch auch als Emanzipationschance betrachten, soweit man von der Befähigung des Menschen überzeugt ist, in einer Welt ohne weitgehend starr vorgegebene Werte selbständig Ziele, »Halt«, Sinnhaftigkeit und letztlich subjektiven Lebenssinn zu finden (Frankl 1993; Gaarder 1993, S. 540; Kopp 1983, S. 40f., 58, 162f.; Neill 1985b, S. 119; Weber 1982, S. 495). Der Alternativ-Vorschlag einer liberalen Erziehung lautet deshalb: Statt durch Vorgaben die Freiheit zu beschränken, sollten Erzieher Hilfen geben, mit Freiheit umgehen zu lernen, Freiheit »auszuhalten« und sich selbst eine individuelle Orientierung zu erarbeiten (vgl. Schmidt 1989, S. 201). Es mag zwar bequemer erscheinen, nach vorgegebenen und blind übernommenen Sinn- und Wertvorstellungen zu leben; es ist jedoch ein Ausdruck von persönlicher Reife und Mündigkeit, sich nach eigenen und selbstgeprüften Vorstellungen und Überzeugungen zu richten, was eine reflektierte Übernahme bestehender Weltanschauungen philosophischer oder religiöser Art nicht ausschließt (vgl. Berger 1994).

Nach der liberalen Auffassung soll der Erzieher das Vakuum also keineswegs vorschnell direktiv füllen, das Pluralität und Relativität der Wertevorstellungen mitunter zunächst erzeugen. Statt dessen soll er den im Grunde einzig konsequent möglichen Umgang mit diesem Vakuum fördern, soweit akzeptiert worden ist, daß es keine objektiv richtigen oder für alle von vornherein verbindlichen Lösungen geben kann: Jede Person hat nach einem für sie gültigen individuellen Wertesystem und einer persönlichen Weltanschauung zu suchen. Interindividuell-gesellschaftlich bedeutsame Wert- und Normsetzungen sind demokratisch auszuhandeln. Erzieher haben diese Prozesse »lediglich« vorzubereiten und anzuregen. Erziehung und Bildung gilt dann »als die Ermutigung der Person zu eigener Wertgestaltung und Ordnungsstiftung« (Fuchs 1989, S. 425). Allerdings darf der Bildungsprozeß mit dem Aufzeigen der Deutungsvielfalt und der Perspektivenpluralität unserer

Welt nicht bereits als abgeschlossen betrachtet werden (Siebert 1993, S. 139; vgl. Abschnitt 6.2.3).

Zur Unterstützung der notwendigen Personalisationsprozesse, d.h. für eine Hilfe beim Erlernen von autonomer Moral (Weber 1977), scheint eine liberale Erziehung weit besser geeignet als eine stark lenkende und vorschreibende. (Relative) Unfreiheit kann schwerlich auf eine (relativ) freie Lebensführung vorbereiten (v. Hentig 1984, S. 60). Was für die Freizeitpädagogik formuliert wurde, gilt in analoger Weise auch für die Schul- und Familienpädagogik: Die Beantwortung von Sinnfragen ist »nur individuell möglich ... und nur persönlich anzustreben, d.h. auf Grund eigener, nicht erzwungener, sondern selbstvollzogener Wertsicht ... (Dabei) sind allein befreiende Lernhilfen adäquat, die zur Selbstbestimmung disponieren« (Weber 1982, S. 495f.). Umgang mit Freiheit lehren heißt beispielsweise Entscheidungsfreudigkeit fördern und zu selbständigem Denken ermutigen. Umgang mit Freiheit kann nur in vorgeschossener relativer (auch erzieherischer) Freiheit gelernt werden. Es gibt bereits Vorschläge für Wertklärungshilfen, welche nicht indoktrinierend und konditionierend bestimmte Werte vorschreiben, sondern eigenständige Wertungsprozesse, die auf freier Wahl beruhen, fördern wollen (Mauermann in Vorbereitung; Oser/Althof 1992; Weber 1982, S. 498). Eine liberale Erziehung erweist sich also keineswegs als unbrauchbar zur Gewinnung von Orientierung.

Das Vorgehen einer liberalen Erziehung zur Bewältigung der Herausforderungen des gegenwärtigen Zeitgeistes darf nicht mit der opportunistischen Haltung der postmodernistischen Pädagogik dazu verwechselt werden, die der pädagogischen Moderne (z.B. Scheuerl 1992) neuerdings gegenübergestellt wird. Postmodernistische Pädagogen (z.B. Giesecke 1985; Wünsche 1985; Lenzen 1985) ziehen angesichts der radikalen Pluralisierung und rapiden Dynamisierung der Gesellschaft den Schluß, daß Pädagogik vor dem neuen Zeitgeist im Grunde zu kapitulieren habe, erteilen insbesondere einer wertorientierenden Erziehung eine Absage (vgl. Oelkers/Lehmann

1983, S. 78ff.) bzw. rufen das prinzipielle Ende der »pädagogischen Bewegung« aus (Kritik dazu Göstemeyer 1993; Gudjons 1993a, S. 297ff.; Weber 1995, S. 183ff.). Die Postmoderne fordert eine Haltung des »Alles-gelten-Lassens« und »Aushaltens« des Widerstreits der vielfältigen Lebensstile, eine Haltung, die sich – im Gegensatz zu derjenigen der liberalen Pädagogik – in einem spielerisch-unverbindlichen, ja »gleichgültigen« und unentschlossenen Umgang mit der Pluralität ausdrückt (Weber 1995, S. 206, 211). Das erzieherische Verhalten »postmoderner« Eltern kommt z.T. dem Laissez-faire »unsicherer« Eltern sehr nahe. Eine ernsthafte innere Auseinandersetzung mit der Pluralität unserer Welt oder gar eine Festlegung auf bestimmte Werte bzw. einen spezifischen Lebensstil gilt dort nicht als erstrebenswert. Die »postmoderne Persönlichkeit« erhebt statt dessen die äußere Oberflächlichkeit, die modische Selbstinszenierung oder das lockere Spiel mit verschiedenen »Wahrheiten« zum nihilistischen Programm ihrer Lebensphilosophie nach der Parole, »den Weg zum Zentralfriedhof so lustig wie möglich zu gestalten« (Bittner 1985, S. 109f.).

Die liberale Erziehung hingegen möchte eine ernsthafte Auseinandersetzung mit den verschiedenen Lebensstilen und Wertvorstellungen, die in einer pluralen Gesellschaft nebeneinander existieren, und das Treffen einer verantwortungsvollen und verbindlichen Wahl anregen und fördern. Sie beschreitet damit einen Mittelweg zwischen dem neokonservativen »Dogmatismus« und dem postmodernistischen »Adlibitum-Pluralismus« (Weber 1995, S. 207; Lamb 1994, S. 25). Dieser Mittelweg zielt auf das Ideal des mündigen Menschen. »In der wertepluralistischen Gesellschaft gibt es zur Lebensform der mündigen, sich selbst bestimmenden und eigenverantwortlichen Person keine vernünftig begründbare Alternative. Der Mündige befragt überlieferte Wertorientierungen nach Herkunft, Geltung und Folgen. Gestützt auf Einsicht und eigenständiges Urteil bestimmt er über sein Handeln und damit über sich selbst« (Schiefele 1993a, S. 177; vgl. Oelkers/Lehmann 1983, S. 80). Angesichts der bisweilen zu beobachtenden erschütternd naiven Arglosigkeit, mit der selbst Angehörige der Bildungs- und Leistungselite in Unternehmen auf abstruseste und teure Moden der auf wackligen Füßen stehenden Konzepte z.B. für Personalführung und -auswahlverfahren unkritisch vertrauen, drängt sich der Eindruck – im Widerspruch zur konservativen Ansicht – auf, daß die Notwendigkeit, Mündigkeit und Kritikfähigkeit als Erziehungsziele einzufordern, bisher noch nicht an Aktualität eingebüßt hat.

»Der Bereich der Moral ist nicht denjenigen vorbehalten, denen in erster Linie an Kontrolle und Anpassung, an Ruhe und Ordnung gelegen ist. Solche Menschen sollten sich an die Vorstellung gewöhnen, daß die Welt dort nicht ›in Ordnung‹ ist, wo das Denken durch starre Weltbilder eingeengt, wo es unterdrückt oder auch nur durch mediales Amüsement abgelenkt oder verkrüppelt ist. Wer demokratische Einstellungen entwickeln und zu demokratischer Partizipation fähig werden soll, muß Demokratie praktizieren dürfen – und das bereits in Kindheit und Jugendalter. Wer moralisch verantwortungsbewußt denken und handeln soll, muß sich mit Fragen der Moral auseinandersetzen, eine eigene Meinung entwickeln und Verantwortung praktizieren dürfen« (Oser/Althof 1992, S. 562).

8. Resümee

Die menschliche Wahrnehmung ist relativ unsensibel gegenüber sehr schnellen und sehr langsamen Veränderungen. Nicht selten wachsen die Früchte sozialer Bewegungen so gemächlich, daß selbst Mitglieder solcher Bewegungen ihre eigenen Erfolge leicht übersehen. In einer Welt, in der es sogar unbestreitbar dringliche globale Probleme sehr schwer haben, öffentliche Beachtung zu finden, ist es notwendig, die Aufmerksamkeit gelegentlich auf das bereits Erreichte zu richten; nicht um anschließend selbstgefällig in bequeme Lethargie zu verfallen, sondern um daraus frustrationsüberwindende Kraft für zukünftige Anstrengungen zu schöpfen. Das zwanzigste Jahrhundert hat etliche Gleichstellungs-, Gleichberechtigungs- und Freiheitsbewegungen in verschiedenen Bereichen erlebt. Diese haben sich gegen ethnische Diskriminierung, die unflexible Geschlechtsrollenfestschreibung und das zwischenmenschliche Oben-unten-Denken und damit verbundene rational unbegründbare Ungerechtigkeiten zur Wehr gesetzt. Diese Emanzipationsbewegungen konnten ihre Endziele noch nicht verwirklichen. Sie haben aber bisher wenigstens partielle Verbesserungen erreicht (vgl. Dreikurs/Cassel 1991, S. 12; Flitner 1993, S. 108; Gordon 1979, S. 182; Giesecke 1985; Russell 1967, S. 223; v. Schoenebeck 1982, S. 49; Stern 1995). In diese Reihe von Teilerfolgen ist nach Dreikurs und Cassel (1991, S. 12) auch die Anerkennung der prinzipiellen Gleichberechtigung des Kindes einzureihen. Obwohl das zwanzigste Jahrhundert nicht dasjenige »des Kindes« geworden ist, haben sich die Verhältnisse in der Erziehung insgesamt spürbar zum Guten verändert (Preuss-Lausitz 1993, S. 9f.).

Die Frage, der sich Paffrath schon 1972 (S. 66ff.) gestellt hat, nämlich, ob die antiautoritäre Erziehung ihr Ende gefunden habe, ist für die Gegenwart sicherlich zu bejahen, soweit damit die personale Vertretung eines pädagogischen Konzepts unter diesem Schlagwort gemeint ist. Das historische Ende einer sozialen Bewegung ist jedoch nicht ohne weiteres mit ihrem Scheitern gleichzusetzen. Innovationen der antiautoritären Erziehung mögen sich in den Ausformulierungen ihrer Wortführer nicht generell, schon gar nicht in der von ihnen geforderten Radikalität durchgesetzt haben. Auch gelang es nur partiell, ihre Grundideen so zu verbreiten, wie sie tatsächlich gemeint und beschrieben wurden. Insofern kann berechtigterweise vom Scheitern dieses Konzepts gesprochen werden. Trotzdem hat es als extreme Position und als provokatives Programm die öffentliche und wissenschaftliche Diskussion angeregt und damit sehr wahrscheinlich nicht unerheblich zur Veränderung der Erziehungswirklichkeit beigetragen und somit Erziehungsprozesse bis heute spürbar mitgeprägt. Von einem grundsätzlichen Scheitern im Sinne schädigender Wirkungen und der Unbrauchbarkeit für gegenwärtige Herausforderungen einer zeitgemäßen Pädagogik kann keine Rede sein.

Zur Bekräftigung des Eindrucks, die antiautoritäre Erziehung sei gescheitert, haben wahrscheinlich nicht unerheblich auch etliche selbstkritische Erfahrungsberichte von Eltern und Lehrern geführt, welche z.T. ihre permissiven Gehversuche schließlich frustriert eingestellt haben (Fend 1984, S. 207ff.; Häsing/Brandes 1983; Pauly 1994). Der Begriff »antiautoritäre Erziehung« ist nicht gesetzlich geschützt. Fraglich ist deshalb, ob bei seiner Verwendung in jedem Fall von Umsetzungsversuchen die Rede ist, welche sich mit der hier vertretenen Anschauung von liberaler Pädagogik in Einklang bringen lassen. Fend, der über solche Erfahrungsberichte liberaler Pädagogik referiert, hätte nach eigenen Worten gerne auch (selbst)kritische Werkstattberichte konservativer Pädagogen erwähnt: »Ich kenne solche aber nur aus der Perspektive jener, die unter (ihnen; P.L.) gelitten haben ..., und weniger von solchen Pädagogen, die sich als konservativ bezeichnen würden. Wenn es aber stimmt, daß in der Erziehung besonders die ›Stimme der Opfer‹ zählt, dann sind diese sehr ernst zu nehmen« (vgl. Fend 1984, S. 225).

Einige Ergebnisse von Follow-up-Studien deuten darauf hin, daß liberale Erziehungskonzepte möglicherweise nicht für jedes Kind gleich gut geeignet sind (Bernstein 1968a; Fend 1984, S. 205, 208; Neill 1985b, S. 54f.; Segefjord 1971, S. 145). Es wäre auch geradezu verwunderlich, wenn ausgerechnet mit diesen Konzepten die erste Universalie in der Pädagogik gefunden worden wäre. Unter welchen Voraussetzungen, bei welchen Persönlichkeitsstrukturen welche Art von liberaler Erziehung angebracht ist, das muß erst durch differentielle ATI-Forschung untersucht werden (»Aptitude-Treatment-Interaction«; z.B. Zumkley-Münkel 1984, S. 124ff.). Eine Voraussetzung für liberale Erziehung ist sicher eine in bezug auf ihre Sozialisationswirkung »intakte« Um- und Lebenswelt der Heranwachsenden. Wieviel von ebendieser Liberalität können sich aber Erzieher leisten, wenn die sonstigen dinglichen und sozialen Bedingungen des Aufwachsens und Lernens – im Unterschied zur privilegierten Lebensumwelt einer Schule wie Summerhill – alles andere als entwicklungsfördernd sind? Müssen sich, so fragt Domke, besorgte Eltern nicht zwangsläufig im selben Maße aufdringlich und fremdbestimmend verhalten, wie sich ihnen die sonstigen Sozialisationseinflüsse als erziehungsfeindlich entgegenstellen? (Domke in Vorbereitung). Diese bedenkenswerte Überlegung deutet Grenzen des Prinzips der Selbstbestimmung in der Erziehung an. Sie sollte allerdings nicht als Entschuldigung benutzt werden, um vorschnell von der Idee der Selbstbestimmung Abstand zu nehmen. Interessant wäre es auch, nicht nur die Theorie zu beleuchten, die von den Wortführern der antiautoritären Bewegung vorgelegt wurde, sondern auch die Erziehungsrealität, in der bekanntlich – und empirisch bestätigt (Nickel u.a. 1993, S. 111f.) – manches nicht mehr so heiß »gegessen« wird, wie es theoretisch »ausgekocht« wurde. Selbst noch so radikal formulierte Ansätze – Neill war kein starker Theoretiker (Kühn 1995, S. 97, 120) –, die voller innerer Widersprüche formuliert sind und sich in schroffem Gegensatz zu Befunden der empirischen Forschung befinden (vgl. Weber 1974, S. 53), verlieren in der Praxis oft ihren unrealistischen Anstrich. So manche Einseitigkeiten mildern sich in der Praxis ab, wo sie ohnehin nicht »pur« realisierbar sind. In der Pädagogik ist damit das gleiche Phänomen zu beobachten wie in der klinischen Psychologie: Die auf unversöhnlichen Paradigmata basierenden Ansätze der Puristen werden von der Praxis in Überwindung theoretischer Einseitigkeit in eklektischen Ansätzen aufgelöst und vereint.

Es scheint, als ob heute noch (oder wieder) die größeren Risiken im allgemeinen dort vermutet werden, wo vermeintlich *zuviel* Freiheit gewährt wird. Forderungen nach einer Steigerung der Liberalität werden deshalb unter besonderen Rechtfertigungsdruck gestellt. Die Risiken hingegen, die vom Gewähren von *zuwenig* Freiheit und vom künstlichen Unmündighalten von Kindern und Jugendlichen ausgehen, werden dabei unterschätzt. Wirklichkeitsbeschreibungen legen global die Vermutung nahe, daß eine »autoritäre Ordnungspädagogik ... problematischer (ist) als eine realitätsgerechte Partnerschaftspädagogik« (Fend 1984, S. 256). Vermutlich darf auch Gersons Behauptung, daß »zu große Liebe weniger schadet als zu große Strenge« (1904, zit. nach März 1994, S. 260), analog interpretiert werden.

Die antiautoritären »Experimente« haben in beeindruckender Weise gezeigt – und dies allein macht sie bereits beachtenswert –, daß so manche für unverzichtbar gehaltenen Einschränkungen der Selbstbestimmung zumindest bei einem großen Teil der Heranwachsenden weitgehend überflüssig zu sein scheinen, vielleicht sogar das Lernen und die Entwicklung von Heranwachsenden stark hemmen. Die vorliegenden Befunde einschlägiger Untersuchungen sollten eigentlich nachdenklicher stimmen, als sie es tun: Liberale Erziehungskonzepte scheinen offensichtlich annähernd die gleiche Verteilung von (Schul- und Lebens-)»Versagern«, Angehörigen des breiten Mittelfelds und »Leistungsspitzen« zu produzieren wie herkömmliche Erziehungssysteme mit ihrem bisweilen ängstlich gehüteten Disziplinar-Apparat und einer dennoch permanent Lehreraktivitäten bindenden Disziplinproblematik (vgl. Segefjord 1971, S. 34). Wer bei Neills Forderungen sofort das Ausbrechen von Chaos und Mißbrauch heraufbeschwört, übersieht zumeist, daß zumindest für Ältere im konventionellen Bildungswesen schon längst funktionstüchtige Institutionen existieren, bei denen einige dieser Forderungen, wie die Freiwilligkeit des Besuchs von Lehrveranstaltungen, eingelöst sind: die Universitäten. Wo aber ist in der Selbstbestimmungsfähigkeit der Unterschied zwischen einem 20jährigen Gymnasiasten und einem 19jährigen Studenten? Volljährige sind *politisch* wahlberechtigt, aber nicht in ihren alltäglichen *schulischen* Belangen. »Schülermitbestimmung an den öffentlichen Schulen besteht zumeist aus einer Karikatur des parlamentarischen Systems« (Kühn 1995, S. 133).

Nach *dem* Grundgedanken der Reformpädagogik passiert organisiertes Lernen nicht gegen das Kind, sondern nur mit ihm oder gar nicht (Herrmann 1995). Die Wirkung aller für die Zu-Erziehenden wissentlich angewendeten Erziehungs- und Unterrichtsmethoden steht und fällt also letztlich mit deren Lernwillen und Bereitschaft zur Kooperation, eine Erkenntnis, der der Wiener Erziehungskundler Vincenz Milde schon zu Beginn des 19. Jahrhunderts Ausdruck verliehen hat (vgl. März 1980, S. 282). Wird versucht, pädagogisch nicht gegen diese Bereitschaft und den Willen von Kindern anzutreten, sondern flexibler mit ihnen zu arbeiten, erstaunt es, in welcher kurzen Zeit durchschnittliche Kinder fähig sind, sich Kompetenzen anzueignen und mit großer Ausdauer (selbstgesteckte) Lernziele zu erreichen. Dies ist zu beobachten, wenn Kinder sich mit einem Fachgebiet im Rahmen eines intensiv betriebenen Hobbys, das von den Eltern gefördert wird, auf eigenen Antrieb hin beschäftigen. Derartige Alltagserfahrungen mögen als ernsthafte Hinweise auf einen möglicherweise weitgehend suboptimalen Einsatz von Unterrichtszeit an öffentlichen Schulen gelten. »Die Schule ist auf Bedingungen eingeregelt, die zwar Lernleistungen fordern, aber den Abbau von Leistungshemmnissen ebenso behindern wie den Aufbau leistungsfördernder Erwartungen. Das gilt zumindest für die große Zahl der weniger oder gar nicht erfolgreichen Schüler« (Schiefele 1993a, S. 181).

Wenn es richtig ist, daß autoritäre Erziehung autoritäre Persönlichkeiten hervorbringt (Kracke u.a. 1993, S. 981; Rabe-Kleberg 1989, S. 444; Weber 1974, S. 22ff.), welche gerne bereit sind, ihre eigene Freiheit auf dem Altar autoritärer Führung zu opfern, dann darf das Gegenteil für die repressionsarme Erziehung vermutet werden. Liberalere Erziehungsformen scheinen eher zum verantwortungsvollen Umgang mit Demokratie und Pluralismus zu befähigen. Vielleicht haben uns selbst radikal-liberale Beispiele wie Summerhill noch mehr an Anregungen zu bieten, als gemeinhin angenommen wird. Der offizielle Bericht der Schulinspektoren 1949 endet mit den Worten, es bestehe kein Zweifel daran, »daß in Summerhill faszinierende und wertvolle erzieherische Forschungsarbeit geleistet wird, die zu beobachten für alle Pädagogen von Nutzen wäre« (Neill 1985a, S. 98).

In erziehungswissenschaftlichen Auseinandersetzungen, bei denen es um Praxisorientierung geht, sollte das Abwägen von Grundpositionen, wie z.B. die der liberalen bzw. der konservativen, eigentlich nur den heuristischen ersten Schritt darstellen, dem weitere folgen. Denn konkrete Entscheidungen in der und für die Erziehungspraxis lassen sich selten unmittelbar aus solchen abstrakten Abwägungsprozessen ableiten, weil diese für die Umsetzung in erziehungsbedeutsamen Situationen meist zu undifferenzierte Antworten anbieten. Grundsatzbekenntnisse, auch reflektierte, zeigen bestenfalls allgemeine Präferenzen pauschaler Überzeugungsschemata an, die zur hohlen Prinzipienreiterei auswachsen, wenn sie blind auf den Einzelfall im täglichen Erziehungsgeschäft übertragen werden. Die Überzeugung, dem Kind prinzipiell möglichst viel Freiraum zu lassen, hilft allein noch wenig weiter, wenn entschieden werden muß, ob die vierjährige Sylvia in ihrer Autonomie ungerechtfertigt eingeschränkt oder vor einer Überforderung bewahrt wird, wenn sie in die Wahl des Urlaubsziels ihrer Familie nicht mit einbezogen wird. Hochabstrakte Schlagwörter wie »Freiheit«, »Selbstbestimmung« und »Selbstverantwortung« mögen zur groben Charakterisierung von Standpunkten in theoretischen Diskussionen nützlich sein; zur praktischen Erziehung taugen sie unmittelbar wenig (vgl. Oelkers/Lehmann 1983, S. 79).

Liberale und konservative Grundsatzpositionen stehen nur als einseitige *gedankliche* Konstrukte völlig konträr zueinander. Im konkreten Erziehungs*alltag* sind ihre Inhalte wechselseitig aufeinander verwiesen. Es kann ernsthaft weder eine totale Anpassung an die sozialen Ordnungssysteme bzw. eine absolute Verpflichtung auf Traditionsbezüge noch die prinzipielle Verurteilung jeglicher sozialen Ordnung als »repressiv«, die totale Selbstentfaltung, das permanente Neuerfinden des Rads in grundlegenden Auseinandersetzungen mit jedem und allem gewünscht werden. Natürlich schließen sich auch Leistungsbereitschaft und Kritikfähigkeit nicht aus. Selbst konservativste Erzieher werden sich zur Entwicklung eines selbstverantworteten und autonomen Handelns beim Zu-Erziehenden nicht völlig dagegen verwahren können, Kindern und Jugendlichen Freiräume des Ausprobierens, des Erlebens der eigenen Kraft und auch des gelegentlichen Gewinnens, auch gegen ihre Eltern und Lehrer, einzuräumen; genauso wie die liberalsten Erzieher sich nicht ganz dagegen verschließen können, nicht zur Diskussion stehende Vorgaben zu machen.

Es muß in einer praxisorientierten Auseinandersetzung darum gehen, Erkenntnisse darüber zu gewinnen, in welchen Situationen bei welchen Kindern welche Form von Selbst- bzw. Fremdbestimmung angezeigt ist. Einige differenzierte Vorstöße jenseits jeder polemischen Einseitigkeit, liberale und konservative Positionen grundsätzlich gegeneinander aufrechnen zu wollen, wurden bereits unternommen (z.B. Fend 1984; Perkinson 1984; Zumkley-Münkel 1984). »Eine reife pädagogische Haltung liegt zwischen den Zonen, die durch diese Versuchungen gezogen werden. Sie besteht in einer klaren Einsicht in die Vermittlungsprozesse zwischen der Erhaltung einer sozialen Ordnung und Tradition und den Rechten der jeweils neuen Generation, und sie behält sich Kritik gegenüber beiden Seiten vor« (Fend 1984, S. 237). Für eine solche offene Herangehensweise ist es allerdings notwendig, daß weder die Inhalte konservativer noch liberaler Grundpositionen abgeurteilt werden. Es ist das Anliegen des vorliegenden Beitrags, einer solchen irrationalen Abqualifikation derjenigen Grundsatzposition entgegenzuwirken, die derzeit am meisten ungerechtfertigten Angriffen ausgesetzt ist.

Anhang: Studenten-Befragung

Im Februar 1994 wurde an der Universität Augsburg eine schriftliche Befragung zum Kenntnisstand und den Ansichten über die antiautoritäre Erziehung unter Pädagogik-Studenten durchgeführt.

Datenerhebung

Der Kenntnisstand wurde über drei offene Fragen erhoben (1. Vertreter oder Institutionen. 2. Zeitliche Einordnung. 3. Allgemeine Kenntnisse):

1. Welche Namen verbinden Sie mit der sogenannten antiautoritären Erziehung?
2. Wann war Ihrer Einschätzung nach die Blütezeit der antiautoritären Erziehung?
3. Was wissen Sie sonst noch über die antiautoritäre Erziehung? Deuten Sie Ihre Kenntnisse (oder Vermutungen) in Schlagworten oder kurzen Sätzen an!

Die Einstellung und die persönlichen Ansichten zur antiautoritären Erziehung wurden über eine offene und eine geschlossene Frage erhoben:

1. Welche Einstellung haben Sie persönlich zur antiautoritären Erziehung?
2. Sie stehen der antiautoritären Erziehung eher ablehnend/eher befürwortend/(weiß nicht) gegenüber.

Einschätzungen zur gegenwärtigen Verbreitung und zum Einfluß der antiautoritären Erziehung wurden über eine offene Frage erhoben:

> Haben Sie den Eindruck, daß die antiautoritäre Erziehung heute noch praktiziert wird oder einen Einfluß auf die gegenwärtige Erziehungspraxis hat? (Gegebenenfalls erläutern!)

Des weiteren wurde nach dem Lebensalter, der Semesterzahl, dem Studiengang und -abschnitt gefragt und nach der Genehmigung, die Antworten entindividualisiert und anonym in einer Veröffentlichung zitieren zu dürfen.

Auswertung

Die offenen Fragen wurden zusammenfassend inhaltsanalytisch nach einem Kategorienschema ausgewertet und kodiert, wobei zwei unabhängige Rater folgende Interrater-Übereinstimmungen erzielten: Kenntnisstand $r = 0.58$ ($p < 0.001$); Verbreitung und Einfluß $r = 0.80$ ($p < 0.001$); Einstellung $r = 0.99$ ($p < 0.001$).

Der Median des Lebensalters der Befragten war 22 Jahre. Sie befanden sich zum Erhebungszeitpunkt zu 58% im ersten Semester und zu 94% in den ersten drei Studiensemestern. Sie waren zu 85% im Studiengang Diplompädagogik immatrikuliert; die Restgruppe studierte Pädagogik im Rahmen eines Magisterstudiengangs oder des Lehramtsstudiums bzw. andere nicht-pädagogische Studiengänge.

Da die Stichprobe klein (N = 115) ist und die Erhebung hauptsächlich nur Studierende des Fachs Pädagogik in Augsburg umfaßt, können die Ergebnisse nicht ohne weiteres über diese Gruppe hinaus verallgemeinert werden.

Die Angaben von 83% der Befragten zu ihrem Kenntnisstand zur antiautoritären Erziehung ließen den Schluß zu, daß sie über grobes bzw. detailliertes zutreffendes Wissen verfügen. Der Rest machte entweder keine oder kaum zutreffende Angaben. Unter den nicht zutreffenden Aussagen wurden folgende Namen am häufigsten mit der antiautoritären Erziehung in Verbindung gebracht:

- Reformpädagogen wie M. Montessori, E. Key,
- geistige Vorläufer wie J.-J. Rousseau,
- die anthroposophische Waldorfpädagogik bzw. R. Steiner

Inhaltliche unzutreffende Konzeptbeschreibungen charakterisierten z.B. die Rousseausche Pädagogik oder die Waldorfpädagogik.

Zusammenhänge zwischen dem Kenntnisstand bezüglich der antiautoritären Pädagogik und der angenommenen Verbreitung können aufgrund der erhobenen Daten nicht belegt werden. Lediglich die Einstellung und die angenommene Verbreitung zeigen einen schwachen Zusammenhang ($r = 0.20$; $p = 0.049$) an, im Sinne der »Heilen-Welt-Hypothese«: Je positiver die eigene Einstellung zur antiautoritären Erziehung, als um so weitreichender wird ihre Verbreitung angenommen.

Literatur

Adam, K.: Erziehung mit Nebenfolgen. Frankfurter Allgemeine Zeitung, 5.3.1993, S. 1; wieder abgedruckt: Neue Sammlung, 33. Jg., H. 2, 1993, S. 205f.

Adorno, Th.W.: Studien zum autoritären Charakter. Frankfurt a.M. 1973

Alexander, E.: Linker Geist auf rechtem Fleck. In: Häsing/Brandes (Hrsg.), 1983, S. 42–51

Alt, J.: »Ich habe aber die Erfahrung gemacht ...«. Der pädagogische Blick, 1. Jg., H. 4, 1993, S. 219–230

Ammen, A.: Summerhill. Versuch einer soziologischen Analyse der Sozialisierung in Summerhill. Die Deutsche Schule, H. 12, 63. Jg., 1971, S. 798ff.; auch abgedruckt in: Claßen, J. (Hrsg.): Antiautoritäre Erziehung in der wissenschaftlichen Diskussion. Heidelberg 1973, S. 246–295

Appleton, M.: A law unto themselves. Libertarian Education (Lib Ed), Vol. 2, No. 16, Summer 1991, S. 11–14

Auwärter, M.: Erziehungsratschläge. In: Michel, K./Spengler, T. (Hrsg.): Kursbuch 80: Begabung und Erziehung. Berlin 1985, S. 87–102

Bange, D.: Die dunkle Seite der Kindheit. Sexueller Mißbrauch an Mädchen und Jungen. Köln 1992

Bartmann, B.: Der Teufelskreis der Staatserziehung. In: Klemm (Hrsg.), 1992, S. 198–203

Bartoszyk, J./Nickel, H.: Geburt. In: Nickel, H. (Hrsg.): Psychologie der Entwicklung und Erziehung. Pfaffenweiler 1993, S. 15–25

Baumann, H.: Freiheit als Prinzip. Trafik. Internationales Journal zur libertären Kultur und Politik, No. 29, H. 3, 1988, S. 67–74

Baumrind, D.: Some thoughts about childrearing. In: Bronfenbrenner U./Mahoney M. (Hrsg.): Influences on Human Development. Hinsdale (Ill.) 1975/2, S. 270–282

Becker, G.: Handlungsorientierte Didaktik. Weinheim 1991

Becker, G.: Durchführung von Unterricht. Reihe: Handlungsorientierte Didaktik. Teil 2. Weinheim 1993/6

Bell, S./Ainsworth, M.: Infant Crying and Maternal Responsiveness. Child Development, 43, 1972, S. 1171–1190
Benner, D. u.a.: Entgegnung zum Bonner Forum »Mut zur Erziehung«. München 1978
Berg, L.: Persönliche Mitteilung an Jonathan Croall. Zit. nach Croall 1983, S. 390, 422
Berger, P.L.: Sehnsucht nach Sinn. Glauben in einer Zeit der Leichtgläubigkeit. Frankfurt a.M. 1994
Bernstein, E.: Summerhill: after 50 years the first follow-up. The New Era, 48 (2), 1967, S. 30f.
Bernstein, E.: What does a Summerhill Old School Tie look like? Psychology Today, October, 1968a, S. 38–41 und 70
Bernstein, E.: Summerhill: A follow-up study of its students. Journal of Humanistic Psychology, 8 (2), 1968b, S. 123–136
Betz, D./Breuninger, H.: Teufelskreis Lernstörung. München 1987
Birnbaum, F.: Versuch einer Systematisierung der Erziehungsmittel. Wien 1950
Bittner, G.: Der postmoderne Nihilismus. In: Baacke, D./Frank, A. u.a. (Hrsg.): Am Ende – postmodern? Next wave in der Pädagogik. Weinheim 1985, S. 106–114
Blankertz, H.: Vorwort. Zeitschrift für Pädagogik. 15. Beiheft: Die Theorie-Praxis-Diskussion in der Erziehungswissenschaft, 1978 S. 5–7
Bohnacker, W.: Summerhill droht die Schließung. Süddeutsche Zeitung, Nr. 35 vom 12.2.1994, S.14
Bönsch, M.: Variable Lernwege. Ein Lehrbuch der Unterrichtsmethoden. Paderborn 1991
Braunmühl, E.v.: Antipädagogik. Weinheim 1995
Braunmühl, E.v.: Antipädagogische Streitsätze oder Erziehung als Ideologie. In: Klemm (Hrsg.), 1992, S. 90–100
Breinbauer, I.: Antiautoritäre Pädagogik. In: Spiel (Hrsg.), 1980, S. 301–328
Brendle, P.: Positives Denken. Heil und Unheil aus dem Unbewußten? Bad Liebenzell 1990
Brezinka, W.: Die Pädagogik und die erzieherische Wirklichkeit. In: Röhrs H. (Hrsg.): Erziehungswissenschaft und Erziehungswirklichkeit. Frankfurt a.M. 1964, S. 192–220
Brezinka, W.: Metatheorie der Erziehung. München 1978
Brezinka, W.: Erziehungsziele, Erziehungsmittel, Erziehungserfolg. München 1981/2
Brezinka, W.: Erziehung in einer wertunsicheren Gesellschaft. Beiträge zur Praktischen Pädagogik. München 1986

Brezinka, W.: Erziehungsziele in der Gegenwart. In: Weigelt (Hrsg.), 1991a, S. 11–35
Brezinka, W.: Erziehung zur Lebenstüchtigkeit in einer Zeit der Orientierungskrise. In: Weigelt (Hrsg.), 1991b, S. 71–83
Brezinka, W.: Erziehungsziele: Konstanz, Wandel, Zukunft. Pädagogische Rundschau, H. 3, Jg. 47, 1993, S. 253–260
Brückner, P.: Zur Pathologie des Gehorsams. In: Flitner, A./Scheuerl, H. (Hrsg.): Einführung in pädagogisches Sehen und Denken. München 1984, S. 87–100
Caesar, B.: Autorität in der Familie. Reinbek 1972
Chott, P. : Das Prinzip der Lebensnähe in der Schule. Frankfurt a.M. 1988
Croall, J.: Neill of Summerhill. The Permanent Rebel. London/Melbourne 1983
Cruts, A.A.: Folk Developmental Psychology. An empirical Inquiry into Social Constructionism. Unpublished doctoral thesis: Rijksuniversiteit Utrecht 1991
Dann, H.-D. (1989): Was geht im Kopf des Lehrers vor? Psychologie in Erziehung und Unterricht, 36. Jg., 1989, S. 81–90
Deci, E./Ryan, R.: Die Selbstbestimmungstheorie der Motivation und ihre Bedeutung für die Pädagogik. Zeitschrift für Pädagogik, 2, 1993, S. 223–238.
Dietrich, T.: Antiautoritäre Erziehung – ein Widerspruch in sich? Lebendige Schule, 26. Jg., H.3, 1971, S. 87–93
Ditfurth, H.v.: Unbegreifliche Realität. Hamburg 1987
Ditfurth, H.v.: Innenansichten eines Artgenossen. München 1989
Ditfurth, H.v.: Wir sind nicht nur von dieser Welt. München 1991/8
Dollase, R.: Grenzen der Erziehung. Düsseldorf 1984
Domke, H.: Was heißt »Ende der Erziehung«? Fragen zu Hermann Gieseckes unerfreulicher These. In: Mauermann, L. (Hrsg.): Lehrer als Erzieher. Donauwörth 1987, S. 13–27
Domke, H.: Erziehungsmethoden. Donauwörth 1991/6
Domke, H.: Gar nicht erzogen und doch ausgezeichnet erzogen. In: Macha, H./Mauermann, L. (Hrsg.): Brennpunkte der Familienerziehung. In Vorbereitung
Döring, K.W.: Lehren in der Erwachsenenbildung. Weinheim 1990
Dreikurs, R./Cassel, P.: Disziplin ohne Tränen. München 1991/5
Eden, D.: Pygmalion in Management. Lexington 1990
Einstein, A.: Ideas and Opinions. New York o.J.
Emnid-Institut: Emnid-Umfrage und Analyse, Nr. 3–4, 1992
Enders, U.: Über Selbstvertrauen und (Über-)Lebenskraft. In: Bange, D./Enders, U. u.a. (Hrsg.): Nein ist Nein. Neue Ansätze in der Präventionsarbeit. Köln 1993, S. 51–58

Engfer, A.: Kindesmißhandlung und sexueller Mißbrauch. Zeitschrift für Pädagogische Psychologie, 6 (3), 1992, S. 165–174

Ernst, H.: Die unstillbare Neugier auf Sinn. Psychologie Heute, Oktober, H. 10, 21. Jg., 1994, S. 22–25

Etterer, J./Ferstl, A.: Besuch im Paradies. Unveröffentlichter Bericht über eine Exkursion Augsburger Studenten nach Summerhill im November 1993

Faehndrich, W./Jurkeit, R.: Die philippinischen Heiler. Eine kritische Würdigung des Phänomens. Altstätten 1987

Falk, G./Steinert, H.: Über den Soziologen als Konstrukteur von Wirklichkeit. In: Steinert, H. (Hrsg.): Symbolische Interaktion. Stuttgart 1973, S. 13–45

Faltermaier, M.: Zum Verhältnis von Theorie und Praxis: Wozu macht und braucht man eine Theorie der Jugendarbeit? In: Faltermaier, M. (Hrsg.): Nachdenken über Jugendarbeit. München 1983, S. 225–230

Farrell, W.: Mythos Männermacht. Frankfurt a.M. 1995

Faulstich, W./Grimm, G. (Hrsg.): Sturz der Götter? Vaterbilder im 20. Jahrhundert. Frankfurt a.M. 1989

Fend, H.: Gesamtschule im Vergleich. Weinheim 1982

Fend, H.: Pädagogik des Neokonservatismus. Frankfurt a.M. 1984

Fey, E.: Möglichkeiten und Grenzen von Prävention – Bedeutung und Hintergründe von sexuellem Mißbrauch. In: Büscher, U./Gegenfurtner, M. u.a. (Hrsg.): Sexueller Mißbrauch von Kindern und Jugendlichen. Essen 1991, S. 43–70

Feyerabend, P.: Wider den Methodenzwang. Frankfurt a.M. 1976

Feyerabend, P.: Erkenntnis für freie Menschen. Frankfurt a.M. 1979

Finckenstein, I. v.: Die Horror-Kids und ihre Eltern. Ist die Erziehung wirklich am Ende – oder nicht doch erst am Anfang? Süddeutsche Zeitung, Nr. 196, 26./27.8.1995, 1995, S. V2/38

Flitner, A.: Konrad, sprach die Frau Mama. Über Erziehung und Nicht-Erziehung. Berlin 1982

Flitner, A.: Schulreform und Praktisches Lernen. In: Borrelli, M. (Hrsg.): Deutsche Gegenwartspädagogik. Baltmannsweiler 1993, S. 108–119

Foerster, F.W.: Die Hauptaufgaben der Erziehung. Freiburg 1959

Frankl, V.: Der Mensch vor der Frage nach Sinn. München 1993

Frei, K.: Sexueller Mißbrauch. Schutz durch Aufklärung. Ravensburg 1993

Fuchs, B.: Postmoderne – und danach? Vierteljahresschrift für wissenschaftliche Pädagogik. Diskussionsbericht des 25. Salzburger Symposiums, 1989, S. 415–425

Gaarder, J.: Sofies Welt. Roman über die Geschichte der Philosophie. München 1993
Geißler, E.E. (Hrsg.): Autorität und Erziehung. Bad Heilbrunn 1965
Gerson, J.C.: Pädagogische Schriften. Bd. XV. Bibliothek der katholischen Pädagogik. Freiburg i. Br. 1904
Giesecke, H.: Die Jugendarbeit. München1980
Giesecke, H.: Das Ende der Erziehung. Stuttgart 1985
Giesecke, H.: Die Zweitfamilie. Stuttgart 1987
Goodsman, D.: Summerhill: Theory and Practice (unpublished dissertation). University of East Anglia: Centre for Applied Research in Education. East Anglia 1992
Gordon, T.: Familienkonferenz. Die Lösung von Konflikten zwischen Eltern und Kind. Hamburg 1979/13
Göstemeyer, K.-F.: Pädagogik nach der Moderne? Vom kritischen Umgang mit Pluralismus und Dogmatismus. Zeitschrift für Pädagogik, Jg. 39, Nr. 5, 1993, S. 857–870
Gribble, D.: Auf der Seite der Kinder. Weinheim 1991
Gross, P.: Die Multioptionsgesellschaft. Frankfurt a.M. 1994
Gudjons, H.: Pädagogisches Grundwissen. Bad Heilbrunn 1993a
Gudjons, H.: Abriß der Entwicklungspsychologie: Jugend. Pädagogik, H. 2, 1993b, S. 46–51
Hamann, B.: Pädagogische Anthropologie: Theorie – Modelle – Strukturen. Bad Heibrunn 1993/2
Hammelmann, I./Steele, M.: Summerhill – Die Legende lebt. Zeitmagazin vom 11.10.1991, Nr. 42, 1991, S. 98–110
Harress, H.: Das Vorbild des Erziehers. Wie soll ich mein Kind erziehen: autoritär, antiautoritär oder partnerschaftlich? Der Elternbrief, 30. September, 1987, S. 161–164
Hart, H. (Hrsg.): Summerhill: Pro und contra. Reinbek 1971
Häsing, H./Brandes, V. (Hrsg.): Kinder, Kinder! Frankfurt a.M. 1983
Hastenteufel, P.: Fallstudien aus dem Erziehungsalltag. Bad Heilbrunn 1980
Hefft, G.: Elternbücher. Eine pädagogische Analyse. München 1978
Heid, H.: Über die praktische Belanglosigkeit pädagogisch bedeutsamer Forschungsergebnisse. In: König E./Zedler P. (Hrsg.): Rezeption und Verwendung erziehungswissenschaftlichen Wissens in pädagogischen Handlungs- und Entscheidungsfeldern. Weinheim 1989, S. 111–124
Heid, H.: Das Subjekt als Objekt erziehungswissenschaftlicher Forschung? Zur Stichhaltigkeit »geisteswissenschaftlicher« Einwände

gegen das analytisch-empirische Forschungsparadigma. In: Pollak, G./Heid, H. (Hrsg.): Von der Erziehungswissenschaft zur Pädagogik? Weinheim 1994, S. 133–147

Heimrath, J.: Plädoyer für ein freies Bildungswesen. Bericht zum 6. Regensburger Kongreß. Anarchismus und Bildung. Schriften zur libertären Pädagogik, Juli, H. 2, 1988, S. 149–155

Heitger, M. (Hrsg.): Erziehung oder Manipulation. Die Problematik der Erziehungsmittel. München 1969

Heitmeyer, W. u.a.: Die Bielefelder Rechtsextremismus-Studie. Weinheim 1992

Hentig, H.v.: Das allmähliche Verschwinden der Wirklichkeit. München 1984

Hentig, H.v.: Aufwachsen in einer Welt, in der sich zu leben lohnt. Eine Auseinandersetzung mit der These, die Jugendgewalt von rechts sei eine Folge der linken Aufklärung. Neue Sammlung, 33. Jg., H. 2, 1993, S. 171–192

Hentig, H.v.: Die Schule neu denken. München/Wien 1994/3

Henz, H.: Ermutigung. Ein Prinzip der Erziehung. Freiburg 1964

Herrmann, U.: »Mut zur Erziehung«: Anmerkungen zu einer proklamierten Tendenzwende in der Erziehungs- und Bildungspolitik. Zeitschrift für Pädagogik, 24. Jg., H. 2, 1978, S. 221–234

Herrmann, U.: Vom Nutzen und Nachteil der deutschen Reformpädagogik für die Schule. Vortrag bei der Tagung »Summerhill und danach – ein neuer Start in die Reformpädagogik« in der Evangelischen Akademie Bad Boll vom 27. bis 29.1.1995. Dokumentation: Protokolldienst 20/1995, S. 9–31

Hierdeis, H.: Erziehungsinstitutionen. Bd. 3 der Reihe: Pädagogik – eine Einführung (Hrsg.: E. Weber). Donauwörth 1983/5

Hinte, W.: Non-direktive Pädagogik. Opladen 1980

Hochkeppel, W.: War Epikur ein Epikureer? Aktuelle Weisheitslehren der Antike. München 1988/3

Hoffmann, W.: Ein Lehrer und seine Wissenschaft. Neue Sammlung, 33. Jg., H. 2, 1993, S. 193–204

Höner, U.: Arbeitsgruppenunterricht und Blocktage – oder die »real existierende« pädagogische Autonomie des öffentlichen Gymnasiums Bern. Vortrag bei der Tagung »Summerhill und danach – ein neuer Start in die Reformpädagogik« in der Evangelischen Akademie Bad Boll vom 27. bis 29.1.1995. Dokumentation: Protokolldienst 20/1995, S. 3–8

Horkheimer, M./Fromm, E. u.a.: Studien über Autorität und Familie. Forschungsberichte aus dem Institut für Sozialforschung. Paris 1936 (reprogr. Nachdruck: Lüneburg 1987)

Huisken, F.: Die Wissenschaft von der Erziehung. Einführung in die Grundlügen der Pädagogik. Hamburg 1991
Janssen, H.: Kinder wollen Klarheit. Zürich 1994
Johansen, E.: Betrogene Kinder. Eine Sozialgeschichte der Kindheit. Frankfurt a.M. 1978
Kamlah, W.: Philosophische Anthropologie. Sprachliche Grundlagen und Ethik. Mannheim 1973
Kerlinger, F.: Grundlagen der Sozialwissenschaften. Bd. 1 und 2. Weinheim 1978/1979
Key, E.: Das Jahrhundert des Kindes. Berlin 1900/1, 1905/12
Klages, H.: Wertorientierungen im Wandel. Frankfurt a.M. 1985/2
Klaßen, T./Skiera, E. (Hrsg.): Handbuch der reformpädagogischen und alternativen Schulen in Europa. Baltmannsweiler 1993/2
Klemm, U. (Hrsg.): Quellen und Dokumente der Antipädagogik. Frankfurt a.M. 1992
Klemm, U./Treml. A. (Hrsg.): Apropos Lernen. Alternative Entwürfe und Perspektiven zur Staatsschulpädagogik. München 1989
Knappe, A./Selg, H.: Prävention von sexuellem Mißbrauch an Mädchen und Jungen. Forschungsbericht. Bamberg 1993
Knauer, R./Krohn, E./Höner, P.: Lernen geht auch anders. Berlin 1985/4
Kopp, S.B.: Triffst Du Buddha unterwegs. Psychotherapie und Selbsterfahrung. Düsseldorf 1983
Kracke, B./Noack, P./Hofer, M./Klein-Allermann, E.: Die rechte Gesinnung: Familiale Bedingungen autoritärer Orientierungen ost- und westdeutscher Jugendlicher. Zeitschrift für Pädagogik, Jg. 39, Nr. 6, 1993, S. 971–988
Kron, F.W. (Hrsg.): Antiautoritäre Erziehung. Bad Heilbrunn 1973
Kröncke, G.: Die bedrohte Republik der Kinder. Süddeutsche Zeitung, Nr. 42, 21.2.1994, 1994, S. 3
Krüsmann, G.: Klasse 5 – offen für Selbständigkeit. Essen 1994
Kühn, A.D.: Alexander S. Neill. Reihe: Rowohlts Monographien. Reinbek 1995
Kürzdörfer, K. (Hrsg.): Erziehung und Verantwortung. Frankfurt a.M. 1993
Lamb, A.: A film that failed to live up to its title. Libertarian Education (Lib Ed), Vol. 2, No. 20, Winter, 1992, S. 11
Lamb, A.: Summerhill's School Booklet. Friends of Summerhill Trust Journal, Summer, Issue 10, 1994, S. 25–38
Lederer, G.: Jugend und Autorität. Über den Einstellungswandel zum Autoritarismus in der BRD und den USA. Opladen 1983
Lehner, H.: Einführung in die empirisch-analytische Erziehungswissenschaft. Bad Heilbrunn 1994

Lempp, R.: Die Rolle des Vaters und ihre Veränderung im 20. Jahrhundert. In: Faulstich/Grimm (Hrsg.), 1989, S. 176–189

Lenzen, D.: Mythologie der Kindheit. Reinbek 1985

Lenzen, D. (Hrsg.): Pädagogische Grundbegriffe. Bd. 1. Reinbek 1989

Leonhardt, R.: Das Glück von Summerhill. Die Zeit, Nr. 1, 3.1.1971

Leue, M.: The Free School Community. Friends of Summerhill Trust Journal, January, Issue 7, 1992, S. 20f.

Libertarian Education Collective: Sex, lies and videotape: Channel Four and Summerhill. Libertarian Education (Lib Ed), Vol. 2, No. 20, Winter, 1992, S. 11–14

Lickona, T.: Wie man gute Kinder erzieht! München 1989

Littmann, J.: Keine Schließung in Summerhill. Unterwegs, Nr. 1, Juni, 1994a, S. 27

Littmann, J.: Was ist dran an Summerhill? Unterwegs, Nr. 2, September, 1994b, S. 24f.

Loch, W.: Pädagogik des Mutes. Bildung und Erziehung, 18. Jg., 1965, S. 1–15

Loska, R.: Lehren ohne Belehrung. Leonard Nelsons neosokratische Methode der Gesprächsführung. Bad Heilbrunn 1995

Lucas, H.: Beware visitors bearing video cameras. Libertarian Education (Lib Ed), Vol. 2, No. 20, Winter, 1992, S. 13

Ludwig, P.: Sich selbst erfüllende Prophezeiungen im Alltagsleben (Vorwort: R. Rosenthal). Stuttgart 1991

Ludwig, P.: Pygmalion im Notenbuch. Die Auswirkung von Erwartungen bei Leistungsbeurteilung und -rückmeldung. Pädagogische Welt. 49. Jg., H. 3, März, 1995, S. 114–119

McGregor, D.: The human side of enterprise. New York 1960

Macha, H.: Autobiographic Reports about Family Education Experiments: Scupin, Ritter, Nikitin. In: Catarsi E. (Hrsg.): Twentieth Century Pre-School Education. Times, Ideas, and Portraits. Mailand 1985, S. 239–256

Macha, H.: Wandlungen der Familienerziehung heute und ihre Auswirkungen auf die Schule. In: Martial, I./Ludwig, H./Pühse, U. (Hrsg.): Schulpädagogik heute. Probleme und Perspektiven, Frankfurt a.M. 1994, S. 161–182

Mahlmann, F. (1994): Laßt tausend Blumen blühen! Die Zeit, Nr. 9, 25.2. 1994, S. 51

Mantell, D.: Das Potential zur Gewalt in Deutschland. In: Schmidt-Mummendey, A./Schmidt, H. (Hrsg.): Aggressives Verhalten. München 1971, S. 162–178

Mantell, D.: Familie und Aggression. Frankfurt a.M. 1972

Marwedel, C./Marwedel, U.: Zusammenleben mit Kindern. In: Johns, I. (Hrsg.): Zeit alleine heilt nicht. Freiburg 1993, S. 157–171
März, F.: Einführung in die Pädagogik. München 1965
März, F.: Problemgeschichte der Pädagogik. Bd. 2. Pädagogische Anthropologie 2. Teil. Bad Heilbrunn 1980
März, F.: Pädagogenprofile. Donauwörth 1982
März, F.: Macht oder Ohnmacht des Erziehers? Bad Heilbrunn 1993
März, F.: »Fürchtet Euch nicht!« Ermutigung und Ermunterung als Prinzipien christlicher Erziehung in geschichtlicher Hinsicht. In: Scharl, W./Pöggeler, F. (Hrsg.): Gegenwart und Zukunft christlicher Erziehung. Würzburg 1994, S. 249–277
Mauermann, L.: Moralische Erziehung in der Familie. In: Macha, H./Mauermann, L. (Hrsg.): Brennpunkte der Familienerziehung. In Vorbereitung
Milgram, S.: Das Milgram-Experiment. Reinbek 1974
Mintz, J. (Hrsg.): The Handbook of Alternative Education. New York 1994
Mitscherlich, A.: Auf dem Weg zur vaterlosen Gesellschaft. München 1963
Moser, T.: Jugendkriminalität und Gesellschaftsstruktur. Frankfurt a.M. 1987
Myhre, R.: Autorität und Freiheit in der Erziehung. Stuttgart 1991
Nagata, Y.: Another dreadful school. Libertarian Education (Lib Ed), Vol. 2, No. 14, 1990, S. 4f.
Neill, A.S.: A Dominie's Log. London 1916
Neill, A.S.: The free child. London 1952
Neill, A.S.: Old Pupils. Id-Magazine, No. 15, October, 1965
Neill, A.S.: Freedom – not License! New York 1966
Neill, A.S.: Antiautorität. Die Zeit vom 30.10.1970, S. 25
Neill, A.S.: Theorie und Praxis der antiautoritären Erziehung. Das Beispiel Summerhill. Reinbek 1985a
Neill, A.S.: Das Prinzip Summerhill: Fragen und Antworten. Reinbek 1985b
Netzer, H.: Erziehungslehre. Bad Heilbrunn 1972/10
New Age: Titel-Beitrag. Psychologie Heute, Juli, H. 7, 1994, S. 20–31
Nickel, H./Schmidt-Denter, U./Ungelenk, B.: Überblick über ein Forschungsprojekt zur vorschulischen Sozialisation in Kindergärten und Eltern-Initiativ-Gruppen (Kinderläden). In: Nickel, H. (Hrsg.): Psychologie der Entwicklung und Erziehung. Pfaffenweiler 1993, S. 106–120
Oelkers, J. (1995): Antipädagogik? Seltsame Begegnungen. Unterwegs, Nr. 5, Juni, 1995, S. 12f.

Oelkers, J./Lehmann, Th.: Antipädagogik. Herausforderung und Kritik. Braunschweig 1983
Office For Standards in Education (Hrsg.): Summerhill School. 16–18 June 1993. A report from the Office of Her Majesty's Chief Inspector of Schools. Reference: 436/93/IND. London 1994
Oser, F.: Werterziehung in einer pluralistischen Gesellschaft – Entgegnungen an den Relativismus. Reihe: Aulavorträge. Hochschule St. Gallen für Wirtschafts- und Sozialwissenschaften. St. Gallen 1988
Oser, F./Althof, W.: Moralische Selbstbestimmung. Stuttgart 1992
Paffrath, F.H.: Das Ende der antiautoritären Erziehung? Bad Heilbrunn 1972
Pauly, G.: Mir langt's! Eine Lehrerin steigt aus. Hamburg 1994
Perkinson, H.J.: Learning from our Mistakes. A Reinterpretation of Twentieth-Century Educational Theory. Westport, (CT)/London 1984
Petre, J. (1994): Pupils roam free at Japan's »Lord of the Flies« school. Daily Telegraph, 25. October 1994
Pink, Floyd (1979): Another brick in the wall (Tonträger)
Plattner, E.: Die ersten Lebensjahre. Freiburg 1964
Pöggeler, F.: Eltern als Erzieher. Osnabrück 1962
Popenoe, J.: Schüler in Summerhill. Reinbek 1971
Popper, K.R.: Ausgangspunkte. Hamburg 1979
Postman, N.: Das Verschwinden der Kindheit. Frankfurt a.M. 1983
Postman, N.: Keine Götter mehr. Das Ende der Erziehung. Berlin 1995
Potter, J.: Kinokuni: Summerhill's modified model. Friends of Summerhill Trust Journal, Summer, Issue 10, 1994, S. 10–16
Prekop, J.: Der kleine Tyrann. Welchen Halt brauchen Kinder? München 1988
Preuss-Lausitz, U.: Freinetpädagogik. In: Lenzen (Hrsg.), 1989, S. 652–656
Preuss-Lausitz, U.: Die Kinder des Jahrhunderts. Zur Pädagogik der Vielfalt im Jahr 2000. Weinheim 1993
Prim, R./Tilmann H.: Grundlagen einer kritisch-rationalen Sozialwissenschaft. Heidelberg 1977/3
Rabe-Kleberg, U.: Erziehung, antiautoritäre. In: Lenzen (Hrsg.), 1989, S. 443–446
Ramseger, J.: Gegenschulen. Bad Heilbrunn 1975
Rauschenberger, H.: Erziehen und Philosophieren. In: Flitner, A./Scheuerl, H. (Hrsg.): Einführung in pädagogisches Sehen und Denken. München 1984/10, S. 208–222
Readhead, Z.: Summerhill Newsletter – May 1994. Friends of Summerhill Trust Journal, Summer, Issue 10, 1994, S. 3
Reble, A.: Geschichte der Pädagogik. Stuttgart 1980

Reichwein, R.: Autorität. In: Lenzen (Hrsg.), 1989, S. 140–149
Renkl, A.: Korrelation und Kausalität: Ein ausreichend durchdachtes Problem in der pädagogisch-psychologischen Forschung? Tarnai, Ch. (Hrsg.): Beiträge zur empirischen pädagogischen Forschung. Münster/New York 1993, S. 115–123
Rieder, K.: Leistung und Funktionen der Leistungsbeurteilung. In: Olechowski, R./Rieder, K. (Hrsg.): Motivieren ohne Noten. Wien 1990, S. 56–91
Ringel, E./Brandl, G.: Der Beitrag Alfred Adlers zur Praxis und Theorie der Erziehung. In: Spiel (Hrsg.), 1980, S. 246–282
Ritter, P./Ritter, J.: Free Family and Feedback. London 1975
Ritter, P./Ritter, J.: Freie Kindererziehung in der Familie. Selbstbestimmung als Erziehungsprinzip. Reinbek 1983
Ritter, P.: Educreation und Feedback. Education for Creation, Growth and Change. Oxford/New York 1979/2
Rogers, C.: Freedom to Learn. Columbus (OH) 1969
Rollin, M.: Kindheit ist die Zeit des Spielens, nicht des Lernens. Brigitte, 2, 1992, S. 50–55
Roth, H.: Autoritär oder demokratisch erziehen? Stuttgart 1955
Roth, H.: Einleitung und Überblick. In: Roth, H. (Hrsg.): Begabung und Lernen. Stuttgart 1969, S. 17–68
Rössner, L.: Empiristisch-utilitaristische Pädagogik. In: Borrelli, M. (Hrsg.): Deutsche Gegenwartspädagogik. Baltmannsweiler 1993, S. 174–189
Rückriem, N.: Einleitung des Herausgebers. In: Dreikurs/Cassel 1991, S. 7–9
Rutschky, K. (Hrsg.): Schwarze Pädagogik. Quellen zur Naturgeschichte der bürgerlichen Erziehung. Frankfurt a.M. 1977
Russell, B.: Mein Leben. Autobiograpie Teil 1. Zürich 1967
Russell, B.: Autobiographie 1914–1944. Frankfurt a.M. 1988
Sahm, A.: Verhaltenstraining im Betrieb. Frankfurt a.M. 1979
Scarbath, H.: Träume vom guten Lehrer. Donauwörth 1992
Schaefer, E.S./Edgerton, M.: Parent and child correlates of parental modernity. In: Sigel, I. (Hrsg.): Parental Belief System. Hillsdale (NJ) 1985, S. 287–318
Schäfers, B.: Gesellschaftlicher Wandel in Deutschland. Stuttgart 1990/5
Schenk, H.: Wir leben zusammen – nicht allein. Köln 1984
Scheuerl, H. (Hrsg.): Lust an der Erkenntnis: Die Pädagogik der Moderne. Von Comenius und Rousseau bis in die Gegenwart. München 1992
Schiefele, H.: Brauchen wir eine Motivationspädagogik? Zeitschrift für Pädagogik, 39. Jg., Nr. 2, 1993a, S. 177–186

Schiefele, H.: Erfahrungen mit der Schulreform. Neue Sammlung, Jg. 33, H. 2, 1993b, S. 215–227
Schmidt, G.R.: Der Lehrer als Erzieher: Autoritätsprobleme. In: Faulstich/Grimm (Hrsg.), 1989, S. 190–209
Schoenebeck, H.v.: Unterstützen statt erziehen. München 1982
Schoenebeck, H.v.: Antipädagogik im Dialog. Weinheim 1985
Schoenebeck, H.v.: Antipädagogik: Rückblick und Ausblick. In: Klemm (Hrsg.), 1992, S. 231–234
Schulz v. Thun, F.: Miteinander reden. Bd. 1: Störungen und Klärungen. Reinbek 1988
Schurz, G.: Experimentelle Überprüfung des Zusammenhangs zwischen Persönlichkeitsmerkmalen und der Bereitschaft zum destruktiven Gehorsam gegenüber Autoritäten. Zeitschrift für Experimentelle und Angewandte Psychologie, Bd. 32, H. 1, 1985a, S. 160–177
Schurz, G.: Die innere Stimme der Unterwerfung. Psychologie Heute, November, H. 11, 1985b, S. 20–27
Schurz, G.: Im Namen der Macht: Autonomie und Unterwerfung: Die Problematik der Gehorsamsbereitschaft gegenüber Autoritäten. 2. Retzhof-Schriftenreihe, H. 12. Leibnitz 1986
Schurz, G./Huemer, P. (Hrsg.): Unterwerfung. Über den destruktiven Gehorsam. Wien-Rastatt 1990
Seck-Agthe, M.: Politik ist, wie man lebt. In: Häsing/Brandes (Hrsg.), 1983, S. 177–185
Segefjord, B.: Summerhill-Tagebuch. Erfahrungen mit Neills antiautoritärer Erziehung. München 1971
Seibert, N./Serve, H. (Hrsg.): Bildung und Erziehung an der Schwelle zum dritten Jahrtausend. München 1994
Siebenschön, L.: Nicht Barras, nicht Bambule – Apfelkuchen. In: Häsing/Brandes (Hrsg.), 1983, S. 31–41
Siebenschön, L.: Wenn du die Freiheit hast. Die antiautoritäre Generation wird erwachsen. Köln 1986
Siebert, H.: Theorien für die Bildungspraxis. Bad Heilbrunn 1993
Spengler, P.: Beat in der Kleinstadt. »Langhaarige Affen« oder Jugendkultur in den 60er Jahren. In: Parigger, H./Schoßig, B./Brockhoff, E. (Hrsg.): »Schön ist die Jugendzeit ...?« Das Leben junger Leute in Bayern von 1899 bis 2001. Augsburg: Haus der Bayerischen Geschichte 1994, S. 81–84
Spiel, W. (Hrsg.): Die Psychologie des 20. Jahrhunderts. Bd. 11: Konsequenzen für die Pädagogik (1). Zürich 1980
Spranger, E.: Grundstile der Erziehung. In: Pädagogische Perspektiven (Aufsatzsammlung). Heidelberg 1955/3
Stern, B. (Hrsg.): Kinderrechte. Ulm 1995/2

Stroebe, R./Stroebe, G.: Motivation. Heidelberg 1994/6
Struck, P.: Interview in Der Spiegel, Nr. 3, 17.1.1994, 1994, S. 74
Tausch, R./Tausch, A.: Erziehungspsychologie. Göttingen 1970/5
Terhart, E. (1981): Intuition – Interpretation – Argumentation. Zeitschrift für Pädagogik, 27. Jg., Nr. 5, 1981, S. 769–793
Thron, H.-J.: Summerhill – die Legende lebt. Südwestpresse vom 7.2. 1995, S. 3
Truax, C./Mitchell, K.: Forschungsergebnisse über den Zusammenhang zwischen Therapeuteneigenschaften und Therapieverlauf bzw. Therapieerfolg. In: Petermann F./Schmook C. (Hrsg.): Grundlagentexte der Klinischen Psychologie. Bd. 2: Ergebnisse der Klinischen Psychologie. Bern 1977, S. 271–338
Volmer, G.: Autorität und Erziehung. Weinheim 1990
Walmsley, J.: Neill and Summerhill. A man and his work. Harmondsworth/Baltimore 1969
Watzlawick, P.: Die Möglichkeit des Andersseins. Bern 1986/3
Watzlawick, P./Weakland, J./Fisch, R.: Lösungen. Bern 1984/3
Watzlawick, P./Beavin, J./Jackson, D.: Menschliche Kommunikation. Bern 1985/7
Weber, E.: Autorität im Wandel. Donauwörth 1974
Weber, E.: Autorität – Unverzichtbarkeit und Neubestimmung. In: Kopp, F. (Hrsg.): Erziehung hat Zukunft. Donauwörth 1975, S. 11–16
Weber, E.: Grundfragen und Grundbegriffe. Bd. 1 der Reihe: Pädagogik – eine Einführung. Donauwörth 1977/7
Weber, E.: Erziehungsstile. Donauwörth 1978/7
Weber, E.: Wertklärung und Sinnorientierung als zentrale Aufgaben der Freizeiterziehung. Pädagogische Welt, H. 8, 1982, S. 495–503
Weber, E.: Pädagogische Überlegungen zum Wandel der Werteinstellungen in bezug auf Arbeit und Freizeit. Pädagogische Welt, H. 8, 1986, S. 346–357
Weber, E.: Generationenkonflikte und Jugendprobleme aus (erwachsenen-)pädagogischer Sicht. München 1987
Weber, E.: Biographische Orientierung der Pädagogik: Erziehung und Bildung im Lebenslauf. In: Seibert/Serve (Hrsg.), 1994, S. 364–403
Weber, E. : Pädagogische Anthropologie – Phylogenetische (bio- und kulturevolutionäre) Voraussetzungen der Erziehung. Teil 1 des Bandes I »Grundfragen und Grundbegriffe« der Reihe »Pädagogik. Eine Einführung« (Hrsg.: E. Weber). Donauwörth 1995
Wehle, G.: Emanzipation. In: Pädagogik aktuell. Lexikon pädagogischer Schlagworte und Begriffe. Bd. 1. München 1973
Weidinger, B.: Summerhill. Jugendmagazin der Süddeutschen Zeitung, Nr. 15, 11.4.1994, 1994, S. 6–9

Weigelt, P.: Im Stall und auf der Weide. Wie kommt die Pädagogik zum Kind? In: Michel, K./Spengler, T. (Hrsg.): Kursbuch 80: Begabung und Erziehung. Berlin 1985, S. 131–138
Weigelt, K. (Hrsg.): Werterziehung. Bonn 1991
Weinberger, S.: Klientenzentrierte Gesprächsführung. Weinheim 1984
Wexberg, E.: Individualpsychologie. Leipzig 1931/2
Wickert, U.: Der Ehrliche ist der Dumme. Über den Verlust der Werte. Hamburg 1994/4
Wiechoczek, R.: Uranus lächelt über Hiroshima. Die horoskopierte Gesellschaft. Arbeitsgemeinschaft für Religions- und Weltanschauungsfragen, München 1992
Wieck, W.: Söhne wollen Väter. Wider die weibliche Umklammerung. Hamburg 1992
Wissenschaftszentrum Bonn. Mut zur Erziehung: Beiträge zu einem Forum am 9./10. Januar 1978 im Wissenschaftszentrum Bonn-Bad Godesberg. Stuttgart 1979 (auch in: Zeitschrift für Pädagogik, 24. Jg., H. 2, 1978, S. 235–240)
Wünsche, K.: Die Endlichkeit der pädagogischen Bewegung. In: Neue Sammlung, 1985, S. 432–449
Zeit-Fragen. Zeitung für freie Meinungsbildung, Ethik und Verantwortung. Mitglied der Europäischen Arbeitsgemeinschaft »Mut zur Ethik«, Nr. 11, 2. Jg., Oktober 1994. Hrsg.: Verein Kritische Auseinandersetzung mit Zeitfragen. Zürich
Zellinger, M.: Summerhill heute. Was wurde aus Neills Erziehungsexperiment und wie beurteilen ehemalige Schüler sein Werk? Unveröffentlichte Diplomarbeit. Universität Salzburg: Institut für Pädagogik. In Vorbereitung
Zimmer, K.: Versteh mich bitte doch! Über die alltäglichen Mißverständnisse zwischen Kindern und Erwachsenen. München 1992
Zimmer, K.: Werdet erwachsen, liebe Eltern! Süddeutsche Zeitung Magazin, Nr. 6 vom 10.2.1995, 1995, S. 24f.
Zumkley-Münkel, C.: Freiheit und Zwang in Erziehung und Unterricht. Göttingen 1984
Zumkley-Münkel, C.: Erziehung aus der Sicht des Kindes. Münster 1994

Inge Hammelmann

Schulschwänzer – Eine indiskrete Liste

Nachgemessene zwei Meter Endlospapier lang war die Liste der größten pädagogischen Spezialbibliothek im Frankfurter DIPF, dem Deutschen Institut für Internationale Pädagogische Forschung, allein zu den Stichwörtern »Summerhill«, »Neill« und »antiautoritäre Erziehung«, und sie endete mit der Anmerkung, daß jede Menge noch nicht vom Computer erfaßter Literatur im Sachkatalog nachgeschlagen werden könne. Das war 1991, als Summerhill, die Hoffnung der Achtundsechziger auf die Veränderung der Welt durch antiautoritäre Erziehung, siebzig Jahre wurde. Alle, alle hatten seit der Entdeckung von A. S. Neills kleinem Internat an der englischen Nordsee als der Inkarnation »freier Erziehung« über Summerhill, die Wirkungen von Summerhill, die Folgen von Summerhill, die Schlüsse aus Summerhill, den Segen von Summerhill, das Unverständnis gegenüber Summerhill, die Feinde von Summerhill, den Fluch von Summerhill, das Mißverständnis Summerhill, das Teuflische an Summerhill, die Gestrauchelten von Summerhill geschrieben. Was lag näher, als einen von ihnen anzurufen, bevor ich hinfuhr, um nach zwanzig Jahren über das zu berichten, was von der »Legende Summerhill« geblieben war?

Verwunderlicherweise war Gerold Becker, ehemals Leiter der Odenwaldschule und Kenner aller Internate der Welt, nie dort gewesen. Also Hartmut von Hentig, die Legende der deutschen Bildungsreform. Keiner spricht »Summerhill« so schön aus wie er. Aber dort gewesen? »Über Rugby könnte ich Ihnen erzählen, natürlich auch von Eton. Sorry, aber rufen Sie Gerold Becker an!« »Der war auch nie dort. Was ist mit Ihrem Kollegen Rumpf?« »Sparen Sie sich den Anruf. Dafür ist sein Englisch doch viel zu schlecht!«

Also Renate Stubenrauch, Antiautoritäre der ersten Stunde, was so recht pikant erst wird, wenn man sie als hessisches Kultusministertöchterlein mit Mädchennamen Schütte erinnert. Ach, waren das Zeiten, als der Papa das System bewahrte und die Tochter mit ihren Gesinnungsfreunden nach Summerhillschem Muster die »Freie Schule Frankfurt« gründete. Noch heute ist sie dort Lehrerin, in Summerhill war sie nie. »Ja, wieso eigentlich – ich glaube, weil es hieß, die würden niemanden mehr reinlassen, so überlaufen war das damals.« Und später fiel's ihr nicht mehr ein.

Auch »Antipädagoge« von Braunmühl muß passen, nicht ohne auf die kürzliche Neuauflage seiner damaligen Schmähschrift hinzuweisen. Also weiter mit der Crème der deutschen Erziehungswissenschaft. Jürgen Zimmer, Spezi für Befreiungspädagogik und »Macht die Schule auf, laßt das Leben rein« – Fehlanzeige. Klaus Jürgen Tillmann, Klaus Klemm, Hans-Günther Rolff, Klaus Hurrelmann, allesamt Bildungsforscher und Schulentwicklungsplaner – dito. »Aber fragen Sie Gerold Becker!« Der macht mittlerweile als *running gag* Karriere. Auch Oskar Negt, Mitvater und wissenschaftlicher Begleiter des einzigen staatlichen Schulversuchs nach Summerhill-Vorbild an der Glocksee-Schule in Hannover, selbstverständlich ebenfalls ohne Ortskenntnisse, wundert sich, daß Becker nie dort gewesen sein soll.

Die Kasseler Professorin Wilma Grossmann (nie in Summerhill), mit Monika Seifert-Mitscherlich (nie in Summerhill) und anderen (nie in Summerhill) einst Gründerin der »Freien Kinderschule Kronberg«, wußte sich und ihre vielschreibenden und lobredenden Kollegen immerhin so sozialpädagogisch elegant wie theoriefeinsinnig zu entschuldigen: »Aber es kam doch auf die Idee an und daß wir uns mit der auseinandersetzten!«

Mit freundlicher Erlaubnis:
Der Rabe (»Magazin für jede Art von Literatur«),
Nr. 36, 1993, S. 92f.

»Man macht ja immerzu was falsch!«

Ein satirischer Epilog

(SZ) Hören Sie, früher, als wir noch keine Kinder hatten, war das Leben wirklich einfacher. Klar, wir haben uns auch oft gestritten, hohooo!, und wie wir uns gestritten haben, ich kann Ihnen sagen! Das hat man eben ausgetragen: Der eine hat etwas Geschirr aus dem Fenster geworfen und das Telephonbuch zerrissen, die andere saß ein bißchen auf dem Sofa herum und schürzte schmollend die Lippen. Aber abends hat Elisabeth dann was Leckeres gekocht, ja, und man hat ’ne Flasche Wein aufgemacht und war wieder raus aus dieser Stimmung. Heute? Kaum hebt man ein wenig die Stimme, kaum haut man ein wenig auf dem Tisch herum, schon kommt dieses panische Zischen, dieses gellende Flüstern herüber: »... aber nicht vor den Kindern!!«

Herrje, die Kinder! Man macht ja immerzu was falsch. Macht man überhaupt manchmal was richtig? Schon im Volkshochschulkurs »Erkenne Dein Kind!« hat man uns doch gesagt, wie waaaahnsinnig wichtig gerade die frühkindlichen Erfahrungen für das ganze weitere Leben sind und daß man im Grunde die entscheidenden, prägenden Fehler schon begeht, wenn sich der Nachwuchs noch im Mutterleib befindet. Dann hatte man noch ein paar Bücher mit Titeln wie »Kinder haben? – Eine Entscheidung für die Zukunft« oder »Signale zum Glück – Das erste Lebensjahr« gelesen, und es schwirrte einem der Kopf von Interaktionsprozessen und Stimulationsniveaus, von Entwicklungs-Agenda und Schuldgefühl, vom Niesen als Frustrationsverarbeitung und Schneuzen als Ausdruck von

Unbehagen. Sogar Bruno Bettelheim hängte einem »Das Gewicht früher Erfahrungen« wie einen Mühlstein um den Hals. Und es ist wirklich so: Kaum ruft man mal im Max-Planck-Institut für Psychologie an, um sich einen Tip zu holen, schon steht da der kleine Max und »will auch telephonieren«. Dann sagt man, das gehe jetzt nicht (was soll denn dieses Institut denken?), schon brüllt der Lümmel: »Ich hab' dich nicht lieb!« Kaputt, aus, alles falsch gemacht. So was läßt sich nicht reparieren!

»Kinderseelen sind zerbrechlich«, teilt gerade wieder die »Aktion Sorgenkind« mit. Der Text handelt von der »Kunst«, einen Familienkrach zu beenden, und darüber, »wie wichtig diese Erfahrungen für Kinder sind«. Was rät die Pressemitteilung? Man soll einerseits nicht Türen knallen, andererseits nichts unter den Teppich kehren. Man soll nicht recht haben wollen, sondern sagen: »Ich versuche ganz ernsthaft, dich zu verstehen.« Dann nämlich lernen die Kinder »ein soziales Verhalten, das ihr späteres Zusammenleben mit anderen positiv prägt«. Ach, wie wir diesen schlauen Tantenton kennen! Haben wir nicht neulich gelesen, man dürfe ruhig mal eine Tür zuwerfen, wenn einem danach ist? Stand nicht in einem anderen Buch: »Belasten Sie Kinder nicht mit Ihrem Streit«? Was wir da tun sollen? Verdammt, heute werden wir ein paar Erziehungsberater aus dem Fenster werfen und zehn Pressemitteilungen zerreißen! Das werden wir tun! (Aber erst, wenn die Kinder schlafen.)

Mit freundlicher Erlaubnis:
Süddeutsche Zeitung vom 29. November 1988

Die Autorinnen und Autoren

Matthew Appleton (Leiston, England), Jg. 1958, seit sieben Jahren in Summerhill als »Erzieher« (house parent) tätig, verantwortlich für den häuslichen Bereich der Gruppe der 10- bis 13jährigen Schüler, unterrichtet das extracurriculare Fach »Massage«, betrachtet seine Aufgaben in Summerhill in erster Linie nicht als berufliche Tätigkeit, sondern als eine Lebensform, Autor vieler Artikel über Erziehung.

Inge Hammelmann (Frankfurt a.M., Hessen), Jg. 1942, Dipl.-Päd., Journalistin mit dem Themenschwerpunkt auf Bildungsfragen (Reformpädagogik, Landerziehungsheime), Autorin von Fachzeitschriften-, TV- & Radiobeiträgen.

Ulrich Klemm (Ulm, Baden-Württemberg), Jg. 1955, Dr. phil., Dipl.-Päd., seit 1984 Fachbereichsleiter an der Ulmer Volkshochschule, Lehrauftrag für Erwachsenenbildung an der Universität Augsburg, publizistische Tätigkeiten als Autor, Herausgeber, Verleger und Redakteur in den Bereichen Alternativpädagogik, Anarchismusforschung, Erwachsenenbildung und Regionalentwicklung.

Peter H. Ludwig (Augsburg, Bayern), Jg. 1957, Dr. phil., Dr. phil. habil., Dipl.-Päd., tätig am Lehrstuhl für Pädagogik der Universität Augsburg, 1991 Visiting Professor an der University of Connecticut; Forschungsschwerpunkte: wirklichkeitskonstruierende Effekte von Erwartungen, Ermutigungs- und Imaginationsforschung.

Yoshiyuki Nagata (Tokio, Japan), Jg. 1962, von 1986 bis 1987 Lehrer in Summerhill, bis 1994 am Institute of Educational Research and Service der International Christian University – Tokyo, z.Z. Forschungsbeauftragter am National Institute of Educational Research of Japan, Tokio (NIER), tätig bei der National Federation of UNESCO Associations.

Zoe Readhead (Leiston, England), Jg. 1946, Leiterin der Summerhill School, Tochter des Schulgründers A.S. Neill und selbst in Summerhill erzogen, ausgebildete Reitlehrerin, Mutter von vier Kindern.

Jean Patricia Ritter (Perth, Westaustralien), Jg. 1924, B.Sc., Dipl.-Ed., Lehrerin, Collegedozentin, Autorin, Leiterin des Planned Environment & Educreational Research Institute (Perth), Gründerin und Vorsitzende verschiedener Komitees im Bildungs- und Gesundheitswesen, Mitglied des Australian College of Education, 3mal parlamentarische Kandidatin, seit 1949 Pionier der Selbstbestimmung in der Erziehung als Mutter von sieben Kindern, TV-/Radioserien und -auftritte, Gastvorträge und Ausstellungen, spontane Wandteppichkünstlerin, 50 Jahre Heimstädteschöpferin.

Leonora Ritter (Bathurst, Neusüdwales), Jg. 1949, Dr. phil., M.A., Senior Lecturer für Geschichte an der Charles Sturt University, Bathurst; Forschungsschwerpunkte: Geschichte der Kindheit, australische Sozialgeschichte, Biographieforschung; älteste Tochter von Paul und Jean Ritter.

Paul Ritter (Perth, Westaustralien), Jg. 1925, Dr. phil., Dr. phil., Soziologe, Architekt, Stadtplaner, Autor, Herausgeber, Stadtrat, Therapeut, Dichter, Bildhauer, Friedensrichter, Regierungsberater, Erfinder, Geschäftsmann, Fabrikant im Umweltschutz, 12 Jahre Professor an der Architektenschule Nottingham (GB), Gründer des Planned Environment & Educreational Research Institute (Perth), gewähltes Ratsmitglied des Royal Institute of British Architects, des Australian College of Education, befaßt mit Patenten, Bau, Psychohygiene, Gesetzesreformen, der neuen Philosophie der Wissenschaft, tätig in Schulen, TV-/Radioserien und -auftritte, Ausstellungen und Gastvorträge in 35 Ländern.

Helena Singer (São Paulo, Brasilien), Jg. 1967, Dipl.-Soz., stud. Ph.D., seit 1989 Forschungsauftrag am Center of Studies on Violence an der University of São Paulo.

David Stephens (Brüssel, Belgien), Jg. 1961, von 1983 bis 1987 Lehrer in Summerhill, zur Zeit selbständiger Journalist und Dolmetscher in Brüssel und dort engagiert in einer Initiative gegen Bauspekulationen.